羽毛球文化的传承与运动科学

李 鑫 著

北 京
冶 金 工 业 出 版 社
2019

内 容 提 要

本书基于羽毛球运动科学的基础理论，对羽毛球运动文化传承和传播的媒介、方式、路径进行了深入探讨；并以羽毛球领域的重要人物为例，进行羽毛球文化的弘扬并引导正确的价值观。本书共分七章，主要内容包括基于不同影响因素的羽毛球运动文化传承和传播，羽毛球运动文化传承和传播的媒介分析、基本方式与路径、重要人物，羽毛球运动科学——技术研究，羽毛球运动科学——战术与竞技规则研究等内容。

本书可作为体育类及相关专业的基础教材，也可供体育爱好者阅读。

图书在版编目(CIP)数据

羽毛球文化的传承与运动科学/李鑫著.—北京：冶金工业出版社，2018.10（2019.10重印）

ISBN 978-7-5024-7952-7

Ⅰ.①羽…　Ⅱ.①李…　Ⅲ.①羽毛球运动—体育文化—文化研究　②羽毛球运动—运动训练—研究　Ⅳ.①G847

中国版本图书馆CIP数据核字（2018）第266307号

出 版 人　陈玉千
地　　址　北京市东城区嵩祝院北巷39号　邮编　100009　电话　(010)64027926
网　　址　www.cnmip.com.cn　电子信箱　yjcbs@cnmip.com.cn
责任编辑　俞跃春　杜婷婷　美术编辑　郑小利　版式设计　孙跃红
责任校对　郑　娟　责任印制　李玉山
ISBN 978-7-5024-7952-7
冶金工业出版社出版发行；各地新华书店经销；北京中恒海德彩色印刷有限公司印刷
2018年10月第1版，2019年10月第2次印刷
169mm×239mm；11印张；212千字；165页
66.00元

冶金工业出版社　投稿电话　(010)64027932　投稿信箱　tougao@cnmip.com.cn
冶金工业出版社营销中心　电话　(010)64044283　传真　(010)64027893
冶金工业出版社天猫旗舰店　yjgycbs.tmall.com
（本书如有印装质量问题，本社营销中心负责退换）

前　言

文化是促进社会进步的助推器，随着文化交流的国际化发展，体育也随之成为一个国家综合实力的体现。体育文化是人类自身需求的特殊体现，也是一个国家与民族特性的体现形式，它制约着体育参与者的行为方式，引导着人的观念意识。随着我国经济建设的持续发展，羽毛球文化也越来越受到重视和关注，羽毛球运动是一项技巧性很强的竞技性比赛项目，同时它也是一项普及性很强、老少皆宜的活动，既能强身健体，又充满乐趣。从事此运动，需要在场上不停地移动跳跃、转体、挥拍击球，提高身体各方面的机能，培养顽强的拼搏精神，从而提高身体素质和身心健康。羽毛球运动也是深受广大群众喜爱的小型球类运动，趣味性强、规则简单，而且它的运动器材简便，不受场地限制，两把拍子一个球，无论走到哪里，无论有网无网，无论室内、室外，只要有一小块空地，就能进行活动和锻炼，在人们生活中占据着重要的位置。

作者以“羽毛球文化的传承与运动科学”为内容，从不同的方面和角度，对羽毛球文化的传承与运动科学进行了全面系统的研究和阐述。全书共7章，分别从羽毛球运动、羽毛球文化的内涵、羽毛球运动的发展与前景进行阐述，对基于不同影响因素下的羽毛球运动文化传承和传播、羽毛球运动文化传承和传播的媒介、羽毛球运动文化传承和传播的基本方式与路径、羽毛球文化的传承和传播的重要人物、羽毛球运动科学——技术与战术研究进行探讨，为广大读者和相关工作者提供了大量的理论依据。本书内容点面结合，针对性强，理论阐述与案例分析紧密结合，贯穿始终。

本书循序渐进，由浅入深，力求表述准确、科学，结合了大量前沿理论，讲述了羽毛球文化的传承与运动科学的应用。全书力图以完整、详细、重点突出的框架阐述羽毛球文化与运动科学。

为了使写作严谨、逻辑清晰，拓宽研究思路，作者阅读了相关学科的著作与成功案例，并吸取了大量学科知识，目的是希望本书能够为广大读者提供一些有资可寻的学术信息。此外，书稿的完成还得益于前辈和同行的研究成果，具体已在参考文献中列出，在此一并表示诚挚的感谢。

由于作者水平所限，书中不妥之处，敬请读者批评指正。

河南科技大学　李鑫
2018 年 7 月

目　录

第一章 绪 论

羽毛球运动简便易行、竞技性和娱乐性较强、锻炼价值较高；同时具有深厚的文化底蕴、属性高雅，符合人民追求时尚、关注健康需求的心理，以其速度、灵敏、力量、飘逸和无尽变化等魅力传遍五洲四海。本章主要讲述羽毛球运动与羽毛球文化的内涵、羽毛球运动的发展与前景。

第一节 羽毛球运动与羽毛球文化的内涵

一、羽毛球运动的基础知识与健康

（一）羽毛球运动的基础知识

1. 羽毛球运动的项目术语

（1）羽毛球场地。羽毛球场地是一个长 13.40m，双打宽 6.10m，单打宽 5.18m，场地中央被球网（两边柱子高 1.55m，中间网高 1.524m）平均分开的长方形场地。羽毛球场地横向被中线平分为左右两个半区；纵向被分为前场、中场、后场。前场就是从前发球线到球网之间的一片场地；后场是指从端线到双打后发球线之间的一片场地；中场是前发球线与双打后发球线之间的一片场地。

（2）站位与击球。站位就是站在运动场上的方位。它分为受限制的站位和不受限制的站位，前者是指站在规定的位置发球和接发球；后者可根据需要选择合适的站位，按照场地划分又分为左、右半区站位以及前场、中场和后场站位三种。

球拍和羽毛球相接触的动作叫击球。在左半区的击球叫左半区击球，在右半区击球叫右半区击球。相应的在前场和中场以及后场则叫前场击球和中场击球以及后场击球。击球还有上手击球和下手击球之分，这是根据来球的高度决定的。

（3）持拍手与非持拍手。持拍手是指正握着球拍的手；非持拍手是指没有握拍的手。同其他运动一样，羽毛球也有相应的专业动作和技术，如正手击球和反手击球以及正手技术和反手技术。运动员右手握拍迎击右边球的技术为正手技术，相应的左手击左边球的技术为左手技术。

在羽毛球运动中，非持拍手的功能主要是在发球时用来持球、抛球；在击球过程中用来平衡身体，以便更有效地击球。

（4）击球的基本线路。所谓击球线路是指球被运动员击出后在空中运行的轨迹和场地之间的关系。羽毛球运动员击球线路数不胜数，以下只研究决定羽毛球线路规律的几条基本线路。

球场上运动员右手握拍正手击球有三条路线，分别为直线、对角线和中路。直线就是将球从自己右边打到对方的左边经过的路线。对角线就是打到对方的右边经过的路线。中路就是打到对方中间线位置。同样，反手持拍相应地也是这样称呼。为了更具体形象可以将路线和正手、反手相结合，如正手直线和正手对角线以及正手中路等。站在中线击球打到对方左边为左方斜线，打到右边则为右方斜线等，要根据击球点和球落在什么位置决定球的路线名称，击球点在右边线球落在对方中线附近为正手中路。

综上所述，羽毛球有左方直线、右方直线、中路直线以及右方对角线和左方对角线五种基本线路。运动员站在左边、右边和中线出击到对方的三个位置又可以分成九条线路。羽毛球击球线路非常多，可以根据其基本规律确定相应的名称，这样会对了解羽毛球运动提供帮助。

（5）拍形角度与拍面方向。拍形角度是指球拍面与地面所成的角度。拍面方向是指球拍的拍面所朝向的位置。拍形角度可分为拍面向下、拍面稍前倾、拍面前倾、拍面垂直、拍面后仰、拍面稍后仰、拍面向上七种。

拍面有朝前、朝左和朝右三种方向。击球时要把握好拍面方向和拍形角度，这对击球准确度有很大影响。

（6）击球点。击球点就是发球和接球时球拍和球两者接触点的时空位置。它包括这个接触点距离地面的高度以及与身体前后左右的距离。击球点位置决定击球质量高低，它对击球的力量、速度和弧线产生直接影响，并最终影响命中率。所以恰当的击球点是非常重要的，这就要求运动员首先判断要准确，其次步法要快而准确。做到这两点就可以有效提高命中率。

2. 羽毛球装备的基本要求

（1）球拍。羽毛球拍由拍头、拍杆、拍柄、拍弦面以及拍杆与拍头的接头（连接喉）构成。球拍总长度不超过680mm，宽不超过230mm，球拍重量为95~120g（不包括拍弦）。球拍不允许有附加物和突出，除非是为了防止磨损、断裂、振动，或调整重心的附加物，或预防球拍脱手而将拍柄系在手上的绳索（或手胶），但尺寸和位置应合理。随着科学技术的发展，球拍的发展向着重量越来越轻、拍框越来越硬、拍杆弹性越来越好的方向发展。

1）拍弦面。拍弦面是击球者用于击球的部分，拍弦面应是平的，用拍弦穿过框架十字交叉或其他形式纺织而成。纺织的式样应保持一致，尤其是拍面中央的纺织密度不得小于其他部分。拍面的几何外形现在一般有三种：传统的卵形、头部为方形的ISO拍形、弦面更大的加大ISO拍形。

2）拍柄。羽毛球拍柄是击球者握住球拍的部分，拍柄长 39.5~40cm，用 Gx 标注在拍柄上表示其粗细，拍柄通常有五种尺寸，G1 最粗，G5 最细。

3）拍框。拍头、拍杆、连接喉和拍柄总称拍框。拍框的材料有轻金属、钢、碳素、石墨或以上材料的组合。

4）长度。一般的羽毛球拍的标准长度为 664mm，加长球拍为 674mm。它们的区别主要是拍杆和拍柄增加了长度。增加长度的球拍各有利弊，优点是增加了接球面积，提高了击球点，攻击性更强。缺点是由于增大了体积，球拍灵活性降低，对于贴身球的处理增加了难度。同时也容易对手腕、手臂造成损伤。

5）重量。球拍重量为 95~120g（不计拍弦重量），每一支球拍都应该标出它的重量，通常用 xU 表示。一支全碳羽毛球拍的重量约为 2U(90~94g)、3U(85~89g）或 4U(80~84g)，而铝框羽毛球拍的重量一般在 U(95~99g) 以上，也有少数全碳羽毛球拍的重量低至 80g 左右。较重的球拍适用于力量好并偏重进攻的球员，较轻的球拍更适用于偏重防守的球员。

6）硬度。对于拍框而言，拍框的硬度越大接触球时就越不易发生变形和扭动，球拍本身力量越大，越能把更多的力量传给羽毛球，同时传递的震动也越少，但是这样球在拍面上停留的时间变短，不容易对球的方向进行控制。击球时，球和拍的接触时间只是短暂的瞬间。在击球过程中，拍杆有弯曲并随后复原的动作，球拍还没有复原但球已经飞离球拍。球杆有较软的也有较硬的，越软的球杆在挥拍过程中越容易弯曲，传递给球的力量也就越大。越硬的球杆这种力量就越小，但是可以降低传递给球的震动。

7）扭力。扭力是指当球拍击球时，球拍面产生扭转的幅度大小。球拍的扭力越小对球的控制性就越好。

8）平衡点。球拍的平衡点有两种，靠近拍头的叫头重球拍，靠近拍柄的叫头轻球拍。头重的球拍惯性大，击球有力量，但其灵活性较差，适合进攻球。头重的球拍对于力量稍差的球友是较好的选择，虽然击球速度低但可以轻松地将球打到后场。对于力量较大的球员不适合使用头轻的球拍，因为虽然较灵活但是传递给球的力量小，振动也较大。随着科技的发展新式的球拍可以不使用平衡物就能实现平衡，这也是对羽毛球拍的基本要求。

9）甜区。甜区即球拍面的最佳击球区。当击球点在甜区时能够产生足够的击球威力和控球力，震动感很小，会觉得很舒适。甜区的大小对球员是很重要的，它能使球员更容易打出高质量的球。

10）羽毛球拍的保养与使用。保管球拍时要悬挂放置，不要挤压以免变形。羽线如有起毛或断裂要及时更换。新穿线的球拍为使球线受力均匀延长寿命，第一次使用要注意力度合适不要大力扣杀，尽量打高远的球，反复几次后可以正常使用。冬天球拍不要放在较热的室内，以免热胀冷缩。

(2）球。羽毛球可由天然材料、人造材料或由它们混合制成。只要球的飞翔性能与用天然羽毛和包裹薄羊皮的软木球托制成的球的性能相似即可。

1）一般样式。羽毛球应有16根羽毛固定在球托部。羽毛长6.4~7.0cm，每一个球的羽毛从托面到羽毛尖的长度应一致。羽毛顶端围成圆形，直径为5.8~6.8cm。羽毛应用线或其他适宜材料扎牢。球托直径2.5~2.8cm，底部为圆形。

2）重量。标准羽毛球重4.74~5.50g。

3）非标准球。由于海拔或气候等条件不宜使用标准球时，或情况特殊，必须更改才有利于开展比赛时，只要球的一般式样、速度和飞翔性能不变，经批准可以不使用标准球。

4）球的检验。在端线用低手向前上方全力击球，球的飞行方向应该与边线平行，符合标准的球应落在对方底线前53~99cm的位置，否则就需要更换羽毛球，以使其达到最佳击球状态。如果没有可更换的羽毛球，若速度太快可用大拇指和食指将羽毛顶端均衡地向外折叠；若球速太慢则向内折叠，或在球托里镶嵌上一枚钉子。

5）球的保养与使用。重视球的保养，能够延长羽毛球的使用寿命。如天然羽毛制成的球易碎，在使用前最好用蒸汽熏蒸一下。具体方法是：将球桶的两侧同时打开，将暖瓶盖取下，将球桶竖立在暖瓶上方5~10min即可。对于初学者和休闲者使用人造材料的球即可，所使用的球在飞行时比较稳定，不能使用飞行旋转和摇摆的球。

(3）服装。在参加羽毛球运动时，不管是专业运动员还是非专业练习者，一双好的运动鞋非常关键，运动鞋应该比较轻，鞋底要防滑，最好穿专门的羽毛球鞋。运动着装一定要舒适，运动裤要有足够的活动空间，运动衫穿着要舒适并且能够吸汗，运动袜要吸汗和耐用，脚后跟处要加厚。

3. 比赛场地器械的基本常识

按国际羽毛球比赛规定，整个羽毛球场地净空高度最低为9m（30英尺）。在这个高度以内，不得有任何横梁或其他障碍物。球场边界线外，最少需有2m（6.5英尺）空地。任何并列的两个场地之间，最少应有2m的距离。球场四周的墙壁最好为深色，不能有风。

(1）球场。球场呈长方形，球场长为1340cm，单打球场宽518cm，双打球场宽610cm。其场区的划分应根据标准尺寸，用宽4cm的线画出。场地线的颜色最好是白色、黄色或其他容易辨别的颜色。

场地正常球场区的4个4cm×4cm的标记，应画在双方单打右发球区边线内沿，距端线53cm和99cm处。这些标记的宽度均包括在所画的尺寸内，即距端线外沿53~57cm和95~99cm。另外，所有场地线都是它所确定区域的组成部分。

(2）网柱。

1）从球场地面起，网柱高 155cm。网柱必须稳固地同地面垂直，并使球网保持紧拉状态。网柱应放置在双打的边线。

2）如不能设置网柱，必须采用其他办法标出边线通过网下的位置。例如，使用细柱或 4cm 宽的条状物固定在边线上，垂直向上到网顶绳索处。

3）在双打球场上，不论进行的是双打还是单打比赛，网柱或代表网柱的条状物均应置于双打边线上。

（3）球网。

1）球网应用深色、优质的细绳织成，网孔方形，各边长均在 15~20mm。

2）网上下宽 76cm。

3）网的顶端用 7.5cm 的白布对折而成，用绳索或钢丝从夹层穿过。白布边的上沿必须紧贴绳索或钢丝。绳索或钢丝须有足够的长度和强度，能牢固地拉紧并与网柱顶部取平。

4）球场中央网高 152.4cm，双打边线处网高 155cm。

5）球网的两端必须与网柱系紧，它们之间不应有缺缝。

（4）比赛场馆的要求。一般的比赛场馆不小于 15m×7.1m，总面积不小于 106.5m^2。一般的场馆为 17.4m×10.1m，其中包含了 1.5~2m 的缓冲区。理想的羽毛球比赛球场馆应是上空 12m 以内，球场四周 2m 以内无任何障碍物（包括相邻的两个球场）。如由于客观条件的限制达不到这些要求时，可由主办单位与各代表队协商，对上述要求作必要修改并作补充规定，但应该尽可能符合球场的各项规定要求。场馆内若有各种不同场地的线干扰，应用与地板相似的颜色，将那些会干扰羽毛球场的界线涂掉。

对羽毛球场地最基本的要求是地面不能太黏或太滑，一般用木板或合成材料，最好是由具有弹性的木板拼接而成。国际比赛场地在此基础上铺上一层合成材料组成塑胶地面。基层比赛如果没有这些条件可以在水泥地面上进行。

羽毛球场地对上空的灯光要求比较严格，适宜的光线能够使运动员对比赛充满信心，有利于比赛顺利进行。此外由于来自墙壁和天花板的反光会影响运动员视线，所以应当在场馆安装窗帘。专业羽毛球馆的灯光设计有两种方法：白炽灯和荧光灯。前者安装在球场网柱的上空，后者要挂在与球场边线平行的一侧。基层比赛限于条件可以在没有风的露天或室内进行。

（二）羽毛球运动与身体健康

羽毛球运动能够增强身体素质。羽毛球场上运动员既要敏捷反应找准击球位置又要不断来回奔波强力挥击球拍，很好地展示出运动员力量与速度素质、耐力与灵敏素质以及快速反应能力。羽毛球运动可以提高身体灵活性和柔韧性，强化心血管和呼吸系统功能，有效调节神经系统抵抗疾病的能力，从而起到健身强体、预防疾病、提高身体素质的作用。

1. 羽毛球运动对呼吸系统机能的影响

人体活动时候的氧气与二氧化碳的交换能力直接决定了呼吸系统功能的高低。进行羽毛球运动的时候人体对氧气的需求会明显提高，呼吸的速度会明显变快，为了更好地达到运动的需求，呼吸系统里的所有器官一定要增强适应的能力。长时间进行羽毛球锻炼的人们，他们的摄氧能力会明显增强，因此他们所有呼吸器官的功能也得以增强，呼吸系统的机能也得到了一定的改善。通过羽毛球运动的锻炼，人体呼吸系统的机能得到改善，可以通过以下几个方面得以体现。

（1）呼吸肌逐渐发达、有力、耐久，能承受大运动量。呼吸肌主要有膈肌、肋间肌，此外还有腹壁的肌肉。在深呼吸的时候，肩部、背部的肌肉也都起辅助的作用。羽毛球运动使呼吸肌力量增强，从而使胸围增大。通过参与羽毛球运动可促进呼吸肌的发育，使呼吸动作的幅度加大。一般人的呼吸差（尽量吸气时与尽量呼气时的胸围差，叫呼吸差）只有 5~8cm，而经常锻炼的人，呼吸差可增加到 9~16cm。所以参加羽毛球运动对呼吸系统功能的提高是大有益处的。

（2）肺活量增大，吸进氧气和排出的二氧化碳量增多。人体生长发育与健康水平通过肺活量可以进行测量。经常参加羽毛球运动，做许多伸展扩胸运动，可使呼吸肌力量增强、胸廓扩大，有利于肺组织的生长发育和肺的扩张，使肺活量增加。羽毛球运动可以强化深呼吸运动，提高肺活量。经常参加这些运动可以增强呼吸肌力量，肺活量比不参加运动的人提高三成。

（3）呼吸深度加深。一般情况下人的呼吸较浅且急促，经常参加羽毛球运动可以使呼吸较深且缓慢。这个明显差别在运动的时候能够很好地体现出来，如相同运动量运动员每分钟呼吸次数比平常人要少一半左右，而呼吸总量要多 1 倍，虽然呼吸总量相等但实际上气体交换量却不相同。因为，每次呼吸都有 150mL 空气留在呼吸道内，不能进入肺泡进行气体交换，所以实际换气量应是：一般人实际换气量 $=(300-150)\times32=4800$mL；运动员实际换气量 $=(600-150)\times16=7200$mL。

通过这些可以看出，肌肉工作需氧量增加的时候，普通的人是通过增加呼吸的频率来适应对氧气的需求，所以，在打羽毛球的时候经常会气喘吁吁；而对那些常常打羽毛球的人来说，他们因为呼吸机能增强，呼吸效率提高，在同样的情形下，稍微增加呼吸的频率就能够适应气体交换了。所以，长时间的工作，也不会感觉到辛苦。

2. 羽毛球运动对血液循环系统机能的影响

强健体魄必须通过良好的血液循环系统来维持。常常打羽毛球的人群，他们的心血管系统的机能会不断增强，生“文明病”的概率也会随之降低。

通过打羽毛球，人体的各个器官以及系统的功能都会得以增强，在心血管方面的效果更明显。进行羽毛球锻炼时，可以加快血液循环，同时提高心血管系统的机能。把羽毛球当作日常锻炼项目，不仅能加强心血管系统的活动能力，还能让心脏肌肉日益强健，心率逐渐变慢，从而促使血压变低。所以时常打羽毛球不仅能促进血液的流通，还可使人体各部分细胞组织、基本结构、器官都得到锻炼。

3. 羽毛球运动对力量素质的影响

人体的任何运动，都表现为肌肉活动。因此，肌肉的发展，对于提高劳动和运动的能力极为重要。羽毛球运动对肌肉的改变尤为明显，可使肌纤维增粗，肌肉横截面积增大。一般人肌肉重量占体重的35%~40%，而经常参加羽毛球运动的人的肌肉重量可增到50%左右。在青少年中不少人肩窄、胸平，胸部根根肋骨显露，只要坚持经常的羽毛球运动，便会使肌肉发达，比例匀称，健美有力。在打羽毛球的时候，血液的流动会加快，蛋白质等营养物质的吸收与转化的能力也会提升，肌肉的活力也随之增强，肌纤维也在进行发展，使得肌肉也在慢慢增加，肌肉的能量也不断地在提升。肌肉中肌红蛋白数量激增，使得它运送氧气的效率也更高，所保存的肌糖原等营养元素也随之积累，肌肉里面毛细血管的量也变多，因此更适应运动或劳动的需要。除此之外，肌肉纤维与肌腱之间的衔接，肌腱和骨骼的关联相较于普通人也会更加紧密。通过系统的羽毛球运动，还可以提高神经系统对肌肉的控制能力，表现在肌肉的反应速度、准确性和协调性都有提高，肌肉工作时能量消耗下降，效率提高。这些使运动员能在肌肉的力量、速度、耐久力和灵巧性等方面远远超过一般人，还可以避免人体在日常活动和羽毛球运动过程中由于肌肉的剧烈收缩而造成各种运动损伤。

4. 羽毛球运动对速度素质的影响

速度素质体现了运动人员加速度以及最快速度的本领。羽毛球运动的速度素质体现在多个方面，如位置转换要快、反应要敏捷、手脚运动灵活等，这些不仅对运动人员速度素质起到促进作用，同时还影响其他方面。羽毛球运动过程中攻防转换是很快的，这就使得动作的变化一定要快并且精准，同时还要做到攻防一体，它的技战术都是通过速度的变化来充分进行展示的，在这里面速度具有复杂性与多变性，羽毛球运动技战术使用以及发挥的效果都是靠速度素质来实现的。

通过反应速度与位移速度和动作速度以及动作频率可以展示出羽毛球运动中的速度。反应速度包括简单反应速度和复杂反应速度。在日常训练的时候，借助特定动作练习与信号练习等指向性的锻炼能够在一定程度上提升运动员的简单的反应速度，通过长时间的、有目的的防守反击训练可以明显提升瞬间选择性反应的能力。长时间打羽毛球可多方面改善速度素质（特别是快速启动的能力）。随着速度素质的不断增强，人们的神经系统的灵活性以及肌肉的灵活性、韧性、弹性以及伸展性等方面都会有明显的提升，人们的身体也在这个过程中得到了锻炼。

5. 羽毛球运动对柔韧素质的影响

影响柔韧素质的因素是多方面的，这些因素可以通过羽毛球运动得以改善，进而提高人的柔韧素质。

（1）羽毛球运动可使关节周围组织的功能增强。骨关节结构决定其柔韧度，但由于先天因素不易改变，只能通过改善其周围组织的方式强化其柔韧性。韧带和肌腱具有加固关节的作用，并通过肌肉的力量使骨关节在固定的范围内活动，确保骨关节不易超出范围受伤。在锻炼某一关节柔韧性时要强化关节屈和伸肌的延伸性，使关节达到最大伸展限度，以带动肌腱拉伸至韧带。也就是说要首先拉伸肌肉和肌腱才能拉韧带增强关节的柔韧性。

拉韧带的主要方式有两种：一是静态伸展法，就是将肌肉和肌腱以及韧带缓慢拉伸直至身体有痛和酸胀的感觉；二是弹性伸展法，是循序渐进、重复进行一个拉伸动作的方法。它又有主动和被动之分，主动是靠自己的力量而被动则是靠外力的帮助完成拉伸动作，无论哪种形式都要注意施加的力量要适当，防止肌肉受损。

（2）羽毛球运动可以产生适合于柔韧性改善的体温。肌肉温度升高可以使其黏滞性降低，增强肌肉的伸展与弹性，从而提高肌肉的柔韧度。温度能够影响肌肉的柔韧度，温度又分为体内温度和体外温度，前者可以补偿肌体对外界温度的不适应，而后者升高时就要通过排出汗液的形式将温度降下来，从而避免因疲劳使关节柔韧度降低。

（三）羽毛球运动与心理健康

知识经济的迅猛发展对大学生的整体素质提出了新的要求和挑战，加之毕业后自主就业和市场竞争日趋激烈的社会环境，大学生所承受的压力越来越大，心理疾病的发生率迅速提高，身心健康的问题越来越突出，它已经成为当今家庭、学校和社会最为关注的焦点问题。因此，采取必要的措施，使学生掌握正确的方法，及时自我心理调节是非常重要的。羽毛球运动是大学生保持健康心理、适应社会的一种简便而有效的方法。

当你的心情焦虑或是情绪低落时，羽毛球运动可以提高大脑兴奋度，使紧张的情绪得以放松，郁闷的心情逐渐缓解。科学研究证明长期处于精神紧张状态会导致神经性疾病发生，而放松、快乐的心情可以增强身体抵抗力，使人处于一种良好的工作和学习状态。

1. 羽毛球运动的健心作用

现代社会竞争激烈人们生活节奏加快，很多人由于精神因素形成各种心理隐患，人们开始重视心理健康。很多校园事件的发生也是由心理因素引起的。大学生经过激烈的高考竞争成为天之骄子，他们有着良好的学习环境，具有明显的优越感，但是这些对大学生的健康成长并不完全有利，他们缺少经历挫折和磨难的经验，心理尚不成熟，一旦出现挫折就容易变得消极沉闷。所以要对大学生进行抗挫折训练，培养他们在逆境中寻求突破的欲望，这是事业有成的必备素质。这就要在平时注重这方面的锻炼，如在寒冷的冬天冬泳，在羽毛球比赛中出现明显的失误等，可以提高学生经受挫折的能力从而提高其心理承受能力。

羽毛球运动具有很强的运动性和观赏性，它必须调动身体各相关器官感知动作表象和要领以及肌肉力量的适宜度、动作与时空关系等，从而形成完整准确的动作。在这个复杂的心理运动和肢体运动过程中，对培养学生良好的观察力和感知能力以及记忆能力具有很好的促进作用。

2. 羽毛球运动有助于情商的培养

羽毛球等体育运动可以丰富大学生实践活动内容，增进情感体验。如通过反复练习掌握了羽毛球一个重要动作，就会有满足、开心的体验；参加比赛获得奖励，得到赞扬与肯定会有愉快、惬意的情感，而失利会有不满、失落的情感。

羽毛球等体育运动有利于大学生自我调节与控制能力的形成。在激烈的羽毛球赛场上学生的情绪随着赛程的一步步推进而不断波动起伏，时而兴奋异常，时而沮丧难过，落后时急于追赶，领先时又怕被赶超，情绪起起伏伏，各种心态交错出现，但是无论怎样活动还是要继续进行，这就要及时调整并保持好的心态面对比赛的每一个过程。面对波澜起伏的体育赛场，人的情绪有时是难以控制的，羽毛球运动的趣味性和其规则的权威性可以使活动者很好的调整情绪，以良好的心态面对过程和结果。

有心理学文献表明，人的社会活动能力和交际能力有利于提高智商水平。羽毛球运动使人的思维活动必须快速与肌体动作协调结合起来，羽毛球运动形式多样、内容丰富，可以促进情商多元化发展，同时羽毛球运动是一项多人运动，可以增进人际交往，提高交际能力。这些都可以有效提高运动者的社会适应能力从而促进情商发展。

3. 羽毛球运动促进意志品质的改善

良好的意志品质产生于对客观事物的深刻认识和了解，首先要树立正确的认知观，有了正确的思想观念才能对客观事物形成正确的认识，才能对人的意志力产生影响，形成坚强的人格魅力。意志和情感是密不可分的，良好的意志品质与高尚的情操是相互影响的，没有高尚的情操也就不会在艰苦的环境中形成坚强的意志。

坚定的意志是在克服困难的过程中培养出来的，只有在困难面前，学生才需付出一定的意志力，从而取得锻炼意志的效果。因此，在羽毛球运动过程中可适当利用恶劣的气候条件和环境提高学生的意志品质，采用多种手段和方法，使学生在克服困难的过程中体会成功的喜悦，磨炼自己的意志。针对学生大都具有较强的好胜心理和不服输等特点，可以以体育比赛的形式引导大学生以积极正面的心态对待输赢，要培养他们的参与精神、进取精神以及拼搏精神。羽毛球运动过程中难免遇到各种紧张、担心、沮丧等情绪，但是为了活动继续进行实现目标就要努力克服困难，形成良好的意志品质。因此羽毛球运动是展现意志力品质的重要运动，它有利于培养大学生在逆境中奋发图强的意志力。

4. 羽毛球运动抵御心理障碍

羽毛球运动不仅是一项体育活动，更是一种社会实践活动，它不但可增强大学生身体素质，而且也可在实践中锻炼并提升他们的心理素质。人们在现实生活中难免会遇到挫折和挑战，很多是来自心理方面，如紧张、失落、沮丧、缺乏自信心等。但是为了更美好的未来必须正确理解并勇敢面对。经常参加羽毛球活动可以提高肺活量和心理负荷，锻炼并提高心理适应能力，从而促进心理和生理健康。

（四）羽毛球运动与社会适应能力

1. 羽毛球运动有助于正确价值观念的培养

价值观念是文化观念的核心，也是文化精神的集中体现，它是指人们对社会经济活动的价值判断或价值取向。青少年正处于世界观形成的重要时期，这个时期价值观的发展对他们以后职业选择、家庭的建立和积极人生态度的形成具有重要的意义。羽毛球运动是以进取求胜为最终目标的活动，且有较为一致的评价标准（胜负、优劣），经常参加羽毛球运动可以培养学生良好的社会行为、积极向上的人生态度、正确的价值标准，并使之基本保持一致，为他们未来适应社会打下坚实的基础。

羽毛球运动能够培养人们勇于拼搏和积极向上的人生观。只有努力才能成功，只有承受得了艰苦的训练和失败的洗礼才能获得世界冠军。每一位羽毛球运动员都是经历了严酷的训练，他们具有艰苦奋斗、坚忍不拔的精神，只有具备这两点才能获得成功。羽毛球运动员的成功能够让人感受到只有艰苦的付出才会有技术的提高，才能够获得成功。人们通过羽毛球运动能够培养自己勇于拼搏和积极向上的人生观。

2. 羽毛球运动有助于竞争意识的培养

当今社会，竞争意识是人们的重要品质。人们的很多心理活动都会受竞争意识影响，竞争意识反映着社会的竞争规律。现如今，竞争意识强的人往往会抢得先机，更能取得胜利和获得成功。所以，应培养人们的竞争意识，帮助人们树立竞争意识，这样有助于他们在学习、工作中抢占先机，取得成功。人们可以通过参加羽毛球训练和比赛来培养自己的竞争意识。羽毛球比赛一般采取淘汰制，获胜者才能继续比赛，输者就出局了；羽毛球比赛瞬息万变，比赛的局势由自己把握，可让参赛者切身体会到通过努力取得胜利的感受，所以，羽毛球比赛能够使人拼搏进取。羽毛球运动培养人们的竞争意识和拼搏精神，还将竞争意识和拼搏精神融入到人们的学习和工作中发挥作用。我们应该积极参加羽毛球训练和比赛，培养自己的竞争意识和拼搏精神，以更好地融入社会。

（1）羽毛球运动对提高竞争意识的深刻影响。第一，在羽毛球训练过程中，练习者能够感受到竞争的气氛，在这种气氛中，练习者可以建立拼搏、奋斗的精神；第二，羽毛球训练过程非常严酷和艰苦，能够培养训练者艰苦奋斗、坚忍不拔的品质，当训练者克服这些困难和挫折后，能感受到羽毛球运动给他带来的快乐，这种快乐使训练者更加喜欢羽毛球运动，在训练中强身健体、提高自己的羽毛球技术，而且，训练者能够受到规则和规范的约束，培养自己遵守规则和秩序的品质，在训练中体验公平和协作。

（2）羽毛球运动对竞争能力的培养。练习者坚持羽毛球训练，能够使其强身健体，提高羽毛球技能，而且在比赛时，需要其高水平发挥。所以，练习者要在平常训练的过程中，要高标准、严要求，进行长期严酷的训练，使自身具有足够的耐力、团结合作的精神、处理突发事件应急的能力、抗压能力和努力拼搏的精神，等等，只有这样才能使自己在比赛中发挥出真实的水平，甚至超水平发挥，最终取得比赛的胜利。上述的精神、品质和能力也是社会对人才的要求。所以，练习者通过严格的训练和严酷的比赛，能够培养自己的竞争能力。

3. 羽毛球运动有助于协作意识的培养

在当今社会中，科技对经济的发展和社会的进步有决定性作用。科学技术发展迅速，大大提高了生产力，对人类社会产生了极其深远的影响。一个国家科学技术水平的高低能够决定这个国家在世界舞台中的竞争力，在我国今后科学技术发展中，大学生起着中流砥柱的作用，要想让大学生能够发挥自身的优势和作用，培养大学生的协作意识势在必行。美国科学家朱克曼对诺贝尔奖获得者进行了深入研究，1901~1972 年，有 282 位科学家获得诺贝尔奖，这些科学家中，有 158 位科学家是在与其他科学家协作中获得成功，人数达到总数的 2/3。在诺贝尔奖设立的第一个 25 年里，合作研究获奖人数占 49%；在第二个 25 年里，这一比例上升为 65%。一旦人们开始进行协作，就能产生出新的更大的生产力。马克思认为，由于发生了协作，进行了分工，由此而来的生产力是不会耗费资本的，这是一种自然力，来自社会和人们的劳动。我国尚处于社会主义初级阶段，科学技术的发展水平还有待提高，相比很多西方发达国家还有较大的差距，我国在新中国成立初期之所以能够取得“两弹一星”的重要科技成果，就是因为有了社会主义制度下的科技大协作。不管是过去、现在还是将来，科技方面的大协作始终都是我国科技进步的巨大动力。所以大学生是否具备协作的精神和意识，对我国未来科技能否取得更大的进步，社会能否快速发展至关重要。从科学技术发展的角度看，已认识了协作的重要性，那么，通过什么手段提高人们的协作意识和协作能力呢？固然，协作意识的培养方法有很多，而体育运动中的羽毛球运动就是其中具有代表性的一种。羽毛球运动对于培养协作意识的作用表现在以下几个方面：

（1）引导练习者克服极端个人主义。极端个人主义产生的原因就是在做事或者考虑问题时以个人为中心，具体表现有：认知事情时，主要关注自我的感受；对物品的占有欲很强；与他人交往时，只顾自己利益而不顾别人利益和集体利益，当与他人产生矛盾时，以排他思想为主；有时候，为了达到自己的目的，甚至什么手段都使得出来。人是具有社会属性的动物，不会单独存在于社会中，很多事情甚至可以说所有事情都需要与其他人沟通交流和协作，人与人交往的原则是公平公正、互利互惠、合作共赢，假如某人一直以自己为中心，坚持极端利己主义，则公平公正、互利互惠、合作共赢的交往原则就不能实现。在羽毛球运动中，特别是双打项目，运动员之间必须能够相互信任、相互包容、并肩协作，如果有一方是极端利己主义者，无论他的羽毛球技艺多么的高超，他的结果注定是失败的。所以，可以在羽毛球运动中培养合作、配合能力，这对于消除学生的个人极端主义有很大的帮助。

（2）引导练习者克服嫉妒心理。嫉妒心理是一种破坏性因素，对生活、工作、事业乃至整个人生都会产生消极的影响。主要表现为：将其他人的长处看成是威胁；将其他人事业的上升和进步看成是挑战，将其他人对自己的关心当作对自己的恶意；将其他的朋友视为敌人；因为以上的情绪导致本人产生愤怒、埋怨、不悦等负面情绪。心存嫉妒的人一般都存在心胸狭隘、抗压能力弱等情况，希望别人都不如自己，生气别人比自己强，他们很难与别人协作共同完成任务。羽毛球运动给人们提供交往的机会，能促进人与人之间的沟通和交流，练习者只有相互帮助才能共同提高竞技水平，在今后的比赛中取得好成绩，甚至获得冠军。因此，羽毛球运动有助于人们消除嫉妒心理。

（3）引导练习者克服冷漠的心态。冷漠指人对人或者对事冷淡，不关注，也是一种消极的心里。主要表现为：个人孤独感很强，主动远离其他事物、对其他事物没有兴趣，疑心很重、非常压抑，性格偏内向、害羞，缺少激情。具有冷漠心态的人拒绝与别人交往，也不和任何人合作，因为他们既缺少激情，又没有与人交流合作的技能。所以，他们要战胜冷漠的心态，激励自己与人交流合作。在羽毛球运动中，闭门造车是提高不了球技的，只有与运动员或者教练交流才能提高竞技水平，在这样的环境下，具有冷漠心态的人不得不与人沟通交流，提高与人交往的能力，慢慢地克服冷漠的心态。

4. 羽毛球运动有助于社会角色的转变

社会结构的内容实际上是社会的主体、动物及其生存活动的社会活动和社会关系的存在方式，而每个社会角色之间是相互联系、互相影响的。例如，老师和学生的关系，老师就是要教授学生知识，约束学生，学生就要符合学生的行为规范，老师有老师的社会地位，学生有学生的社会地位；每个人只要完成自己角色的任务不要影响别人，社会就会很好发展，如果自己完成不了自己的角色任务，就会影响别人，也会辜负社会对这个角色的认可。所以，我们要努力地学习和适应自身的角色，从而获得社会的认可。人们如果想尝试社会角色就可以去运动，运动的多样性可以为大家提供体验多种社会角色的机会。

所谓体育运动中的角色，也就是指个人在由体育结成的社会关系中所处的地位。这种地位有其权利、义务和相应的行为要求。比如，两个班级在进行羽毛球团体比赛时，两个队各自的男单、女单、男双、女双、混双等各个角色，都有各自所起的作用，只有适应了与相符合的角色行为，才能产生相互的社会关系，因此，在参加羽毛球比赛之前，应该仔细地为每一位参赛者讲解清楚游戏的规则，制定一个大概的范围，让他们知道在比赛时能做什么，不能做什么，应该怎么做。他们只有真正理解了处于不同角色的不同任务，才能真正了解活动，融入活动。在比赛过程中，只有每一个人都成功地扮演自己的角色，相互配合打好比赛，才能真正明白自己角色的内涵，从而从内心深处认同自身角色。而如果不能很好地完成自己的角色任务，将会受到批评，开始更正，为下一次角色扮演做好准备。

在举行羽毛球运动期间，学生们可以更好地获得尝试扮演社会角色的机会，而他们也可通过扮演角色从而懂得不同角色之间的不同权利义务和行为模式规范，从而让学生们养成“要做一件事就把他做好”的良好习惯，也有利于学生们进入社会后努力做好自己的工作，通过自己的努力改变社会地位，让他们明白，只要努力就可以达到自己的目标。

5. 羽毛球运动有助于个性的形成

个性是指个人在其生理和心理素质的基础上，在一定社会条件下，通过实践锻炼和陶冶，逐步形成的观念、态度习惯和行为。个性指的是一个人相对固定的生理特点、心理特点以及社会的行为特征，一个人能不能与所处的社会相适应，能不能被所处的社会所接纳，关键要看他的个性。人所具备的气质，呈现出来的能力、显现出来的性格组成了人的个性，个性中最关键的是性格。21 世纪是一个充满竞争的时代，社会分工更加细化，领域更加繁多，各种行业、各种阶层都需要相应性格的人去从事不同的工作。

羽毛球运动虽然只是一种体育项目，但是它不仅能够影响人们的机体，而且还可以演变成一种特殊的社会教化手段，对人们个性的形成以及发展产生促进作用。

（1）羽毛球运动能改造自我和发展个性。运动类型是多种多样的，不同运动类型对人们的心理素质有不同的影响。羽毛球运动可以更好地完善人们的个性，还可以让人们产生兴趣，增强个人意志。在娱乐体验中，羽毛球运动的拼搏、竞争意识可以让人们充满动力，而且多运动还可以增强体质，热爱生活。力量美、节奏美、形态美和速度美是羽毛球运动的表现形式，有利于塑造良好的体态，从而形成良好的个性。

（2）羽毛球运动对个性的影响有以下几个方面：

1）羽毛球运动对自觉性的影响。如果你想通过羽毛球运动达到锻炼的目的，那么首先你要确定一个目标，然后为了实现这个目标努力积极运动，人只要有高度的自觉性去运动，那么他才可能会有好的身体。现如今大多数人打羽毛球都是为了强身健体或者是为了娱乐，只要在运动过程中养成习惯，不需要别人提醒监督就能自觉地去运动，自己为自己制订相应的计划，每天按时完成目标，那么，学生们的自觉性就在运动中确立起来了。

2）羽毛球运动对自制力的影响。有自制力的人善于控制自己的情感，自制力强的人一般在遇到困难和挫折的时候也会保持冷静，从而直面挫折，分析现在的处境，总结出经验，努力去克服困难。羽毛球的锻炼方式是多种多样的，也有集体配合的比赛，像羽毛球女双、男双或者混合打；而且都有相关的规则约束，会很大程度地限制参赛者，在比赛过程中，可能会遇到一些不公平的待遇，参赛者要遵守规则，否则的话，会被处罚。如果遇到一些裁判错判或者漏判的情况，即使成功就在眼前，也要保持冷静，接受这样的结果。这对参赛者的自制力是很大的挑战。因此参加这些羽毛球比赛可以锻炼参赛者的自制力。

3）羽毛球运动对果断性的影响。有的人在遇到事情的时候，总是瞻前顾后，优柔寡断，不能果断地作出选择，从而失去很多机会，或者是选择随意、草率，也容易造成失败。但是经常参加羽毛球运动的人们就不会这样，他们会很果断地作出正确的选择。这也是由于参加羽毛球运动时，人们要随时关注羽毛球的动向，迅速地作出相应的反应，从而很好地锻炼了羽毛球参与者的果断性。羽毛球运动可让运动者在运动期间较快地提高自己的判断力，运动环境也为运动者创造了条件。

6. 羽毛球运动有助于建立良好的人际关系

一个生活在社会之外，同其他人不发生关系的人是不存在的。可见，每个人都有与他人进行交流、交往的需要，大多数人都不愿意独处，也难以忍受孤独。根据心理学的研究，如果一个人长期保持独处的状态，那么他的性格会逐渐变得异于常人，精神会变得忧郁，心理变得不健康，寿命也比那些开朗、乐观的人要短。人是社会类的动物，相互之间会进行交往，把自己的喜怒哀乐倾诉给他人，彼此之间的感情就慢慢变得深厚，会建立起一种亲密的、相互依赖的关系，也能从对方的身上获取信心和力量。一个内向孤独的人，他的人际关系必然也是比较淡漠的，与他人不能顺畅地交流，也难以得到别人的帮助，感受不到别人的关心，他的事业一定难以获得成功。

一个人如果能够得到别人足够的关心、肯定和赞许，他就一定会逐渐变得自信，对自己的优点和长处有清晰的感知。在与他人的交往中，也能把自己和更优秀的人进行对比，从而发现自身有待改进的不足和缺点。所以人必须要与他人进行交际，这样才能对自己有一个清晰的认识，只有建立起与他人正常的交际关系，才能让我们变得更加聪明、更加健康、更加强大。体育运动为人们提供了相互交流的机会，人们可以与任何一个素不相识的人同台竞技，最终获得“不打不成交”的收获，并通过场上的争斗，成为场下的朋友。

（1）羽毛球运动能协调人际关系。要想很好地适应社会，就要处理好人际关系，人际关系处理好了，人们在一起其乐融融的相处，对什么事情都会充满兴趣；如果人际关系处理不好，大家每天负能量满满，会对生活失去希望。羽毛球运动可以很好地促进人际关系协调，羽毛球运动会让人们在一些特定的环境中很好地联系在一起，一起运动锻炼，不仅提高身体素质，人们之间的交流也加强了，人与人之间沟通多了，互相交往、互相认识，交际圈也扩大了，乐趣也多了。比如，通过加入羽毛球俱乐部或协会，在经常交流羽毛球球技的同时，可以认识很多对羽毛球有共同兴趣的同学和朋友。在进行练习或比赛中，相互之间不仅可提高球技，更可促进感情，增进沟通。由此可见，羽毛球运动在增进人们的相互交往、克服孤独感、沟通和协调人际关系等方面都具有重要作用。

每个人进入社会的第一件事就是要学会与人协作，并且在 1995 年的时候，联合国教科文组织对此做出了规定，对现代人的素质要求就是与人协作的能力。羽毛球运动就很好地体现了与人协作。首先羽毛球运动大多是集体运动，在运动过程中需要与他人配合、协作，一个人是无法完成羽毛球运动的。羽毛球运动就是和他人沟通、协作的过程，积极地与人沟通协作，才能更好地适应社会，协作能力的培养是至关重要的。

（2）羽毛球运动对人的沟通能力的影响。沟通是现如今工作和生活必不可少的环节，良好的沟通可以为生活和工作增添色彩，两个人沟通可以促进情感、思想碰撞。如果一个人连自己的需求和意愿都不能很好地表达出来，那么，别人又怎么可能了解和支持你，羽毛球运动对提高与人的沟通能力无疑是一个重要途径。

羽毛球运动的特殊性，决定了必须由两人以上才能完成每次训练。羽毛球虽然看起来简单，但是具体的动作还是需要专业人士来指导训练的；而且在练习当中需要相互配合，及时沟通，这样才能及时准确地明白对方的意思。这些沟通正是人们之间通过主动的信息交流从而获得知识的典范。可以看出，参加羽毛球运动不仅可以强身健体，还能加强人们之间的沟通，扩展人际关系。

7. 羽毛球运动有助于体育道德的培养

人们从事羽毛球运动的初衷大多是出于强身健体，但这只是有形的、物质方面的功效，在羽毛球运动过程中，还同时存在着无形的、文化层次和道德层次的修养，这也是羽毛球运动不仅可以健身，还可以健心的原因。

（1）羽毛球运动具有鲜明的文化特征。人们往往注意到体育运动的生物功能，忽视它在精神、文化方面的作用。针对这一认识，国际奥委会第四任主席埃德斯特隆说："奥林匹克运动存在的真正原因在于它不仅在身体上改善人类，而且使他们的思想更加高尚，加强了人们之间的理解与友谊。"奥林匹克的这种精神完全渗透到羽毛球运动之中。羽毛球运动体现出鲜明的文化特征。

人们追求自我完善、自我超越，追求美好的理想在羽毛球运动中得以充分体现。从接触羽毛球活动开始，一步步走向新的目标，都经历着克服困难、战胜自我的精神历程。虽然业余羽毛球爱好者的球技不能与职业选手相提并论，但在体现奥林匹克运动不断进取、永不满足的奋斗精神方面是一致的，都在追求着"更快、更高、更强"。人们在羽毛球运动中不自觉地提升着文化修养。

（2）羽毛球运动具有鲜明的道德特征。公平竞争是体育道德的本质，也是奥林匹克精神的核心。羽毛球运动是对手间在技术、体能、智慧上的公平较量。竞赛规则、项目自身特点使得选手之间没有身体接触，没有故意伤害对方的行为。比赛双方每两局交换一次场地，也体现出一种公平。羽毛球运动的公平是建立在民主的基础上，即有程序的民主，也有目标的民主。

羽毛球运动的体育道德在赛场处处有所展示。首先，选手服从裁判。羽毛球速度快，如发球时，司线员在难以看清球的出界与否的情况下，多数情况凭借经验判断，这就难免出现错判。这正是运动员的体育道德展现的时刻，在羽毛球运动中，极少出现运动员不服从裁判的现象。其次，尊重对手。对手没有做好准备，可示意不接对方发球，由对方重发；对方打出好球，由衷地表示赞赏；以顽强的意志或高超的技术赢得对方的尊重。羽毛球运动中的体育道德精神还表现在运动员的顽强拼搏之中，有的比赛持续很长时间，如此大强度的比赛，拼搏这么长的时间，对运动员的意志和毅力是极大的考验，这无论是对运动员本身还是对观众，都是一种道德品质的教育。

（3）在羽毛球运动中提高道德修养。对于观众，羽毛球运动的道德教育是由运动员的榜样作用来达到的，对于羽毛球爱好者，道德精神的修养是伴随着羽毛球运动的开展而逐步提高的。

1）职业选手榜样的作用。以良好的榜样教育青少年，是一种重要的教育方式，尤其对于青年和少年这一具有极大可塑性和模仿力的群体更是如此。当代羽坛上的著名运动员都具有榜样作用，无论是球技，还是道德风范。例如，我国羽毛球运动员在第九届苏迪曼杯比赛中取得了大满贯的好成绩，为广大的羽毛球爱好者树立了良好的榜样，增强了民族自尊心与自信心。

2）羽毛球运动的亲身经历可提高个人的道德修养。在亲身参与羽毛球运动的过程中，可提高参与者的体育道德水平。羽毛球运动的学习是要持之以恒的，要从基础学起不断加强，而且在学习期间，要主动与老师和同伴沟通练习技巧，最终不但可以学习羽毛球运动的技术，还可获得良师益友。

当羽毛球选手技术达到一定水平了，在每次比赛结束后，要及时与同伴交流比赛感受，在比赛期间，要树立公平竞争的理念，服从裁判判决，要明白尊重对手就是尊重自己，提高自身的比赛修养，锻炼自己的意志品质，绝对不做违反比赛规定的事情，坚决抵制投机取巧、欺骗裁判和对手的错误行为，要用实力取胜，用实力获得鲜花和掌声。

世界上只要是比赛，就会有输赢，但是输赢不重要，选手通过比赛，能知道自己的真实水平，从而可以作出正确的评价，赢了比赛，选手自信但不骄傲；输了比赛，选手谦虚但不自卑。要知道，羽毛球运动的规则和规范是需要每个选手去遵守的，每个选手都应该养成遵纪守法的好习惯。

二、羽毛球文化的相关概念与解读

（一）羽毛球文化的相关概念

1. 体育文化

到现在为止，学术界对于体育文化概念没有固定的表述，主要体现在 3 个方面：

（1）从文化内涵方面简单概述，认为体育文化是在体育活动中关于人们精神生活的某些方面。

（2）从物质和精神层面给予定义，认为体育文化是体育活动中物质与精神文化的综合。

（3）从文化的结构方面给予描述，认为能满足人类社会生活需求的秩序化身体活动都是体育文化的范畴，体现在精神、物质、行为、制度、理想、价值和道德等方面。

就体育文化的概念而言，《体育大词典》给出了两个方面的阐述：一是从广义的角度出发，认为体育文化表现在行为、物质和精神等几个层面，是为了满足人类的社会化生活需要的，有秩序的身体活动；二是从狭义的角度出发，认为体育文化是生活文化的一个组成部分，是受到肯定的、有一定价值和意义的体育活动。卢元镇认为体育文化指的是一种身体性的活动文化，它是由人类共同创造的，并且包含有物质意义、精神意义和制度意义的身体活动文化，具有自身独特的文化意义和精神价值。

2. 文化传承

传承指的是某一国家、某一地区的文化发生的纵向的延伸和发展，其中最主要的是文化方面的传承和发展。文化传承同自然界所有物种的繁殖具有相似性，都处于持续的延展和进化过程当中。彭兆荣在《文化传承与传承文化》书中将文化传承总结为：文化传承实际上是一种文化的继承，这个过程是持续的，不可中断，而且有着很强的感召力，是人们通过意识支配自己的行为，对文化进行选择和传递的过程。

3. 文化传播

传播指的是对各个国家、各个地区的文化进行横向传播、传递的过程，文化传播的内容和方式是多种多样的，普及和推广的主要是文化方面的内容，这种传播具有特殊的方式和途径。文化传播指的是传播主体按照一定的方式和路径，将一个地区或国家的文化传播到其他地区或国家去的过程。文化传播包含有三个方面的含义：（1）是对人与人之间关系的传播与呈现；（2）需要按照一定的方式和路径来进行文化的传播；（3）文化在传播的过程中会产生相互间的影响。周沿意著有《文化地理学》一书，他在书中认为，某一团体将特定的文化或者是文化的结合体传播给另一个团体的过程就是文化传播。

（二）羽毛球文化的解读

作为一项大众性的体育运动，羽毛球文化是体育文化的组成部分，这项运动拥有自身独特的文化内涵。1860 年，英国的伯明顿曾开展了一场毽子板的游戏运动，羽毛球的运动由此得名，并且成为奥运会的重要比赛项目。它在中国享有“无冕之王”的盛誉，被奉为印度尼西亚的“国球”，被称为马来西亚的黑马，被誉为印度的普那。随着社会的进步和科技的发展，羽毛球运动的内涵也在不断拓展。人们对于羽毛球的认识已经不再简单地局限于比赛方面，其他如羽毛球运动的组织、羽毛球运动的管理、羽毛球运动的科学研究都被归入了羽毛球的文化范畴之内。羽毛球运动不仅仅是一种简单的身体活动，而且是一种社会性的活动，这种活动集合了物质方面和精神方面的双重意义，所以要把文化的特征以及内涵体现在对其的定义当中。

羽毛球运动是人类创造的一种高雅运动，它将人的身体、人的智慧完美地结合在一起，既是一种文化的体现，也是一种艺术的展示，这一运动中涵盖着智慧、拼搏、绿色以及商业的文化元素和文化个性。羽毛球是这些元素的载体，以身体练习的形式来进行展现。人们通过参加羽毛球运动，逐渐创造出了羽毛球独特的精神层面的文化、物质层面的文化、行为方式的文化以及制度体现的文化，这些文化中包含有人们对羽毛球运动的价值观、自我认知性、羽毛球运动的技术、羽毛球运动的战术、羽毛球运动的思想观念、羽毛球的比赛规则、羽毛球发展中的物质要素等的认识。羽毛球场地、羽毛球、羽毛球拍这些都是真实存在的物质，能够被人们感知和观察到，人们通过球拍与球的接触来控制羽毛球的运行，从而完成活动的过程。羽毛球文化与其他文化一样始终处于发展演化的过程当中，在这个过程中逐渐实现了财富的积累。体育文化属于社会文化的一个分支，是社会文化的组成部分，体育文化的发展会受到社会文化的制约。在社会文化繁荣进步的过程中，体育文化能够发挥其独特的促进作用。而社会文化也必将对羽毛球文化产生制约和影响。

人们在社会性实践活动中创造出来的有关于羽毛球的精神以及物质的财富组合成为羽毛球文化的内涵。羽毛球文化既有显性的体现，也有隐性的体现。显性的体现主要有羽毛球场地，羽毛球拍、羽毛球等设施和设备；隐性的体现包括羽毛球的宣传广告，人们对于羽毛球运动的情感，有关于羽毛球的产品生产和销售等。羽毛球虽然属于小球运动，但它对于促进文化交流、推动社会发展有着特殊的意义，羽毛球文化的建设亟待加强。羽毛球文化可以被分成三类，这是由它自身的符号作用和发展轨迹决定的，即分为竞技类羽毛球运动文化、大众性羽毛球运动文化和羽毛球衍生文化。其中的核心是竞技类羽毛球文化。羽毛球运动竞技文化集品德、智慧、健康和艺术性为一体，对大众性和衍生文化以及羽毛球文化起着至关重要的推动作用。大众性的羽毛球文化是社区文化的组成部分，这是一种大众化的体育健身及娱乐活动；衍生文化是大众羽毛球文化的组成部分，为广大民众所喜爱。

羽毛球文化如果按照逻辑关系来分，可以被划分为四个层次，羽毛球的精神文化、羽毛球的物质文化、羽毛球的行为文化、羽毛球的制度文化。羽毛球的精神文化主要包括羽毛球文化的价值以及价值的取向、羽毛球的成就体验、羽毛球的职业道德、羽毛球的思维方式、羽毛球的科学知识、羽毛球的指导思想、羽毛球运动所处的社会环境、羽毛球运动所处的文化环境等；羽毛球的物质文化主要指羽毛球、羽毛球器械、羽毛球场地、羽毛球服装、羽毛球鞋、羽毛球俱乐部、羽毛球书籍、羽毛球标志物、羽毛球名称、羽毛球纪念品、羽毛球口号、羽毛球比赛门票等实物；羽毛球的行为文化主要包括羽毛球的训练、羽毛球的比赛、羽毛球的技术战术配合、羽毛球的传播媒介、羽毛球的观赏行为、羽毛球的意识活动、羽毛球的教学、羽毛球的科学研究等；羽毛球的制度层次包括羽毛球运动员的培养、羽毛球的教学和训练、羽毛球运动的组织、羽毛球运动的管理、羽毛球比赛的章程、羽毛球运动的体系等。

可以看出，羽毛球运动的文化内涵十分丰富，也十分深刻，羽毛球运动的文化特性是身体的活动。对人的生物性的功能加以改善、加以促进是羽毛球运动的目标，这种运动具有完整性，也体现出了自主性，同时羽毛球运动还与社会经济以及政治有着重要的关联。

三、羽毛球文化特性

（一）时代性

文化的时代性是指文化的表现方式和实质性事物在不同时期内发生一定的改变，是相同的社会发展阶段与一定时间内各民族共同需要的文化的一种回应。所有的文化都会显现出强劲的力量来维护自身的持续性以及稳定性。民族性的文化形态不是一成不变的，它会随着时代的变迁而发生变化。世界上所有的民族、所有的地区都不是孤立的，也不可能通过完全的自给自足而求得发展与进步。不同民族、不同地区的文化需要在相互的碰撞中产生交流，得到传播。世界各国、各地区的文化传承过程中不可能有完全相同的文化，所有的文化会随着人类的发展、社会的变迁而发生变化，得到发展，在这个过程中也会有源源不断的新文化被创造出来。

羽毛球文化不是固化的，它是动态的、不断有所发展的，具有时代性的特征。羽毛球文化能够把各个时代、各个社会所创造的财富整合起来，令自身的文化底蕴得到充实、文化品位得到提升，它总是能够顺应当时的社会风俗以及生活方式。“羽毛球历史文化形态”指的是在社会历史进程中，羽毛球运动产生的演变和进化，在不同的社会形态下反映出不同的发展水平，具有一定的时代特征，也具有阶段性的变化。羽毛球运动的文化形态有两个基本特征，一个是时代性，另一个是抽象性。时代性是羽毛球历史文化最常见的状态，是对羽毛球运动发展进程的纵向描述；抽象性形态是从历史渐进的过程中加以抽象得出的一般性的过程，体现了羽毛球运动不同的发展空间以及存在的模式。

（二）传承性

传承性是文化所具有的特性，文化伴随着社会的发展，经过人们一代又一代的积累，会逐渐形成一种特有的传统文化。文化传承实际上就是人们对他人的学习及模仿，经过他人的指导教诲获得的技能和知识，这个过程有时是有意识的，有时是无意识的。要想实现文化的进步与创新，必须经历积累与继承的阶段。文化在人类发展的每个阶段都会体现出不同的内容，也可以成为当时那个时代特殊生活方式的表达。文化是由人类创造的，而且人类还利用教育的方式来传播自己掌握的文化，在传播的过程中，文化往往会被人类赋予新的内容，体现出当时的社会特色。

时间与空间的有机结合、横向与纵向的共同作用促成了体育文化的发展。某种文化一旦形成，它就有了传承和发展的可能性。伴随着社会的发展和人类的进步，羽毛球运动也逐渐形成了自己独特的文化，所蕴含的内容和文化不断得到传承发展。在这个推进的过程中，羽毛球运动也在不断经历着推陈出新的过程。羽毛球运动之所以具备民族性，就是因为它具有传承性，这也是中国羽毛球具有自己的民族文化特点的根本原因和理论依据。中国的羽毛球运动汲取了各个国家羽毛球运动的优势，形成了我国自己独特的羽毛球文化，并且这种文化也同样具有国际性。

（三）层次性

以哲学的方式来划分，羽毛球文化可以分为物质文化、精神文化、制度文化和行为文化四个结构层次。

（1）物质文化的前提是人类的生存以及发展需求得到满足，是对物质性产品以及因物质性产品而产生的文化加以概括和总结，是文化类要素的一种物质性的体现。

（2）精神文化是人类所独有的，是一种意识形态，也是各种各样的意识形态以及观念的集中体现。

（3）制度文化是社会规范的体现，是在人类社会发展过程中形成的与文化结构相关的规范，制度文化也被称为制度文化层次，如果以研究的角度来看，制度文化在文化结构中占有最重要的地位。

（4）行为文化是指在羽毛球实践过程中产生的一切行为习惯、方法、模式等的总和。行为文化处于羽毛球文化各层次的中间地带，通常表现为人们的生活习惯、与生活相关的一些制度、约定俗成的行为规范。这些行为规范有精神文化作为指引，有物质文化作为基础，还有行为制度作为规范，可以反映出人们的心理状态、行为特点、精神面貌以及思维方式，能够对人产生很大的感召力，也能产生很强的融合性。

（四）竞技性

竞技体育是一种竞技文化的独特表现形式，它的核心就是竞技，也能够成为一种潮流性的文化。体育项目的价值之所以能够得到体现，就是因为它具备了竞技性，可以体现出奥林匹克的核心精神，那就是更快、更高、更强。不仅竞技体育项目中能够体现出竞争精神，而且一些群众性的体育项目中也能体现出优势与劣势，区分出强势一方和弱势一方。

羽毛球文化和其他竞技体育项目一样，也包含着很强的竞争性，这种竞争性可以分为三种层次：第一层次是运动员在竞赛的过程中会有非常激烈的进攻与防守行为，有明显的对抗性举动；第二层次是按照竞赛的规则，只要不超出规则的范围，运动员会尽力对竞赛规则做出挑战；第三层次是运动员向自己发出挑战。这三个层次的竞争和挑战，充分体现出了羽毛球运动的竞争性。比赛是羽毛球运动最重要的内容，在竞赛的过程中，竞争贯穿于过程的始终，它是体育运动的灵魂所在，也是人们发起运动的主旨。随着科技的进步，近年来羽毛球运动也引进了新的赛制，羽毛球运动的市场化趋势更加明显，现代化的标志也不断增多。新赛制的实行和现代化的竞赛元素的引进，使得羽毛球比赛对各方面提出了更高的要求，比如要求运动员具有更强的体能，更高超的技术战术，对球拥有更强的掌控能力，要有更强的意志品质和思想素质；近年来，女子羽毛球运动的技术和战术也越来越向着男性化的方向靠近，运动员和教练员在赛场上会尽可能地扰乱对方的比赛节奏，突破对方的防线，希望在尽可能短的时间内赢得比赛的胜利，所以很多女子羽毛球运动员也会热衷于采用后场扣杀的战术。这些都更加体现出了羽毛球运动的竞技性。

四、羽毛球文化功能

羽毛球是一项重要的球类运动，它具有球类运动的特征和共性。羽毛球文化拥有多种社会和文化功能，比如商业性、娱乐性、教育性、健康性等，它具有非常重要的社会价值以及社会意义，促进羽毛球运动的发展，对于推动世界羽毛球运动的平衡发展，对于促进羽毛球运动文化的传承都具有重要的意义。

（一）教育功能

羽毛球运动具有特殊的教育功能。教育功能实际上是一种精神文化的体现。21 世纪人才培养的目标就是需要文化素质、专业素质、身心素质以及思想素质得到综合性发展。体育具有独特的魅力，它能够增强人的生命力，增长我们的见识，而且能够强健身体，增强人际关系，还能促进我们的人格发展。毛泽东同志就曾提出，教育要将体育、德育、智育结合起来，其中体育是排在第一位的，德育和智育必须以拥有一个健康的身体为前提。如果失去了健康的体魄，那么德育和智育也就变成了无源之水、无本之木。教育家蔡元培先生早就提出过，体育在人格发展的过程中具有非常重要的作用。羽毛球运动最早是一种娱乐游戏，通过参与游戏，人们的思想会受到相关的教育，所以，羽毛球文化本身就带有教育的功能。学校里以及社会上的羽毛球运动都具有教育他人的功能。人们可以通过参与羽毛球运动来进行自我学习，提高自身的道德修养。参与者往往会去主动了解羽毛球运动的历史以及羽毛球运动的文化背景，学会按照规则行事，树立公平竞争的意识，懂得尊重裁判，尊重竞争对手，在这个过程中，能够培养参与者团队协作的意识、谦逊忍让的态度、开朗豁达的品质。羽毛球运动的最终目标就是战胜对手，只有拥有了高超的技术、缜密的战术、优良的心理素质才能取得比赛的胜利。但是没有人能够永远赢得比赛的胜利，无论是多么天才的运动员。参与比赛能够让运动员的意志品质在成功与失败之间得到很好的磨炼。羽毛球文化能教会人们一些约定俗成的礼仪，提升人们团队协作的意识，强化人们顽强拼搏的精神，是对人们品德、智慧、美德方面的综合提升与教育。

（二）健康功能

羽毛球对人们健康的促进作用十分明显。人们只有具备了基本的身体素质，才能顺利参与羽毛球运动。在参与的过程中，人们的身体素质可以得到加强，身体机能可以得到锻炼，身体形态能够得到发展，心理健康能够得到促进，心血管功能能够得改善。长期参与羽毛球运动能够强化呼吸肌的功能，运动者的胸围会大于常人，呼吸的幅度也会大于常人。普通人呼吸差通常为5~8cm，经常参加羽毛球运动的人呼吸差能够达到9~16cm，肺活量可以达到4500mL，要高于常人1000mL左右。在平静的状态下，普通人呼吸的深度通常为每分钟12~18次，而长期参加羽毛球运动的人呼吸的深度为每分钟8~12次，呼吸肌有更多的时间用来休息，这种差别在运动时更为明显。羽毛球运动能够促进人体血液循环系统的功能，而这个功能对于人体的健康有着十分重要的意义。长期参与羽毛球运动能够增强人的体质，令人的肌肉发生变化，肌纤维增粗，肌肉量增多。普通人的肌肉量通常为35%~40%，经常参加羽毛球运动的人的肌肉量可以达到50%左右。长期进行羽毛球运动的锻炼能够使人的肌肉更加发达，体型更加匀称，身材更加健美，骨骼更加健壮。不仅能够增强对肌肉的控制力，还能提升人的运动速度，并且能令人的神经系统更加灵活，身体的韧性增加，肌肉更具弹性，身体伸展性更强。而且参与羽毛球运动还能增强人的自控力，培养健康平稳的情绪，乐观向上的心态，还有敏锐的洞察力。如今我们所处的社会充满了竞争性，羽毛球运动正好可以培养人们的竞争意识，增强人们团结协作的意识。

（三）娱乐功能

按照现代体育的理念，所有体育项目都应该具有娱乐的功能，要能调动运动者的兴趣和热情，强健体魄、愉悦身心。娱乐性是现代体育项目比较突出的属性。羽毛球以及类似的运动都是通过球这个“道具”来体现出它的娱乐性，比赛的过程以及结果都具有不确定性，比赛的过程具备不同形式的对抗性，比赛的内容具有很强的欣赏性。观众和参与者通过不同的时间与空间，使自己参与体育运动的需要得到满足。体育运动之所以在民众中具有普及性，就是因为它具备了明显的娱乐性，体育运动所自带的竞争性和娱乐性成为吸引民众参与的两大“法宝”。羽毛球源于游戏，游戏是最具有娱乐性的活动。随着现代体育运动的不断变革，羽毛球运动的形式发生了很大的变化，但是其内在的娱乐性始终存在，参与者既可以自娱自乐，也可以愉悦他人。体育运动的娱乐性主要表现在：运动员打出一个精彩的球时表现出的喜悦能够带动观众的情绪，赛场上技术战术的变化也能增加比赛结果的不可预测性，赛场上贯穿始终的对抗性、竞争性都能表现出很明显的娱乐性。人们通过观看羽毛球比赛能够得到情绪上的满足和精神上的升华，运动员所表现出来的顽强意志、拼搏精神、团结意识能够让观众受到鼓舞和触动。当自己关心的球队、球员赢得比赛时，观众能分享他们的喜悦；当输掉比赛时，观众也会从失败中获得启发，对比赛的经验加以分析和总结。

（四）商业功能

现代体育中融入了越来越多的商业化元素，针对比赛有会各种媒介进行比赛信息的传递，主办方会出售电视的转播权，赞助商会推出自己的商品广告。现代体育项目的商业化具有必然性，因为它是一种体育文化的展示，也能够使体育项目拥有更多物质财富来完成运动员的培养，实现项目的传承发展。现代体育赛事不仅应当成为一种商业化的竞争，更应成为一种文化层面的竞争。经济学家认为，球类运动也是一种特殊的商品，而且是一种文化类的商品，它所拥有的潜在价值无法估量，当一种体育项目获得发展时，与之相关的彩票业、广告业、通讯业、服装业、器材业都能够得到相应的发展。

参加体育活动能够令人们的身体和心理更加健康，有了健康的体魄，劳动者的生产效率自然会提高，所以无形中体育运动也成了促进社会经济发展的动力。羽毛球运动除了能够令人们的娱乐活动变得丰富多彩，而且更重要的是它可以通过职业化的运动创造大量的社会价值和经济价值。在我国大中型城市中的羽毛球馆不断建成，场馆的规模进一步扩大，人们热衷于租借这些场地参与羽毛球运动，这就为场馆建设企业和其他相关产业带来了无限商机和巨大利润。比如场地租赁、体育运动服饰生产销售、羽毛球广告投入、羽毛球器材的生产与销售等，伴随着羽毛球运动的发展和推广，这些关联商品的知名度也逐渐提升，品牌效益不断增强。例如，在 2014～2015 年的中国羽毛球超级联赛中，VICTOR（威克多）作为专注于羽毛球运动的民族品牌成为此次比赛的服装赞助商，中国羽毛球超级联赛是我国最高端的职业比赛，其影响力和受关注度不言而喻，VICTOR 作为知名企业，通过这场赛事不仅为广大球迷呈现了一场场精彩的体育比赛，而且还让自己的品牌获得了更高的知名度，提升了企业的经济效益。

广告是一种社会的文化现象，能够对公众产生文化引导的作用。企业热衷于利用广告来塑造自身的形象，树立起自己的品牌，传播思想观念。现代社会里广告无处不在，广告对经济的发展起到了支撑作用，拥有自身独特的文化张力。体育明星不仅可以通过自身的努力取得比赛的好成绩，为个人为国家赢得荣誉，而且他们本身也有着巨大的商业价值。很多企业都会邀请体育明星作自己产品的代言人，利用体育明星巨大的影响力，来促销自己的产品，对自己的企业和产品进行宣传和推广，以期更快地提高知名度，获得巨大的经济利益。特别是在奥运会举办期间，明星对于企业产品的推广作用尤其明显。就如中国的羽毛球运动员林丹，他曾两次获得奥运会男单冠军，成为体育迷们的新偶像，也成为商家的热门代言人选，他在赢得比赛之后曾为十多种产品做过代言，如青岛啤酒、伊利、雪津啤酒、中华牙膏、联邦快递、肯德基、李宁、FEDEX 等，涉及了包括化妆品、汽车、体育用品在内的八大行业。邀请体育明星做产品代言人，能够通过体育这个特殊的媒介促进球迷以及中间商的消费行为。据调查，企业在选择什么样的体育明星作代言人时会有自己的标准：运动员要有较高的知名度，外在形象要过关，个人声誉良好，所参与的运动普及性高，运动成绩十分突出，这样的明星代言的产品受欢迎程度也会比较高。他通过自己的努力使得羽毛球与其他产业建立了连接。林丹作为代言者获得了企业带给他的商业利益，VICTOR 作为比赛的赞助商获得了应有的效益和知名度，这些都是羽毛球文化商业价值的最直接体现。

（五）政治功能

虽然现代体育秉承着体育与政治相互独立的理念，崇尚“更快、更高、更强”的体育精神，但实际上，现代体育与政治是无法做到真正的分离，并且这种联系还越来越紧密。政治和体育之间建立起了相互影响、相互促进的关系，体育运动能够得到政治上的强大支持，而体育运动的性质、价值以及管理制度等都会受到政治的限制，一些政治上的特殊要求也会得到体育运动的配合与支持。

现代社会全球化的趋势越来越明显，所有的国家都不可能故步自封，都需要开展与他国的交流与合作。竞技体育成为当今世界一种特殊的外交手段，它能够营造出一个相对独立和独特的外交环境，能够实现其他场合无法达成的外交互动。比如，2008 年北京举办的奥运会，世界上的 205 个地区和国家参与其中，展现出了我国强大的外交能力。一些外国的政要和使臣们利用这个机会进行了会晤和对话。赛场上运动员之间的沟通与交流也带动了场外政治界的交往与沟通。竞技体育不仅带动了各国预期利益的实现，而且还成为世界和平的载体。体育明星在奥运赛场上大放异彩，他们不仅树立了个人在相关领域的威望和地位，而且成为了一个项目、一个国家的标志，对公众的思维方式和行为习惯产生莫大的影响，消费者热衷于选择自己偶像代言的产品，积极参与到自己偶像所在的体育项目中去。体育明星拥有很强的感召力，他们对于体育文化的传承、发展以及创新作用非常巨大。比如，人们提到篮球，就会想到姚明；提到台球，就会想到丁俊晖；提到拳击，就会想到邹市明；提到羽毛球，第一时间就会想到林丹，体育明星对于自己的球迷、粉丝的影响力是不可低估的。

羽毛球运动的“火爆”引发了与之相关的多种产业的发展。比如，羽毛球服饰、羽毛球器材、羽毛球场地、羽毛球鞋、羽毛球比赛门票、羽毛球相关书籍、羽毛球俱乐部、羽毛球纪念品等，当人们有了参与羽毛球运动的需求，这些周边的相关产业就会得到发展，而且这些相关产业的发展也需要投入大量的人工，这在一定程度上可降低我国的失业率，促进社会的安定，提高人们的物质生活水平。由此可以看出，羽毛球运动能够提升我们的民族精神，带动物质文明和精神文明的进步，这些都是羽毛球运动政治功能的有力体现。

第二节　羽毛球运动的发展与前景

一、羽毛球运动的发展

（一）羽毛球运动的起源与演变

对于羽毛球运动的起源，人们说法不一。在第 14~15 世纪时，最初的羽毛球拍形态在日本首次出现，这是一种用木头制作的球拍，同时樱桃核上插上羽毛做成羽毛球。这便是历史上第一次羽毛球运动的形成。但是这种设计由于坚固性较低，飞行速度缓慢，所以不久后便逐渐在人们的视野中消失。在 18 世纪左右印度开始出现了一种与日本最初的羽毛球运动相似的游戏。他们的球是用直径为 6 厘米的硬纸板做成，中间设有小孔，在羽毛的衬托下，变成了羽毛球。在印度这项运动被称为普那。随着人们运动的历史越来越丰富。羽毛球运动首次正式亮相于 19 世纪。大约在 1870 年，英国人开始用软木头和羽毛的组合进行了球拍的研究。在 1873 年，更有英国国爵在明顿镇的庄园里进行了羽毛球的运动，当时的运动场地是在一个葫芦形的绿地中，中间挂上网状栏杆，从此之后，羽毛球的运动便开始普及起来。到了 1875 年，羽毛球运动正式出现在人们的视野中。3 年之后，英国人制订了更加完善和统一的运动规则，整体的内容与当今的羽毛球运动相差不多。到了 1893 年，英国的羽毛球俱乐部逐渐发展起来，成立了第一个羽毛球协会，规定了场地的要求和运动的标准。1899 年，这个协会举办了第一次羽毛球锦标赛。1934 年，由丹麦、爱尔兰、荷兰、新西兰、加拿大、英国等国家联合举办的国际羽毛球运动，正式在全世界人民面前亮相，这是一场将总部建设在英国伦敦的联合会议，这项运动逐渐在欧洲兴起，并且引起了人们的广泛关注。

（二）世界羽毛球运动发展简况

在 1948~1949 年期间，国际羽联在英国举办了第一届羽毛球世界团体赛。该项比赛又被称为汤姆斯杯赛。马来西亚取得了首次冠军，并且创造了亚洲羽毛球的新标志，为亚洲人开展羽毛球运动打下了基础。

随后的一年里，印度尼西亚队和马来西亚队分别获得了七次和四次的世界冠军。这无疑大大鼓励了亚洲人民对于羽毛球运动的信心。在 20 世纪的 60 年代，中国队逐渐也加入了羽毛球的队伍中。1963~1964 年，中国队将印度尼西亚队打败，并且以绝对的优势战胜了丹麦和瑞典。1965 年，中国队在和英国的名将科普斯进行比赛时，以绝对的优势获得了冠军，使国际羽毛球界受到了极大的震惊。由于当时中国队还没有加入国际羽联，成为正式成员。所以，没有资格参加世界性的锦标赛。

在 1956 年第一季中国所参加的女子锦标赛也开始了。这项运动在英国开始举行，美国队首次将前三届锦标赛的冠军收入囊中。随着羽毛球运动的推广，日本女队也开始争夺冠军的王座，羽毛球运动逐渐由日本走向亚洲。这也为女子运动打下了夯实的基础。在此之后，日本队和印度尼西亚队在整个羽毛球比赛的过程里取得了非常骄人的成绩。到 20 世纪 70 年代，印度尼西亚队与中国队的羽毛球水平齐头并进，1982 年中国队获得汤姆斯杯冠军，与亚洲的其他国家争先获得，中国队的羽毛球技术在亚洲国家中也是屈指可数。所以在国际性比赛中更是以较好的优势迅速成长。

后来，马来西亚队、泰国队和其他的欧洲队伍的技术也有所增长，但是在国际比赛中亚洲队的成长速度更为惊人，他们以著名的技术经验水平和天赋获得了更多的成绩，在整个羽毛球界拥有了很好的名声；而在女子羽毛球比赛中，中国队、日本队和印度尼西亚队则呈现三强夺冠的局面。欧洲的其他国家也是紧紧跟随着亚洲的脚步，但是美国队的表现则不尽如人意。

在 1978 年，世界羽毛球联合会在中国香港正式成立了。举办的第一届世界羽毛球锦标赛在泰国举行，第二年便到了中国的杭州。

随后的 3 年里，羽毛球联合会逐渐将世界各国羽毛球运动统一团结起来，共同为世界羽毛球运动作出贡献，这使羽毛球逐渐走入人们的生活中，并且受到了广泛的喜爱。1982 年，中国队代表参加了第 12 届世界羽毛球比赛，战胜了印度尼西亚队，取得了世界冠军。而中国女队也不甘落后，分别取得了女单冠军和女双冠军。中国队获得了 7 次冠军，印度尼西亚队和马来西亚队分别获得 3 次和 5 次冠军。值得一提的是，这些都是亚洲国家，这可以体现了亚洲国家对于羽毛球运动的优势所在。

在今后的几次比赛中，中国队更是创造了六连冠的纪录，随着之后，羽毛球的修改和进步，将很多举办的规则有所改变，从以前的三年举办一届改为两年一届，已经稳固地促进了整个羽毛球的发展速度。

在 1956 年之后变成五个单项比赛。1972 年又改成了三年一届，随后改为两年一届。在随后的 1981 年则改成每年举行一届。在这种严峻的羽毛球世界杯竞争下，中国队仍然不甘落后，积极融入世界的羽坛之中，为中国争取了极大的荣誉和声望。

（三）中国羽毛球运动发展简况

中国对于羽毛球这项运动十分陌生，在 20 世纪 20 年代末至 30 年代中期，羽毛球运动逐渐进入中国。但是这是传统的思想之上，很难逐渐步入主流。在上海、天津和广州举行的全国性羽毛球比赛中，引起的注意力相对较为狭窄，但是随着新中国成立，人们的思想逐渐解放，羽毛球运动渐渐成为炙手可热的运动之一。1953 年在天津举办的第一次全国羽毛球比赛中，有很多海外华侨运动员带着高超的羽毛球技术回到了祖国的怀抱，为整个羽毛球的发展和运动起到了促进作用。

在 1959 年第一次全国运动会上，福建队取得了男单、男双、女单和女双的四项全能冠军，这使得福建队在全国的羽毛球地位上占有一席之地，并且加大了人们对于羽毛球运动的关注。从此，福建在我国的羽毛球运动历史上成为重要的培训基地。

1960 年有印度尼西亚的华侨羽毛球运动员回到祖国，将当时比较先进的羽毛球运动的技术和经验传给国家队员，为我国的羽毛球运动起到了推进作用。与此同时，我国的羽毛球技术也出现了质的飞跃。

1963 年 7~8 月，世界羽毛球运动水平屈指可数的印度尼西亚羽毛球队访问我国，他们的团队实力是十分雄厚的，而且在以前的汤姆斯杯竞争中，也得到了很大的收获。在整个访问期间他们与中国队的运动员进行了友谊的比赛。我国运动员均以优异的成绩战胜了印度尼西亚队。比赛结果不仅使全世界的人们受到了一定的震惊，而且还使其他国家对于中国羽毛球实力刮目相看。

在 1963 年 11 月，我国羽毛球队参加了印度尼西亚举办的第一届新兴力量羽毛球运动会。由当今时代小有名气的名将所组成的男团和女团作为代表参赛。分别取得了女团冠军，男单冠军，男单第二，女单第二，男女双打第二和第三的好成绩。在 1964 年印度尼西亚队夺得三届男子世界冠军之后又访问了中国。而此次的队员大多数是汤姆斯杯的主力代表，这次他们的目的是为上一次比赛夺回颜面。但是此次友谊的较量仍然是中国队取得了冠军。这充分证明了中国队在世界羽毛球水平上已经是非常强大的了。1965 年的 10 月中国羽毛球队邀请了丹麦和瑞典两个国家，进行友谊的较量，比赛结果更是以绝对的优势获得了胜利。

自从改革开放以来，我国更加重视羽毛球事业的发展。在各种比赛中取得了优秀成绩，在世界的羽坛中占有非常重要的地位。1981 年国际羽联和世界羽联合并，中国的运动员步入了世界比赛的舞台上。在之后的一年里，中国运动健儿在英国的锦标赛和汤姆斯杯中仍然保持了冠军的优异成绩。其中在 1988 年的世界杯比赛中，五项冠军均为中国健儿夺取。这无疑在羽坛上巩固了我国高水平的地位，更是做到了为国争光，证明中国是个运动水准高超的强国。

1988 年汉城奥运会，羽毛球被列为奥运表演项目。4 年后，1992 年巴塞罗那奥运会上羽毛球被列为正式比赛项目。此时，我国男女队正步入新老队员交替的阶段，在此届赛会上只夺得女双亚军。

1993 年，中国国家羽毛球队教练员班子大换班，总教练王文教和副总教练陈福寿、侯家昌均退役，由李永波副总教练（后转为总教练）、李玲蔚、李矛、田秉毅出任教练组负责人，担起对新一代运动员的培养任务。

1994 年广岛亚运会，中国队虽无一个金牌入账，但已培养出一批年轻新手，并于 1995 年开始走出低谷，首次夺得“苏迪曼杯”冠军。

1995 年在世界锦标赛上叶钊颖夺得女单冠军。

1996 年亚特兰大奥运会上，葛菲/顾俊夺得女双冠军，实现了我国羽毛球项目在奥运会上金牌“零”的突破。

1997 年我国运动员再次夺得“苏迪曼杯”冠军，同时，在世界锦标赛上获得女单、女双和混双三块金牌，开始步入了再铸辉煌的历程。

2000 年悉尼奥运会上我国运动员吉新鹏夺得男单冠军，龚智超夺得女单冠军，葛菲/顾俊再次夺得女双冠军，张军/高峻夺得混双冠军。

2001 年中国队再次夺得苏迪曼杯冠军。在世锦赛上龚睿娜夺得女单冠军，高峻/黄穗夺得女双冠军，高峻/张军夺得混双冠军。

2003 年在世锦赛上夏煊泽夺得男单冠军，张宁夺得女单冠军，高峻/黄穗夺得女双冠军。

2004 年夺得汤、尤杯双冠军，并在第 28 届奥运会上张宁夺得女单冠军，张军/高峻夺得混双冠军，杨维/张洁雯夺得女双冠军。

2005 年中国队夺得苏迪曼杯冠军，在世锦赛上谢杏芳夺得女单冠军，杨维/张洁雯夺得女双冠军。在世界杯上林丹夺得男单冠军，蔡赟/傅海峰夺得男双冠军，谢杏芳夺得女单冠军，杨维/张洁雯夺得女双冠军，谢中博/张亚雯夺得混双冠军。

2006 年在日本东京夺得汤、尤杯冠军，在世锦赛上谢杏芳夺得女单冠军，林丹夺得男单冠军，蔡赟/傅海峰夺得男双冠军，高赟/黄穗夺得女双冠军。

在世界杯上林丹夺得男单冠军，高峻/黄穗夺得女双冠军，王仪涵夺得女单冠军。

2007 年夺得苏迪曼杯冠军，在世锦赛上朱琳夺得女单冠军，林丹夺得男单冠军，杨维/张洁雯夺得女双冠军。

2008 年在印尼雅加达夺得汤、尤杯双冠军，并在北京第 29 届奥运会上林丹夺得男单冠军，张宁夺得女单冠军，于洋/杜靖夺得女双冠军。

2007 年，世界羽联推出级别仅次于奥运会，汤尤杯，苏迪曼杯以及世锦赛的超级系列赛，中国公开赛被列为超级系列赛 12 站中的重要一站，其成绩计入世界排名和奥运会参赛积分，总奖金高达 25 万美元，每届比赛均吸引了世界羽坛众多的顶尖高手参赛。

2011 年，世界羽联进行赛制改革，决定从 2012 年开始将其中的 5 站升级为顶级赛系列，每站奖金至少在 30 万美元以上，而且每一站的积分更高，以吸引更多的优秀选手参赛。此 5 站顶级赛事分别为韩国公开赛、全英锦标赛、印尼公开赛、中国公开赛和丹麦公开赛。

从 2014 年开始，福建省福州市将连续 4 年举办该赛事。比赛的奖金额将提升至 70 万美元（约合 500 万元人民币），比 2013 年上涨了 40 万美元。

2017~2018 年中国羽超联赛分为常规赛和季后赛两个阶段，常规赛阶段 8 支队伍进行主客场双循环赛，季后赛（赛会制）由常规赛排名前 4 的俱乐部进行淘汰赛及附加赛，决出 1~4 名。排名第 8 名的俱乐部降级参加下一赛季羽甲联赛，羽甲联赛获得冠军的队伍将晋级参加下一赛季羽超联赛。

二、羽毛球运动的前景

中国虽然在世界各项羽毛球比赛中获得了很多的名声和金牌，但是中国羽毛球的精神内涵应该不只是在获得金牌上，更多的是对在传统文化以及运动精神进行广泛的宣传。这种经济和政治上的繁荣固然重要，但是羽毛球运动本身的内在含义还需要进行一定的推广。羽毛球运动已经逐渐在人们的生活中占据主要的运动趋势，它可以增强国际文化交流，使中华民族的影响力在世界上占有重要的地位。羽毛球运动因为控制性强、器材简单、运动量可以控制，且适合平民运动，增强团队合作意识，使大家争先进入这项运动中。如今，参加羽毛球运动的人数已经达到了 2 亿，羽毛球运动是在散步之后的第二项大运动，老少皆宜，都可以进行。这项运动可以促进身体健康，陶冶情操，而且服装以及地点要求不严。很多关于羽毛球学习的配件，逐渐在体育消费市场上占据主流。场馆的租赁、服装的买卖以及比赛门票的消费逐渐升级。为促进羽毛球运动的发展很多专家学者提出了如下几点建议。

（一）以职业联赛为重心，提升羽毛球的美誉度

中国的羽毛球运动在全球都有很好的名声和声望。很多人对于中国的羽毛球运动都抱有尊敬的态度，但是我国的羽毛球联赛，却是发展不太为理想，主要原因就是因为缺少运动的赞助商以及电视的宣传等。我国的羽毛球比赛制度的缺陷较多，比赛的看点也很单一，在比赛的计划上仍然有待提高。如果在电视转播和数字媒体宣传程度上增加的宣传力度，会促进羽毛球事业的发展。而且羽毛球超级联赛应该侧重于调整部署战略，调整比赛时间和比赛制度，与国内外的羽毛球联赛进行对比，取其精华，去其糟粕。利用现在的媒体手段进行合作，促进羽毛球联赛的发展和积极进行相关的报道，针对于现代的中国羽毛球联赛发展状况，有关学者们提出了很多建议，其中就要制作出影响力较大，时间较为持久的报道

和宣传，最好能在社会上产生共鸣。

首先，便要缩短羽毛球比赛的举行时间，不与其他的国际大赛相冲突。而且要增加比赛的看点。比如 2013~2014 年举办的羽毛球联赛中采用五局三胜的比赛制度，由女团、男团进行混打或者单打，男女混合比赛，可以在看点上做出一定的改变。将三对三加入羽毛球比赛中，可以使整个比赛更加有观赏性，更加有看点和娱乐性。这种比赛的模式有速度快，要求选手之间配合度较高的特点，呈现的画面更加激烈，可使人们将兴趣逐渐集中到羽毛球运动上。这项比赛观赏性更强，竞争的激烈性也更大。

除此之外，比赛中，还要增加运动员，这也就意味着对于团队意识互动和合作之间的水准更加严格。中国的羽毛球联赛要有一定的商业运作机制。也就是针对当今市场上的运动形式判定相应的政策，针对情况制定特殊的发展策略，有一定的社会背景和企业文化，并且与社会上的机构相交流，拉拢他们为羽毛球做赞助商。要将整个赞助商投资的事业和赛事的目的做出相对应的调整。可以要求邀请明星情侣或者是热爱羽毛球的家庭夫妇等进行羽毛球的宣传。利用这些明星效应加大观众对于羽毛球的热爱程度。推广电视节目，更加亲民化的与观众进行交流，从而使赞助商有更大的机会加入比赛的宣传中，而且对于电视的转播是对羽毛球赛事的影响力一大决定性因素。我国的体育转播都是由中央电视台垄断，中央电视台是全国公众获取赛事信息的主要来源。在我国这种比赛规划中能够获得央视的转播权是十分重要的。如果有了中央电视台的高度支持，那么这些比赛的转播和宣传程度自然会加大。人们对于赛事的了解和参与程度也会更加积极。只有当宣传做到了一定的程度，才会使人们更加广泛地关注羽毛球事业。从而为举办联赛打下更为坚实的基础。

（二）以群众赛事为中心，营造全民羽毛球氛围

每一项运动，只有拥有了强大的群众基础，才会得到进一步的发展。羽毛球运动也不是例外，群众基础永远是体育事业发扬光大的必要前提。羽毛球运动与大众的关联十分密切，我们要秉承着从群众中来到群众中去的重要原则，将竞技体育事业在大众中发扬光大，从而带领整个体育事业的发展。体育竞技是在大众中发展起来的，大众对体育的影响具有直接的作用。当今社会处于信息化十分发达的网络时代，人们可以利用网络搜寻需要的信息，利用休闲时间充实自己的科学知识。但是在这种发达的现代化社会中人们对于健康的准则，却有了一定的下降，很多人在这种快节奏中损失了身体健康。人们的健康指数不断下降，与经济发展的效率相背而行。羽毛球运动可以促进人民的健康关注程度，为全民化提供有利的条件。随着参加羽毛球运动的人们越来越多，为羽毛球广泛传播的条件创造了有利的环境。有很多单位举办小型比赛，也推广了羽毛球。羽毛球具有广泛

性强、简单、实用性强的特点，受到了人们的广泛喜爱。比赛的进行与羽毛球的宣传有直接性的决定关系。人们在私下里进行着较量，为传递正能量作出了贡献。羽毛球运动更加亲民化，贴近生活，贴近人民。这项运动不止给人们带来强身健体的好处，而且还拉近了明星与英雄之间的距离，让人们意识到平凡人也可以成为明星，草根英雄也为人们做出了积极的带头作用。

羽毛球与大众之间的联系越来越亲密，很多人以羽毛球为事业，作为羽毛球教练采用相对应的教学体系进行相关的训练，为宣传羽毛球事业而作贡献。市场上兴起的这项职业也是为保障羽毛球运动的进一步发展而做努力。羽毛球运动培养的人才越来越多，大多数人都是在私下进行刻苦的训练。而他们身上发达的肌肉和谦虚的品性，正是代表了付出背后的成果。对于这项运动的精神内涵，我们要给予极大的重视，在比赛竞争中要尊重对手，礼貌地对待对手。在“友谊第一，比赛第二”的原则下进行竞争。秉承着儒家思想和谐与仁爱原则，学会谦让、宽容，这种精神内涵不应该被金牌所迷惑。发展人民的精神品质与羽毛球运动息息相关。羽毛球文化所蕴含的内容是稳固羽毛球文化根基的重要基础。中华的传统美德与羽毛球文化的联系息息相关，传播这种文化就是传播羽毛球运动的行为表现。

（三）以兴趣教育为中心，培养羽毛球后备根基

很多学生现在逐渐将羽毛球列为自己喜爱的运动项目。这意味着羽毛球运动拥有了强大的群众基础，以较快的群体形式进行传播。学生是羽毛球运动必不可少的群体，可以带领整个潮流。学校羽毛球要针对此项运动做出较大力度的宣传，在课外活动、体育运动会上体现这项运动的身影，稳固在学生群体中的运动地位，从小就开始培养。除此之外，还要将羽毛球的文化内涵进行深刻宣传，培养羽毛球根基，夯实基础，学校要重视羽毛球运动的培养发展。首先，要利用一定的资金建设羽毛球相关的硬件设备，增加场馆和球拍的数量，还可以聘用专业的羽毛球教师和教练等，对于学生人才进行针对性的培训和选拔，对于羽毛球馆、篮球馆和操场等进行充分的利用，多开展相关的体育赛事，极大提高羽毛球运动在学生心中的地位，使这项运动成为学生群体中的主流运动。学校在进行体育教师的选拔过程中也要注意羽毛球运动技能的教学水平。其次，可以特招羽毛球人才，营造一种羽毛球运动的流行氛围，这与小学和其他高校的方法有不一样的要求。中小学特招羽毛球人才可以吸纳更多优秀的体育教师。而对于高校来说，特招羽毛球人才则是对于专业特长生的招收。可以通过这些羽毛球人才的带动，使高校进行运动化的发展。最后，可以举办相关的羽毛球赛事。也可以与国外羽毛球较为高超的校园进行一定的交流，从而促进羽毛球的友好较量与竞争。举办学生联赛，向日本大学生联赛制度学习，每年举办一届。日本的羽毛球现状

是在每年的大学生联赛上由 47 个县选拔出 48 个冠军球队，组成运动员团队参加大学生全国联赛，这种大学生联赛可以有效地提高羽毛球运动在学生中的重视程度，激发学生的兴趣，发展羽毛球运动。掌握好这种主流的流行趋势，为今后的羽毛球发展作为前提条件，培养更多的人才，为国家储存力量，为将来的赛事作出贡献。

第二章　基于不同影响因素的羽毛球运动文化传承和传播

文化是促进社会进步的助推器，在文化交流日益国际化时，体育也随之成为每个国家综合实力的体现。体育文化是对自身需求的特殊体现，也是一个国家与民族特性的体现形式，制约着体育参与者的行为方式、引导着人的观念意识。本章主要讲述羽毛球运动员文化学习的影响因素、羽毛球运动文化传承的影响因素、羽毛球运动文化传播的影响因素以及世界羽坛生态失衡对我国羽毛球运动的影响。

第一节　羽毛球运动员文化学习的影响因素

在各种技术的影响下，很多国家的体育赛事已经逐渐不再是以单一体力为主要因素的运动，更是一场智力的较量、技术的竞争。对于羽毛球比赛来说，高水准的世界级队员之间的差距很小，在赛场上起决定性作用的是运动员的策略和智力运用。技术是否恰当可以决定是否能够夺得冠军。谁的技术策略更胜一筹，则取得胜利的可能性也就更大。除此之外，运动员们在结束自己的运动生涯之后如何安排退役生活，是他们担忧的重点问题，如何既提高自身水平，又能顺利再就业，这是我国目前面临的重要任务之一。

影响运动员文化学习的因素主要在于学习方法以及学习动机的选择上。运动员对于所学内容的兴趣和其自身的基础不同，学习水平的不同体现在比赛上就是取得成绩的好坏。运动员要有时间进行学习，将文化课和专业课进行统一结合，适当地处理课外与课内的学习内容，有不懂的问题应积极向教练员和领导提问。我国运动员的文化水平仍然有待提升，很多专家学者也对此进行了相应的研究。相信在不久的将来，我国羽毛球运动员的文化素质将会有质的飞跃。

一、羽毛球运动员文化学习的主观与客观因素

（一）主观因素

1. 队员的学习方法

由于大多数的队员是从小就开始从事运动训练，所以对于学习比较放松，形成了一些不太好的学习习惯。因为学科不同，其内在的规律也是不同的，相应的

学习方法也是不一样的。学习的效率高不高，甚至能不能顺利毕业，都与学习方法有着非常直接的关系。因为队员忙于训练，学习的时间相对来说比较少，而且精力也有限，基础知识比较薄弱，所以选择合适的学习方法就显得尤为重要了。对队员们的学习过程进行调查之后发现，从课前预习到课堂笔记到课后复习再到课后作业，拥有好的学习方法和学习习惯的学生很少。队员们的学习是好是坏，学习方法起着关键性的作用。

2. 队员的学习动机

在学习心理学中有一些观点认为：所谓学习动机，就是学生为达到某种目的而进行学习的一种直接的心理动力。如果有的学员发自内心地不愿意学或者压根就不喜欢学习，没有学习的目的，那么他是肯定学不好的。要想学好，就必须有非常强烈的学习动机，没有这一动机做前提，其他一切都免谈。所以，在教学的过程中，教师首先要做的就是激发队员们的学习动机，增强队员们学习的兴趣，让他们明确他们自己学习的目的。

3. 队员入队前的文化基础

"万丈高楼平地起"，队员们原有的文化基础和教学质量之间的关系非常密切，要想学好一门功课就必须有扎实的基础知识。羽毛球运动员一般都是从8岁左右开始从事业余体校训练的，到了10～12岁的时候便会进入专业组，进行专业的训练，绝大多数的队员都是没有经过系统的基础知识学习的，他们的文化基础是比较弱的。如果要想使队员入学时的文化基础处于相对较高的水平，那就必须从小就开始抓学习，使他们从小就接受非常正规、系统的学校教育，从而形成非常良好的学习习惯。

4. 队员对所学内容的兴趣

教育心理学方面的相关专家认为，所谓学习兴趣，就是学生的一种倾向，这种倾向是学生努力追求认识或者是趋近学习对象的一种倾向。当学生对某一学科产生兴趣时，他就会积极主动、愉悦地去学习，会觉得学习是一种乐趣，根本就不是一种负担。假如队员们对自己所学的内容有比较浓厚的兴趣，即使训练繁重，学习任务压力大，队员们依旧会努力地学好自己的专业。因此，所有的运动队在开设文化课时充分考虑到队员的实际情况，尽最大可能激发他们的学习兴趣。

（二）客观因素

1. 学习时间

和所有的工作一样，学习也是要花费时间的，特别是对于专业运动员，学习时间对于他们显得格外的重要。因为他们经常要参加各种大赛，压力很大，而他们最主要的任务就是提高运动成绩，高密度的集训以及比赛会占用他们很多的学习时间。因此，对于运动员来说，他们学习的好坏与学习时间有非常重要的关系。

2. 文化课老师的水平

《中国教育改革和发展纲要》中提到：教育是我国振兴民族的希望所在，而教师又是我国振兴教育的希望所在。由此可见，教师在教育中的地位是非常重要的。对于我国的一些羽毛球技术非常高超，但是文化基础差的运动员来说，由于学习方法不恰当，导致文化课的基础比较弱，就更加需要一些教学水平较高的教师来对他们进行教学。

这些老师一方面要将文化知识传授给队员，另一方面还要将学习的方法和技巧传授给队员，对待这些优秀的运动员，教师应该更加有耐心和爱心。

3. 队员学习与生活的环境

从每个人的出生开始，环境就影响着他/她。在环境的作用下，生长中的身体可以获得一定的生活经验和知识，并形成各种各样的思维模式和行为习惯，一个人所处的环境直接决定了他的身心能不能得到发展，发展到什么程度。在人的身心发展的过程中，社会环境对其起着一定的制约作用。当某一个队员的周围都是勤奋学习的队员时，他们也会不自觉地参与其中。不过，在现实情境中，现在社会的发达、网络的发展使得很多队员都沉迷于网络，很多队员一有空闲就会去网吧上网，这对于学习来说是不利的。

4. 教练员对队员文化学习的重视程度

因为教练和队员基本上是同吃同住，因此教练的一言一行都会对队员产生很大的影响。运动员是否能够成才取决于很多方面，有的人天资聪颖，有的人后天努力，如果只是一味地强调运动训练，而不重视提高文化素质，这就相当于只利用了人的先天条件，对于后天那部分可以培养的条件却放弃了一部分甚至全部。一个运动员具有较高的文化素质，不管是对于体育技能还是战术思想，或是竞技心理等各方面的形成都有非常积极的作用。如果教练员可以从思想和行动方面积极地重视队员的文化学习，多关心他们的生活和学习，掌握他们学习的情况，使队员们的文化尽可能地与现阶段的条件相匹配，队员们的文化素质上来了，那么体育的文化含量也能够得到提高。这样一来，运动员的先天优势与后天优势就可以有效地结合起来，从而有利于队员们的运动成绩的提高。

二、改善羽毛球运动员文化学习状况的因素

队员们的文化学习受到很多因素的影响，提高文化学习成绩的措施有以下几点：

(1) 教导学生学习并掌握一些比较好的学习方法，使他们的学习品质得到改善。学习可以通过一系列的措施，如开设“文化学习的理论与方法”课程，

了解到文化学习活动具有哪些特点，掌握一些学习方面的方法论，从而使过去的一些不好的学习习惯得到改善，习得一些既高效又科学的学习方法。

(2) 更深一层地将队员们的学习动机激发出来。要做到这一点，就要经常性地与队员进行沟通，了解他们学习方面的心理需求，进而及时进行指导和帮助，这一点非常重要。作为教练和文化课的老师，要具备能够引导学生正视自我的能力，对于自己的优缺点都能够客观地面对。对于一些具有自卑、自暴自弃心理的队员，要积极开导，帮助他们排忧解难，消除他们一些不积极、不健康的心态，帮助他们树立对于学习和生活的自信心，面对困难，抱有一颗勇敢的心。

(3) 建立一种新的针对运动员的培养体制，即体教结合。因为一般的运动训练学校都没有和全日制的学校在一起，如地方小学、中学、大学。这就导致了整个队员的学习环境是比较差的，氛围也不太好。有关研究表明：任何一所具有自己独特的文化底蕴的学校，都是经过了长时间的历史沉淀才形成了自己独具特色的隐性文化。这种隐性文化深深地影响着学生的各个方面。如果是在比较优秀的学校里训练、学习、生活，这些学校的隐性文化对于运动员的成长有着非常重要的促进作用。

(4) 对课程进行合理的设置。我国优秀的运动队为运动员们设置的课程存在一定的问题，主要如下：在课程的结构方面，课程的模式比较单一；课程目标也和队员的身心发展水平不匹配；太过于注重接受性的学习；教材相对比较落后，针对性和实用性都比较差。这类课程忽略了队员的个性方面的培养，所以在这种模式下成长起来的人很少是有个性的。队员们是很难对某些知识产生兴趣的。著名心理学家加德纳（美国）曾提出一种多元智力理论，根据这一理论，人类的智力是非常多元化的，所以智力的表现形式也是非常多的。一个优秀的运动员之所以优秀，运动天赋是其中的一个方面，其他的方面一定也都还有比较大的发展空间。所以，在设置课程的时候要充分考虑到大多数队员的实际情况，不仅要开设基础的文化知识课程，其他与职业相关的课程也应该开设，还有一些与比赛有关的战术、技巧方面的课程可以作为选修课来供队员进行选修，以扩大队员的选择范围，这样他们就可以按照自己的兴趣爱好以及自身的特点来选择适合自己的课程。

三、网络平台下羽毛球学习现状与影响研究

（一）羽毛球在网络平台下的应用现状和特点

1. 羽毛球在网络平台下应用的现状

(1) 各个年龄段在网络平台下学习羽毛球的情况。羽毛球作为一种现代社会的运动，应随着科学的发展而发展。从以往来看，羽毛球的学习大多是线下教

学，但随着科技发展，在网络平台上进行羽毛球教学也在逐渐发展。现如今，在网络平台中学习羽毛球已经是许多羽毛球学习者的学习方式。同时，羽毛球爱好者还会在网络上搜索比赛视频，学习比赛的经验，也有许多羽毛球的专业教师在网络平台上进行羽毛球教学。现如今，网络“学习羽毛球”一词已不再陌生，许多羽毛球发烧友都会在网络上搜索关于羽毛球的信息，网络也为羽毛球爱好者创造了良好的学习条件。在未来的几年里羽毛球的教与学有一部分一定是通过网络进行的。

对于在网络上学习，许多人都存在误解，认为这是学生和低学历者才会选择的学习途径，形成这样的观点的原因主要在于：对于低学历者，网络学习对于他们而言成本更低、更加便捷，并且他们更需要提高专业知识；对于学生而言，学生的根本任务就是学习，并且学生的课余时间较多，所以通常选择方便的网络学习。其实，对于网络学习而言，每一个不同身份的人都可以利用它来提高自己的知识水平，培养自己的兴趣爱好，所以在学习羽毛球时也不例外。社会上的每一位羽毛球爱好者如果想提升自己的水平和了解更多的羽毛球知识，就必须通过学习得到，而通过网络平台的方式学习羽毛球无疑是当代最为便捷的方式。

（2）使用网络平台学习羽毛球的频率。在网络占主流的科学时代，人们对网络的使用的范围越来越广，人人都具有上网的基本技能，这就为网络平台的羽毛球学习作了很好的铺垫。

2. 羽毛球在网络平台下的应用特点

羽毛球作为一种技术含量较低的运动，许多人都会参与其中，羽毛球是一项老少皆宜的活动，这是由于其能够调整改变运动量。羽毛球运动对于人的身体有许多好处，不仅能够强身健体，而且还能开心娱乐、健脑增智、增进友谊。羽毛球运动现在已经不局限于社会群体，更有许多的在校学生积极参与其中。

羽毛球的新型的教学方式，是通过实际教学和数字交互来进行教学，这样的教学特点带动了羽毛球运动教学的发展。除了传统上的示范性教学以外，网络平台的视频教学也是一个非常值得建议的学习方式，这样一来可大大提高羽毛球运动的教学效益。

在羽毛球的传统教学方法中，老师只能通过示范性动作和讲解来向学生传递羽毛球的动作和技巧等，但是学生看见的实际动作和讲解难以相对应。例如跳高击球的动作，教师不能做到跳高的动作与语言同时进行，因为动作具有一定的时间限制，而语言不能在这个时间内完成，所以导致学生只能先记住动作，然后再通过回忆还原动作。与这一种教学方式有所不同的网络教学具有许多传统教学不具备的好处。例如，在网络视频教学上，学生如果想看清楚示范性动作的过程，可以通过慢动作等技术手段做到，也可以把视频停留在高难度的动作上，以便学生不断地模仿和学习。这样的学习方法有助于学习者了解羽毛球运动的技巧，避免学习中由于对动作模糊不清而造成的技术性错误。网络教学的灵活化和多样化使学习者具有更加正确的动作概念，对于羽毛球的技术问题更加了解，使学习过程更加顺利，同时也能够发现自己在过去的学习中错误的动作和技巧，及时改正。

网络平台上羽毛球的学习能够及时地纠正错误，这就要求学习者要有一定的观察能力，通过对教学视频的不断观看和自己动作的不断比较来发现自己的不足，并学习正确的技巧和动作。在网络平台上进行羽毛球的教学和学习能够使学习者对于动作技巧有正确的概念，能够使课堂上的教学做到在短时间内达到最高效率。由于网络技术能够给教学带来许多优点，所以网络技术在教师教学过程中必不可少。

3. 建设羽毛球网络平台的意义

（1）教学的重要组成部分。随着网络平台学习方式越来越被人们所接受，教师的教学与学生的学习逐渐产生了一定的时间和空间上的距离，教师不再局限于过去的课堂教学，而是创新了教学方式，教师的教学从课堂转移到网络，由网络平台实现教学目标。教学信息化是建立在教学信息资源上的，若要保证教学计划顺利进行，就要保证教学信息资源的建设和维护工作进行。教学的网络平台的质量是教育改革的重中之重。要使学生德智体全面发展，就必须注重学生的体育运动，要求学校注重体育方面的教育，培养优秀的体育老师，从而培养学生对于体育的爱好。不同于其他学科，体育运动是一门特别的学科，要求网络平台的教学要发挥正能量，宣传羽毛球这一项活动，鼓励更多的学生参与进来，使羽毛球运动成为多项体育活动中的主流。

（2）转变传统的教育观念。教育的质量很大程度上取决于教育观念，现如今，传统的教学方式仍然处于主流地位，以教师为中心是目前传统教学的基本方式。这样的教学方式有利也有弊，其好处是教师能够更加顺利地进行课堂教学，对于学生的管理能够更加游刃有余，其缺点是学生不能在课堂学习中处于主体地位，从而妨碍了学生的创新能力。以学生为主体地位是网络多媒体信息技术的应用目的，学生的主动学习是学习质量提高的基础。羽毛球网络教学的出现给传统的教学模式带来了新的生机，羽毛球网络教学有利于教师形成新的教学思想，改变传统的教学模式，对学生的学习进步有很大的帮助作用，使学生收获新的思想，形成新的教学理念。

（3）符合实际的需要。羽毛球作为一种低难度的体育运动，是人们经常参加的体育活动。羽毛球给人们带来的益处有许多，无论老少都能够从羽毛球运动中受益。羽毛球运动不仅能够对身体有益，还对运动者的心理有益处，羽毛球可以培养运动者的自信心等良好素质，还能够培养人与人之间的友谊。羽毛球教学在现如今的大学中已经普遍被学生所接受，学校应重视这项体育活动，发挥羽毛球对于学生的德智体全面发展的作用。

广大群众开始逐渐喜爱上羽毛球运动，产生了对优秀的羽毛球教师的现实需求，培养这方面的优秀教师成为当前的重要任务。现在很多的高校都开设了相应的羽毛球普修或选修课程，但是无论是哪种课程，学习的时间都只有一学期，最多也就一年，在这么短的时间里是根本无法学好羽毛球的，也是不符合实际的。因为每周基本就只有一次羽毛球课，学生学习羽毛球的时间不够且没有连续性，等到课程结束的时候也就只是仅仅打了一个基础，学会一些简单的基本动作，而且学的这些往往也是不会用的。还有一个问题就是，传统教学模式中常常采用小规模教学的方式，侧重实践教学，但是这样不仅非常消耗时间和空间，还忽视了学生应该了解掌握的羽毛球的相关知识理论的讲授和具体能力的培养。面对高校羽毛球教育现状中存在的种种问题，高校在简单地增加课时和实践练习的时间之外，应采取一些其他的解决措施。比如，可以利用网络等现代化的教学方式来为学生提供更多的学习资源。这样除了有利于学校的学生学习之外，还能够帮助社会上的一些缺少时间和金钱的羽毛球爱好者更加便捷地进行羽毛球的学习，提高自己的技能。这种形式对于每个羽毛球学习者来说无论是在时间还是经济成本上都是最好的选择。

随着羽毛球运动的不断发展，传统的较为直观的教学方式已经难以跟上当前的发展步伐，网络是改变传统教学模式的最好途径。教师可以采用网络的教学模式设计教学方法，改变教学形式，将它作为学生课内外学习的有效手段。

（4）培养人才的需要。我国体育运动的人才培养目标是培养面向世界、面向未来、面向现代化的优秀人才，适应我国发展的实际需要，德、智、体、美全面发展，专业基础非常扎实，具有现代教育思想和理念、很好的职业道德和科学素养，以及具有创新创造的能力和较强的实践的能力，能很好地胜任学校体育的教学，带领学生进行羽毛球的专业训练，带队外出比赛等一系列工作，并能担起学校对羽毛球相关的科学研究工作，进行社会体育指导和学校羽毛球相关的管理等工作，为学校提供一专多能的羽毛球教育工作者这样的复合型人才。羽毛球网络平台的建设和应用不仅仅是把网络多媒体信息技术作为帮助教与学的辅助学习的工具，而是要利用网络多媒体技术与信息技术创造出一种新型的学习环境和学习方式，这种方式要既能体现教师的主导地位又要体现学生的主体地位作用。

（二）网络平台下学习羽毛球对学习者的作用和影响

网络平台上学习羽毛球和传统课堂上学习羽毛球相比，在体系中增加了网络学习者自主学习这一环节。利用网络资源和技术进行自主学习，可使传统的羽毛球课得到相应的延伸，对学习者亦可产生相应的作用和影响。

1. 网络平台下学习羽毛球对学习者的作用评价

针对网络平台和传统课堂对羽毛球教学的作用的问卷调查显示：在自主学习

能力的培养、长期和终身学习羽毛球技术、学习知识等方面，网络平台的教学效果比传统课堂要好；在兴趣培养和需求、通过羽毛球学习其他体育运动技能方面，网络平台的教学效果与传统课堂的效果差不多；在强身健体方面，网络平台的教学效果没有传统课堂的教学效果好。

通过网络平台学习羽毛球运动的优势之一是网络平台有丰富的、大量的与羽毛球运动相关的资源，传统的学习方法不能和其相提并论。在网络的帮助下，羽毛球爱好者可以进行更具有针对性的学习，他们能够及时准确地获取专业信息，与传统的教学模式相比，具有明显的优越性；同时，在网络平台上学习羽毛球知识可以提高学习者的积极性和主动性，有助于他们更高效率地学习各自感兴趣的专业知识。

数据分析显示，与传统的教学方式相比，通过网络平台进行学习可以显著提高学习者的学习能力，借助于网络平台的教学方式倡导以学习者为中心的理念，这就让他们在学习过程中，由被动接受转变为主动学习。新型教学模式中，学习者们可以接触到生动的教学画面或者视频资料，以更加人性化的方式激发他们的想象力，提升他们的思维能力。网络平台构建的大规模信息资源和专业知识库，可以有效地激发他们的学习热情，培养他们的学习兴趣。在网络平台的帮助下，学习者可以亲自参与知识框架的构架过程中，通过获取知识、更新知识的过程，最终实现创新知识的追求。从这个角度来说，新型教学模式对于提升他们的学习能力是有很大的积极作用的。

借助网络学习平台，学习者们可以方便地获取和掌握网络资源中关于羽毛球的专业知识，使他们学习的方向更加明确，可以真实地体会到学习某些技巧或者理论知识的必要性，深刻体会到坚持长期体育学习的重要作用，这些都为终身学习意识的养成提供了基本前提条件。网络学习为实现终身学习提供了重要保障。

从强身健体、增强体质的方面来讲，两种学习模式也发挥着不同的作用，借助网络平台的学习模式对于“强身健体，增强体质”的作用不如传统的学习模式，因为网络教学将关注点放在了培养羽毛球运动的专业技术动作和帮助学习者培养运动习惯上，学生可以只学习自己感兴趣的运动项目。但是传统教学模式当中，都会包含培养身体基础素质的内容，因此必然会促进学习者强身健体、增强体质。除此之外，通过网络进行羽毛球项目的学习时，学习者很大一部分时间是坐在电脑面前，这一方面会减少其参加体育运动的时间；另一方面，在电脑面前长时间学习也不利于身体健康。所以，只有将两种学习方式有机结合起来，才能更好地提高羽毛球爱好者的学习效果。

2. 网络平台下学习羽毛球对学习者的影响

（1）对羽毛球信息来源结构的影响。通过在接受两种教学模式的学习者中开展问卷调查发现，在学习过程中，他们获取信息的主要途径是通过广播电视媒体以及网络，除此之外还包括书籍、报纸、课堂、聊天等途径。研究发现，通过网络平台进行羽毛球学习所获的信息量远远高于传统教学所得到的信息量。所以，网络平台在改变人们获取信息方式的同时，也增加了人们的信息量。

（2）对学习兴趣的影响。网络平台技术在羽毛球学习中的应用，改变了传统的学习模式，在教学思想上也更加注重发展学习者的个性。以人为本的教育理念，供学习者选择的学习内容更丰富，这对激发学习者的学习热情、提高学习者的兴趣具有特别重要的意义。

（3）对羽毛球学习方式的影响。在网络的影响下，学习者们处理问题的方式也发生了转变，尤其是当学习过程中产生疑惑或者遇到问题的时候。在课堂教学的模式下，老师和同学是帮助他们解决问题的主要对象，但是在网络平台学习过程中，学习者们通过自己查阅网络上的相关知识来达到解决问题的目的。所以，两种学习模式对于帮助学习者养成终身学习习惯方面发挥的作用是不同的。网络平台下学习者选择“观看比赛、利用网络资源、视频、购买书籍等自我学习”的方式人数明显高于传统模式下“找培训班”的人数。网络下的自主学习方式更容易使人养成独立解决问题的习惯，经常利用网络学习的这种方式已经对学习者终身学习的习惯产生了潜移默化的影响，并反映在学习方式的差异上。

（三）影响学习者在网络平台下学习羽毛球的相关因素

网络平台教学模式未来的发展取决于其教学效果的好坏。分析开展网络平台教学过程中的影响因素，可以帮助网络平台进一步完善，充分发挥网络平台在羽毛球学习中的重要作用。

数据显示，学习者是否选取网络平台进行羽毛球学习主要取决于网络平台的制作水平、自主学习能力的高低、上网条件及资源等。可以看出，网络平台的发展受到内在因素和外在因素的双重影响，需要学习者的自身能力，以及相关部门的支持、网络工作人员的努力。

除此之外，学习者学习羽毛球的初衷和动力也会影响到其学习行为和学习效果，因为它决定了学习者在进行学习过程中的思维和意志。与传统的课堂学习不同，网络学习的自主性较强，没有了教师的监督，学习环境也相对宽松，这就需要学习者有坚定的意志和足够的动力，只有这样才能提高学习羽毛球的积极主动性和自觉性，不断地参与羽毛球的学习过程中去，并提升自己克服困难的耐心和决心。动机影响着学生在进行网络学习过程中的学习行为，学习者通过网络平台进行学习的动机是多种多样的，其中最主要的动机包括提高自身的专业水平、掌握更多的相关信息、提升自身素质、追求全面发展等。

第二节　羽毛球运动文化传承的影响因素

一、羽毛球运动文化传承的民族地域文化因素

独特的文化是区别不同国家、民族和地域的重要标志，区域文化的形成需要一个长期沉淀的过程。当前全球一体化发展，致使国家和民族不再是孤立存在的，而是紧紧相依共同发展的。在羽毛球运动中，不同区域的人也呈现出本民族特有的人体形态结构、体能素质和战术风格，其间存在着较大的差异，不同区域和种族体育事业的开展也与人们的身体素质休戚相关。体育竞技场上，决定运动能力的关键因素就是运动员的身体素质，羽毛球运动员比赛中需要隔网进行对抗，这不仅需要运动员有更高的灵敏度，还要有更快的速度和更强的耐力。历年来大赛中，不难看出亚洲人在羽毛球运动中处于优势地位，从男子情况来看，中国、韩国、马来西亚战绩突出；女子方面，中国、印度尼西亚、韩国的成绩遥遥领先。目光回到国内，不同的区域受不同文化的影响导致羽毛球运动的水平也有差异，比如江苏、广东等东部地区走出过较多的高水平羽毛球运动员，而中西部地区寥寥无几。

为什么会出现这些差异，原因有以下几点：一是种族特征影响。亚洲人的身体素质如灵敏性、速度、耐力使得他们相比于其他地域的人对羽毛球运动会更加擅长。二是民族区域文化起到至关重要的作用。在亚洲，羽毛球运动普遍得到重视，如中国羽毛球受到国民的深度喜爱，同时也有有力的政策支持，使其成为全民体育项目，有着良好的发展氛围。在马来西亚，羽毛球更是作为国球存在，赛事接连不断，宣传更是风生水起。要想让羽毛球文化在世界范围内得到更好的传承，就要采取相应措施克服地域文化差异，让羽毛球协调可持续发展。如今全球一体化发展，文化的发展也要全球化，因为文化是民族的，更是世界的，与此同时，民族文化对外输出，更能提升民族文化的软实力和竞争力。

二、羽毛球运动文化传承的现代科学技术因素

科学技术是第一生产力，文化传承的一条重要途径就是科学技术。截至2017年12月末，我国互联网用户已达7.72亿元，普及率达55.8%，是世界上网民最多的国家，普及率也超出了平均水平。信息技术对于文化的传承有着重要的作用，但中国目前还是一个数据国家，要想实现文化技术的战略性发展，还需要充分利用现代化的信息技术手段，开发利用信息资源。

体育项目发展离不开现代科技，竞技体育更需要现代科技强有力的支撑，如今竞技体育不仅仅需要体能和经验，更需要的是运用科学技术使“生理学、心理

学、营养学、运动学”等学科更科学和精确，改良运动设备，同时让管理更加科学化。随着科技的发展，体育运动的各个方面都能看到科技的影子，运动员们要做的也不只是体能训练，还是要做好体能、技能和科技的竞争，运动员的衣服、运动场也依靠科学技术变得更加专业和科学，普通的衣服变成更加轻便合身的专业运动衣，场地也由普通的渣土变成塑胶等更现代化的运动场。

如今，竞技运动的成绩被不断刷新，这都与科技的发展密切相关。科学技术让训练方法更加科学，运动员的潜力被充分地激发出来。科学合理地为运动员们补充营养、强健体魄、消除疲劳，能让他们在训练时发挥出最大效能，提高比赛成绩。

科学技术同样也影响着羽毛球文化的传承和发展。现代科学技术的发展，出现了羽毛球鹰眼、羽毛球传感器、高速摄像机等高科技装备，这些现代化装备使羽毛球运动实现了更加精准的把控，相较于传统依靠教练和运动员自身经验的形式，现代科技让羽毛球运动得到了更好的发展。将 USENSE 传感器安装在羽毛球拍上不仅能统计出每次发力击出去球的速度、最大的拍速，还能测出击打不同类型球的比例、挥拍次数和运动时间等，而这个传感器仅仅 8g 重，基本不影响球拍的重量，却可在很大程度上提高训练成绩。对于业余羽毛球练习者来说，美津浓开发的 NS-5 高科技人工羽毛球是个不错的选择，它不仅飞行稳定性很高，而且耐打，可以与天然羽毛球一较高下，非常实用，让业余爱好者也能体验到羽毛球的魅力。科学技术不断进步，羽毛球文化也越来越丰富，球拍越来越好用，又轻又有弹性。社会和运动项目的发展也影响着服饰的发展，服饰上面的选择也越来越多、越来越专业化，文化传承的内容也更加丰富。

三、羽毛球运动文化传承的国家体育政策因素

体育运动的发展需要政策的引导和支撑。国家政治越稳定、经济越发达就会更加注重体育事业的发展，政府的政策引导和支持推动着社会的发展，同样体育运动在自身发展的基础之上，政策的制定也影响着其发展的速度和方向。

从世界范围来看，羽毛球成绩相对较高的国家，其羽毛球运动的普及程度和发展基础也相对较好，从而可以看出这些国家政府的支持和政策引导对羽毛球的文化传承起了重要的作用。比如，作为羽毛球强国的印度尼西亚，政府对羽毛球运动就非常的支持，羽毛球也深受国民的喜爱，是年轻人必备的休闲娱乐项目。教育政策上，小学就开设羽毛球专选课来普及羽毛球运动，有羽毛球赛事时，十几个台进行电视转播，而且积极举办赛事吸引国民参与其中。美国是体育竞技水平比较高的国家，然而羽毛球水平却比较低，少数的高水平球员大多是移民过去的。美国羽毛球运动普及程度并不高，只在部分地区发展得不错，职业球员也不多，远远不及篮球、橄榄球这些运动受到欢迎和重视。从丹麦的羽毛球运动情况

来看，同样缺少政策的支持，基本上都是俱乐部的形式，通过运动员自己完成训练，统一参与训练的机会只有在参加大型比赛时才有。

我国体育职能部门在一定时期制定的体育政策与基本国情相适应。21 世纪以来，国家体育部门制定了相关体育政策方针，1981 年出台的《裁判员技术等级制度》，既调动了运动员、裁判员的积极性，也提升了羽毛球文化的传承效率。1995 年实施的《中华人民共和国体育法》使我国的体育政策逐步走向完善。1995 年《全民健身计划纲要》的制定不仅倡导国民进行健康活动，同时掀起了“羽毛球热”的浪潮，提升了羽毛球运动的消费水准。羽毛球运动文化的发展必须适应社会的需求，从实践方面上升到理论方面，从文化的高度上指导相关政策、采取相应措施，有目的、有计划地推广羽毛球运动文化。

四、羽毛球运动文化传承的人文生态环境因素

人文、生态等环境因素影响着体育运动的前进脚步，对于体育运动来说，运动员本身的身体素质和潜能固然重要，但外界环境因素同样起着至关重要的作用。体育运动和环境之间相互适应和改造，二者相辅相成。

环境对人有着深刻的影响，从一般意义上来讲，环境包含家庭、社会人文和地理环境。体育运动一方面和社会人文环境联系紧密、互相依赖；另一方面，体育运动为了维持自身发展与自然环境进行着物质、能量交换，遇到问题也会主动去适应环境甚至改造环境。与此同时，地理环境也影响着体育运动，在不同自然环境中生活的人类有着不同的生物钟，这样的不同会使人产生不同的变化，包括生理和心理等方面，这些变化又会影响着运动能力。体育运动的发展和普及受风俗习惯的影响，地理环境的不同会产生不同的文化和风俗，因此自然地理环境因素对体育运动发展至关重要。

任何事物都无法脱离人文生态环境的影响，羽毛球运动也是一样。受不同国家人文生态环境的影响，羽毛球发展参差不齐，亚洲整体竞技水平较高，欧洲国家水平相对亚洲来说较差一些，其他国家技能和成绩基本平平，无缘奖牌。无论是从国际环境还是国内环境都可以看出，人文生态环境影响着人们的观念，价值观和体育观的不同使得体育运动的发展规模和速度也不同，对于羽毛球来说，环境的不同，羽毛球运动的目标及其运动价值也会不同。

五、羽毛球运动文化传承的政治经济条件因素

体育是社会文化教育的重要成分，在受政治经济制约的同时反作用于社会政治经济的发展，体育既是社会的缩影也是上层建筑的一部分，依据马克思主义理论，经济基础决定上层建筑，体育与社会经济政治有着密不可分的关系。在短时间内使其羽毛球竞技水平达到世界水平，甚至已经赶超了现有世界先进水平，确

实离不开我国对每一位优秀职业运动员的重视。不但运动员的训练费用完全由国家承担，并且他们在训练期间的每个月都有着可观的工资收入，在参加了重要比赛的赛程后，还会有更丰盈的奖金等着他们。此外，各国羽毛球运动员的待遇大相径庭，不是所有的国家都像中国这样，但这不影响他们前进的脚步，大多时候他们是可以在一些国际国内大赛上获得丰厚的奖金的。同时也有些与众不同的国家，他们的运动员一切自费，可以说是“放养”式管理了。如德国，他们对待运动员的方式和中国大致相同，运动员们的费用基本全由国家出资。

经济发展水平的高低一直以来就不同程度地制约影响着不同地区的教育、科技和信息技术的发展。经济基础决定上层建筑，经济发展水平在各国社会发展趋势中同样起着举足轻重的作用，并且同样作用于体育事业的发展进程，波及其体育运动的普及程度。

例如，在 20 世纪 50 年代，亚洲国家的经济增长迅猛，给羽毛球的发展提供了良好的物质上的保障；第二次世界大战之后，日本的政治、经济和文化环境都进入了平稳发展的时期，社会环境相对安定，正是在这样的黄金时代里，日本注重体育事业，培养了大批竞技羽毛球运动员，并且在当时迅速成为亚洲羽毛球坛的大赢家。我国在改革开放以来，各项事业蓬勃发展，中国在国际社会的地位得到了稳固提升。在此基础之上，我国将目光更多转移到了体育事业的发展，各种体育项目得到了国家扶持，如配备精良的体育基础设施、调遣身经百战经验丰富的教练员和采用先进的科学技术支持等。这些丰富的外部环境资源，不仅使我国羽毛球运动进入黄金时期，而且为之后的羽毛球运动文化的发展和群众普及提供了全方位的保障和支持。随着生活水平标准的提升，人们不再仅仅局限于精神层面的享乐，他们在锻炼身体方面也投入一定的精力和物力，对于体育文化的了解也逐渐深入。这个时期具有丰富文化底蕴和历史的竞技运动——羽毛球，无疑成为人们在追寻生活品质时的一个优先之选。

运动项目得以生存的重要保障，就是群众可以真正地参与其中，并且进行一定的体育消费。不同人群的消费层次具有差异，使得人们对体育项目的选择方向各有千秋。这种差异体现着人们迥异的个人价值，并且在一定程度上也反映了社会整体风气。羽毛球的体育消费主要有球拍、球、服饰、租赁场地、观看赛事、培训、信息资料等。当下消费群体学历和生活水平差异跨度较大，其表现就是“中间多，两头少”。高消费群体占有率相对比较多。经济水平的不断提高，人们收入同步增长，内外双重刺激着大众的消费观，消费不断增加和变得多样化，市场经济竞争激烈，社会生产力发展之势迅猛，这为羽毛球向产业化发展提供了良好的跃进平台。羽毛球文化事业的成功，为更科学化和现代化传承羽毛球运动文化提供了非常重要的物质保证。

体育运动不是不谙世事之地，更不是世外桃源，其发展之路也不可能远离政治和经济“两兄弟”的鼎力相助。体育是社会文化现象中比较特殊的存在，它建立在社会和经济发展起来的基础之上，更对社会和经济的发展产生着积极的影响。想发展，就必须先要拥有足够的资本和影响力，任何体育事业如此，羽毛球运动的发展亦如此。

第三节 羽毛球运动文化传播的影响因素

一、羽毛球运动文化传播的大众传媒因素

大众传媒（mass communication）是大众传媒和新闻媒介的简称，是用报纸、电视、杂志、广播和网络等中介对大众传达消息和知识的过程，也是文化、政治、经济与群众生活条件的集中体现。在以传播媒介为基础、信息技术迅速发展的现代社会，大众传媒对社会和个人的影响越来越明显，越来越多的人关注传播媒介宣传和报道的社会信息。施拉姆认为：“信息的有效传播能提升社会变革行程、减慢变革苦难，对国家社会有着不可忽视的作用，是社会进步的推动者。”

世界上大部分流行体育运动的传播前提是体育赛事的开展和转播，媒体具有独特的作用，但在羽毛球在此方面没有表现出明显优势。比如说，武汉汤尤杯，观众座位过于缺少、混合区人群混乱无序、场馆网络信号极差，虽然是羽毛球团体赛的最高规格但实际却比不上上海站的国联钻石联赛，使得媒体工作者无法在第一时间报道最新的赛事状况。大众传媒的内容形式错综复杂，却也存在丰富的可以促进羽毛球运动进展，加强文化传播的效果。在全球化的今天，全球商业化已成为重要一环，我们不仅要加强信息的效度和信度，更需要发扬大众传媒对文化传播的宣传引导作用，让先进文化正确引领我们前行，不断推广羽毛球运动文化。

二、羽毛球运动文化传播的信息传播因素

美国学者莫菲说：“很确定地讲，基本上全部文化的内容源自传播的不少于90%。”信息传播包括传播者、媒介和受众三要素，传播者是传送的源头，确定着信息传播的内容、量的多少和方向，并对受众者的接受情况起着控制作用，传播者不仅要注意信息内容的真实性、针对性和科学性，更要注意内容的有趣性和呈现方式，信息的内容、重复率和呈现形式都是影响传播效果的要素，信息内容的呈现形式如果不正确、不恰当，再好的内容也不能传播出去。

受众自身的综合素质高低对传播效果的影响也非常大。一方面，会在接受信息的过程中主动选择自己感兴趣并且认为最为可靠的信息；另一方面，外部舆论消息传播的速度和幅度，也多多少少扰乱着受众整体的把握水平。在信息化的时代中，人们相信大数据带来的信息冲击，很容易产生羊群效益，为了避免外部的

文化冲击造成的不好影响，我们更应该深入对羽毛球运动文化进行了解，参与羽毛球竞技，传播正能量，用这种特殊形式，最终达到信息传播效果，将羽毛球运动文化发扬光大。

三、羽毛球运动文化传播的教育训练因素

教育与文化相辅相成，教育是文化的枝叶，文化是教育的根基，二者互利共赢，协同发展，任何一项投入的缺少，都将带来不可挽回的严重损失。教育和文化不是一两天就可以速成的，教育是一个国家社会的基本建制，拥有神圣的使命。它既有保留文化古韵的任务，更有激发新青年发扬创新精神，肩负起传播文化重任的职责。学校拥有特殊浑然天成的教育环境，通过学校严谨有条的教学方案，和老师灵活运用的教学手段，学生们可以轻松理解关键技巧的运动训练理论，并且可在有限的课时里掌握住基本的运动技巧，提高学生的综合素质。羽毛球运动作为国民体育和学校教育的重要成分，它其中包含的理论和技巧，是形成一个人终身运动习惯和价值的中间支柱。它内容的丰富度，还有组织形式的多样性，不仅可引起学生的运动兴趣，更可在他们体验运动快乐的过程中增强他们的体质体能，使“终身体育”的意识从小就在学生心中扎根，并帮助国家筛选培养意志品质和身体素质都很强的青年一代。可以说，羽毛球运动对于学生来说，有百益而无一害。

运动训练是指运动员在教练员的指导下提高竞技水平、创造优异成绩，提高科学文化水平和思想政治水平的学习过程。我们要学习了解羽毛球运动的文化背景与历史，认真遵守羽毛球规则，自觉采用规则来约束自己的行为，学会公平竞争，敬重对手和裁判，培养自己的协作能力，培养谦虚谨慎虚心好学、豁达的优良品质。总而言之，体育教学和运动训练，二者缺一不可，他们都对羽毛球文化的传播发挥着不可替代的作用。

四、羽毛球运动文化传播的其他因素

运动文化的传播有许多种方式，羽毛球运动文化在传播过程中比较常见的传播方式有以下几种：商业广告、电子网络、学校教育和运动员的训练。除此之外，更为有效的还有开展专家讲座、组织羽毛球高手精湛技战术的展示、各组织对羽毛球运动效果和历史文化的宣传。这些虽然不可以直接让大家上手体验，但是炫酷的技巧和对抗产生的魅力，也可抓住不少人的眼球，起到传播羽毛球运动文化的作用。举个例子讲，印度尼西亚每年都会举办一些纷杂的羽毛球赛事，如果遇到大型赛事时，关于羽毛球运动文化的宣传就会传遍大街小巷。各种赛事近况四处流散，成败输赢掀起层层巨浪，一时间风起云涌，好不热闹。连日不间断循环的电视转播合作频道层出不穷，由以前的一个发展到了到现在的十几个。印

度尼西亚政府从娃娃抓起，其小学也早早开始普及羽毛球运动文化并增添了羽毛球专选课。在我国，羽毛球队原教练李永波首先在我国开设了一所拥有一流的场馆设施和专业的教资力的羽毛球学校。在学校盛大的落成仪式上，他请到了羽坛的“四大天王”助阵。除了外在的优势之外，他们学校还会根据不同人的情况，开设各种类别的训练班，在这种体制下，课程会为学员提供全面的技巧战术、体能和理论知识。就如肖杰和赵建华在央视体育教学视频《羽毛球——专家把脉》中所讲的，更关注基本的羽毛球技技巧，使更多的羽毛球初学者可以观看视频进行自学，让羽毛球运动不再陌生，做到真正普及，走进大众生活，才是最重要的。

第四节　世界羽坛生态失衡对我国羽毛球运动的影响

一、世界羽坛生态失衡的理论研究

（一）耗散结构理论

耗散结构理论是比利时布鲁塞尔学派的领导人普利高津于 1969 年在一次理论物理和生物学国际会议上发表的论文《结构、耗散和生命》中正式提出来的。普利高津因此获得了 1977 年的诺贝尔化学奖。耗散结构是指当体系处于非平衡状态时，通过体系与外界进行能量和物质交换而形成和维持的一种稳定化了的宏观体系结构，即在非平衡态下宏观体系的自组织现象。这一理论指出，一个开放系统（不管是力学的、物理的、化学的，还是生物的乃至社会的、经济的系统），在达到远离平衡态的非线性区时，一旦系统的某个参数变化达到一定临界值，通过涨落，系统就会发生突变，即非平衡相变，系统就可以从原来混乱无序状态转变到一种在时间上、空间上或功能上有序的新的状态。也就是说一个系统从无序向有序转变形成耗散结构至少需要具备以下三个条件：（1）系统必须是个开放系统；（2）系统必须处于远离平衡态的非线性区域；（3）系统内部各个要素之间存在非线性的相互作用。

世界羽坛生态系统也是一个开放的耗散系统，处于平衡与失衡的不断运动之中，根据耗散结构理论，可以看出世界羽坛生态系统的失衡也不总是消极的，因为失衡本身就是系统变革的契机，因此，需要用更加全面的、动态的观点来研究世界羽坛“生态失衡”带给中国羽毛球的影响。

（二）限制因子定律

生态因子是指环境中对生物生长、发育、生殖、行为和分布有直接或间接影响的环境要素。任何生物体均同时受多种生态因子的影响，每一因子不是孤立存在，而是彼此联系、相互制约、相互促进地对生物起作用。生物的生存和繁殖依赖于各种生态因子的综合作用，环境中某些生态因子的变化最易产生影响，可以限制生物生存和繁殖的关键性因子就是限制因子。而非限制因子当其量的变化达到一定程度时，也会转化为限制因子。德国化学家 Liebig1840 年在其所著的《有机化学及其在农业和生理学中的应用》一书中指出“植物的生长取决于那些处于最小量状况的食物的量”，这一概念被称作 Liebig 最小因子定律。该理论认为当因子处于最小量时，可以成为生物的限制因子。E. P. Odum（1973）对最小因子定律作出补充，认为最小因子在能量与物质的流入与流出处于平稳状态下才适用。美国生态学家 V. E. Shelfold 在最小因子定律基础上提出耐受性法则。他指出生物的生存，不仅受生态因子最低量的限制，还受生态因子最高量的限制。任何接近或超过耐受性上限或下限的因子都叫做限制因子。也就是说，任何一个生态因子在数量上或质量上的不足或过多，即当任何一种生态因子只要接近或超过某种生物的耐受限度，它就会成为这种生物的限制因子。限制因子定律的不断发展为生态学家提供了一把研究生物与环境复杂关系的钥匙。生态学家一旦找到了其限制因子，就意味着找到了影响生物生存和发展的关键性因子。同样，限制因子也是世界羽坛“生态失衡”对我国羽毛球可持续发展影响研究的关键点，找到世界羽坛“生态失衡”的限制因子，也就找到了我国羽毛球可持续发展的突破口。

（三）生态位理论

生态位是生态学中的一个重要概念，主要指在生态系统中一个种群在时间、空间上的位置及其与相关种群之间的功能关系。它也是生物学中研究生物体之间的竞争生物对环境的适应性、生态系统的多样性和稳定性等问题的重要理论。

美国学者 J. Grineil（1917）最早在生态学中使用生态位的概念，用以表示划分环境的空间单位和一个物种在环境中的地位。英国生态学家 C. Elton（1927）定义生态位为物种在生物群落中的地位和功能作用。苏联生态学家 Gause（1934）在此基础上发展出竞争排斥法则，即高斯假说。也就是说，当两个物种利用同一资源和空间时会产生种间竞争，它们的生态位重叠越多，竞争就越激烈。英国生态学家 Hutchinson（1957）从空间和资源利用方面考虑，发展了生态位的概念，他认为生态位是“有机体与它们的环境（生物和非生物）所有关系的总和”。很少有一个物种能全部占领基础生态位，由于竞争种类增加多，可能使某一物种的实际生态位越来越少。美国学者 Whittaker（1970）认为生态位是每个物种在群落内独特的时间、空间位置及功能地位。E. P. Odum（1971）综合了前人的定义，提出物种的生态位不仅决定它们在哪里生活，亦决定它们如何生活及如何受到其他生物的约束。引入生态位这一概念，可以更清晰地认识世界羽坛这一生态系统内各个国家的位置以及它们之间的功能关系。

二、世界羽坛生态失衡对我国羽毛球运动的影响

（一）羽毛球比赛激烈程度和观赏性下降

只有竞争激烈的高水平比赛才能吸引观众和赞助商的兴趣。纵观网球四大满贯、欧洲足球五大联赛、NBA 等，不到最后一刻都无从得知是哪支队伍或者哪国运动员会夺得最后的胜利，充满悬念让比赛更为激烈。美国职业篮球、职业棒球采取选秀、“工资帽”等措施来保持每支球队的实力均衡，以促进比赛的激烈程度，从而吸引观众。而近年来的羽毛球大赛有向乒乓球大赛发展的趋势，亚洲球员强势进入决赛或者半决赛，冠军更是被中国运动员视为囊中之物。观众不仅希望看到更快、更高、更强的比赛，同时也希望看到不同国家选手之间的高水平竞争，而不是一个国家单方面的一枝独秀。

2004 年雅典奥运会羽毛球混双决赛在中国和英国之间进行，吸引了全球 8000 万人观看，其中 500 万英国观众，当天在中国的收视率高达 11.4%。而伦敦奥运羽毛球项目中国包揽五金，女单、混双决赛均是在中国运动员中间产生，据统计主要是中国观众观看，并且收视率也被水上项目远远甩在后面。长此以往，没有悬念的比赛，即便是中国观众也会渐渐失去兴趣。由于羽毛球运动主要在欧亚开展，其他国家和地区很少承办世界大赛，近年来三大杯赛连续几届落户中国（2005 年、2009 年、2011 年的苏迪曼杯；2012 年汤尤杯；2013 年的世锦赛；2013 年的世锦赛），而其他国家和地区申办大赛的积极性不断下降，2009 年广州苏迪曼杯结束后由于没有协会提出申办，下一届苏杯的接旗仪式只好省去。青岛以唯一申办者身份承办了 2011 年的苏迪曼杯，2013 年的苏迪曼杯申办，表决前三天墨尔本退出，让吉隆坡成为唯一的申办城市，不得不说这是羽毛球观赏性下降所遭遇的尴尬。

（二）羽毛球项目奥运处境危险

在 2012 年伦敦奥运会之后，人们对于羽毛球项目有了更多的思考，在世界羽坛生态一边倒的状态下，羽毛球项目会不会被奥运项目移除？而如今发展得越来越好的中国羽毛球，如果失去奥运会这个展示平台，会不会也随之失去以往的资源和支持，呈现出“一夜回到解放前”的状态？从事羽毛球相关工作的人员会不会也因此失业？这些问题都值得我们思考。国际奥委会一直在积极地对一些项目做减法，以求使得比赛具备更强的观赏性，更大限度地节约资金以及增大项目本身的实用性，让越来越多的人可以参加进来，让项目本身由繁化简。

国际奥委会的一篇权威文章《2012 年项目表决程序》中指出：国际奥委会成员们要对现有的 28 个奥运会正式比赛项目逐个投票表决，如果所得票数不及

一半，该项运动将不会出现在以后的奥运赛场上。例如，只在美国、日本等少数几个国家开展比较好的棒球、垒球项目在国际奥委会第117次全会上被取消了2012年伦敦奥运会的参赛资格。2002年墨西哥全会决议，今后一段时期奥运会的项目将严格控制在28个大项，300个小项，10500名运动员的规模以内。2013年2月12日国际奥委会在瑞士洛桑召开的执委会上决定将目前奥运已有的26个大项删除1项。据法新社报道，在对2020年夏季奥运会项目的讨论中，羽毛球和现代五项、跆拳道等被列入极易被剔除的项目。伦敦奥运会上中、韩、印4对女双消极比赛的丑闻让羽毛球项目形象不佳，在奥运会的处境雪上加霜。最终的结果是摔跤项目将可能被剔除出2020年奥运会，9月的125次全会上讨论摔跤与另外8个替补项目的最终取舍，而原本被划入危险圈的羽毛球得到了保留。但是想进入奥运会的项目排着长队，在全球发展不均的项目岌岌可危。2012年国际奥委会执委会判定的每一个项目的评估标准包括价值评价、项目管理、项目的历史和传统、全球的普及性、受欢迎程度、运动员发展、项目发展状况、单项协会财政状况等8大项39小项。

2004年雅典奥运会羽毛球项目在26个项目中全球收视覆盖排第14位，而2008年北京奥运会羽毛球项目收视则下降到第23位；在整个世界级的比赛中，羽毛球联盟成员国的参赛比重位列第11；参加奥运资格赛的世界羽毛球联会员国比例由2004年的第4位下降到2008年的第18位；而市场开发和电视转播的收入比例也在协会经费中逐年下降，从2000~2003年的第9位下降到2004~2007年的第16位。从2000~2008年几届奥运会的大数据中不难看出，由于羽毛球项目整体态势的下滑，其在26个奥运项目的排名处于明显的靠后状态，可见羽毛球运动作为中国传统的优势项目由于市场开发不足，普及度不高，仍然存在被奥运会除名的问题，这不能不引起我们的重视。

(三) 海外兵团的出现和影响

由于我国羽毛球水平飞速提高，导致世界羽毛球竞技呈现一边倒的趋势。伴随着我国改革开放的春风，不仅外交交流增多，体育交流也随着增多，羽毛球的“海外兵团”在20世纪90年代初开始出现，呈现出本国教练员不再满足于现状，开始出国任教，运动员也由于有越来越多的选择而离开国内竞技场。其中效力于中国香港队的王晨、周蜜，效力于法国队的皮红艳，效力于荷兰队的姚洁，效力于德国队的徐怀雯，以及效力于美国队的彭云等，他们都曾经是国内著名的运动员。但是随着年龄的增长和体育竞技带来的伤病，他们都在为自己的未来打算，或者继续坚持，或者选择其他行业或转型为教练，都不再拘泥于运动员这一种身份。来自中国江苏后备队的女子单打选手顾娟、姚蕾同是23岁，她们效力于新加坡队，作为年轻一辈中的后起之秀，世界排名最高分别为第17位和第8位。

这些海外兵团中冉冉升起的新星给中国队的夺冠之路带来了不小的阻碍。但是随着中国经济飞速的腾飞，国家越来越注重体育事业的发展，在国家大环境的影响下，更多的运动员仍选择留在国内，上一代海外兵团运动员会随着年纪的增加而逐渐退役。

“海外兵团”运动员中徐怀雯已在荷兰队任教，王晨任中国香港女队教练。世界羽坛上能与中国队对抗的国外球员，不少也是受教于中国教练。相比较于海外兵团运动员的减少，中国教练员在海外很受欢迎。这批“海外兵团”教练员中有先后赴马来西亚执教，带领其获 1992 汤姆斯杯的陈昌杰、韩建、杨阳，培养出一批单打好手的李矛，曾经的国羽男单“四大金刚”之一陈刚，培养出德国女单申克的王旭炎，为丹麦国家队培养出一批羽坛名将的教练张连营，塞舌尔国家队教练罗国辉，新加坡女单教练栾劲，马来西亚女单教练池善荣等。“海外兵团”的出现对中国羽毛球有着以下几方面的影响：

（1）消极影响。引进中国的羽毛球运动员虽然可以快速提高输入国的羽毛球成绩和实力，但是会让输入国过度地依赖这些中国的“海外兵团”，输入国侧重于这些已经培养好的外来运动员，给他们提供更好的训练资源以及更高的发展空间，从而疏忽对本土球员的培养，让本土球员处在一种原地踏步或退后的尴尬状态，而一旦这些“海外兵团”退役或回国，本土球员在比赛中取得胜利会变得更加艰难。

（2）积极影响。促进世界羽坛生态的平衡发展，提高各国羽毛球技战术，不再是中国一枝独秀的状态。中国优秀的“海外兵团”成为各国争抢的对象，他们是世界一流的羽毛球运动选手，不论是作为参赛选手还是其他角色都能极快地提高当地羽毛球竞技水平，也给中国队带来不断发展的动力，促使中国队迸发出更高、更强的运动水平，从而取得更好的成绩。在 20 世纪中，我国羽毛球事业取得了飞跃的进步，这是由于侯加昌、陈玉娘等印尼华侨回到了祖国的怀抱，他们同时带回先进的羽毛球技战术，对中国羽毛球的发展作出了重大贡献。20 世纪 90 年代，印尼的奥运冠军迈纳基效力于英国队，吴俊明效力于美国队并且拿下美国的首枚羽毛球世锦赛金牌，张海丽在尤伯杯中为荷兰拿到第三名的好成绩，这些印度尼西亚羽毛球运动员使得羽毛球运动发展到了一个全新的时代，而这些仅是一个国家的“海外兵团”给羽毛球运动带来的发展。放眼未来，羽毛球的普及程度仍然不高，所以对于这些“海外兵团”应该予以更多的帮助和支持，打破原有的限制，让羽毛球的发展更上一个台阶，让羽毛球这项运动有一个更加广阔的未来。

（四）我国在世界羽坛生态位的改变

在自然生态系统中，生态位理论不仅是分析物种的资源环境与能力如何协调统一的重要方法，也是探求在物种与物种互动、竞争和协同的过程中，物种个体如何提升自身当前的生存发展水平以及未来演化能力的重要思想。

随着近年世界羽坛生态失衡，中国羽毛球逐渐呈现一枝独秀的态势，中国羽毛球的生态位不断发生着变化。在适应非生物因子（经济、环境、文化等）的基础上，中国羽毛球发挥自身的“主观能动性”，借助于生物因子（竞争和互惠共生等相互关系）能动的构建与其他物种的关联关系，提升自身在生态系统中的生存、发展与演化水平和能力。中国羽毛球自分布于世界羽坛生态系统之后，影响到世界羽坛生态系统种群间互动关系，产生竞争行为，中国在竞争中取得优势，获取了份额较大的生态系统内资源，继而为了自身和系统的生存与发展产生演化。这种演化的方向，便应该是协同进化。

竞技体育生态中的常“盛”不衰和常“胜”不衰并不一样，“胜”只反映竞技体育生态中某个“物种”的实力和结果，不能反映生态整体的可持续发展后劲；而“盛”是生态整体的繁荣景象，是物种协同进化的结果，也是生态整体可持续发展的基础。

中国羽毛球想要长久不衰地发展下去，就要改变现有的发展方式，改变现有的生态位，与其他国家一起携手发展，实现资源的共享与输出，而不是独自占有现有的优势资源，故步自封。不仅要从生态位方面做出改变，也要从意识方面做出改变，比赛并不是一味地争夺第一，为国家争得荣誉，羽毛球运动员也可以成为优秀羽毛球文化的宣传大使，让羽毛球文化实现强有力的发展，渗透到世界的各个角落，也让各国的羽毛球实力得到均衡的发展，不再是一家独大，而是旗鼓相当，使得羽毛球变成一项长久的，充满文化韵味的运动。

第三章　羽毛球运动文化传承和传播的媒介分析

羽毛球运动文化的可持续发展要树立全球性眼光，必须采用各种措施积极推广羽毛球运动文化的理论知识和竞技水平，继承和传播羽毛球优秀文化。本章主要讲述羽毛球运动文化传承的媒介、羽毛球运动文化传播的媒介以及网络媒体羽毛球报道。

第一节　羽毛球运动文化传承的媒介

一、羽毛球运动文化传承的物质载体

文化是一个抽象的概念，文化的传承主要依赖于物质，如果相应的物质载体消失，那么相对应的这一文化现象也会消失；同时，器械对于文化的传承也具有一定的作用，人类社会科技不断发展进步，器械虽由人制造和发明，人类赋予了器械一定的思想意识，让器械不仅成为简单地使用工具，也成为体现这些先进的科学技术和思想的载体。球拍、球和场地是羽毛球运动的三个重要组成部分，人们通过羽毛球这项运动，与这三个部分进行实实在在的接触，通过球拍击打球体，感知实物的主体，可以说如果少了任何一部分，那么羽毛球这项运动都不成立，这也是羽毛球运动与其他体育项目的最大不同。

球类运动之所以区别于其他的体育项目，是因为它以球作为载体，拥有独一无二的文化特性。羽毛球按材质分为泡沫塑料、硬质塑料和软木。其中，泡沫塑料和硬质塑料由于成本较低，用于比较低档的羽毛球，而软木主要用于中高档的羽毛球。随着科技的进步和历史的发展，羽毛球的运动设备也经历了不同阶段的发展，人们不再满足于现状，开始要求羽毛球具有观赏性和实战性，使得羽毛球发展成现在的16片羽毛相同的高级货，球拍也顺应时代发展打造出了弹性更好、重量更轻的铝碳一体拍，羽毛球的场地更是发生了翻天覆地的变化。羽毛球的历史源远流长，至今现在还在对存在的不足做出相应的改变，相信随着时代的不断进步和科技的不断发展，对于羽毛球会有越来越好的优化，让这项运动更好地发展与传承下去。

羽毛球运动器械不仅满足于羽毛球这项运动，同时还有创造者注入的心血，让羽毛球不单单是一项运动，还让其具有丰富的文化意识，从而形成了独特的羽毛球文化。让人们在进行这项运动的同时也了解了羽毛球运动发展的历史，达到

寓教于乐的目的。球拍、球和场地作为羽毛球文化的传承载体，应加以保护，不随意破坏和损毁，让人们在传承与发展这项运动的同时将羽毛球文化也发扬光大。

二、羽毛球运动文化传承的多样性

羽毛球运动最初被认为是一种贵族的运动，在那时，羽毛球运动员在服装方面的规定十分明确严格。比如，女运动员服装的袖口和裤脚长短都有明确规定。但是在近几年，大家逐渐发现羽毛球运动其实是一项拥有浓厚群众基础的体育运动，羽毛球运动在国际羽联的大力推广之下，逐渐商业化，商业体育逐渐产生，国际羽联的帕克斯主席曾说道："对体育赛事的欣赏不单是运动员的技战术表演，其可看性还包括华美的服饰等视觉因素。"

体育项目和社会的发展与服饰的改进之间相互影响，而羽毛球运动的服饰在进行改进的过程中，也对其文化传承的相关内容进行了丰富。羽毛球服饰由原来传统的统一白色和短裤，逐渐演变成现在的具有时尚因素的彩色和短裙。不仅使其外在的形式更加多样化，而且也融入了很多带有民族特色和高科技的内容，在进行服装设计的时候更加考虑舒适度和性能的问题，不仅体现出当今时代的审美和潮流，也使其更具有科学性和个性化。在 2011 年的羽联比赛上提出"裙装令"，针对女性服饰进行了改革，使得比赛更具观赏性，提高了收视率。同年的苏迪曼杯，为傅海峰量身定制的服装左边袖子明显比右边短很多，这样的设计有助于提高他的杀球速度。通过在运动服的设计上加入高科技和新技术，在一定程度上使得其更加功能化和个性化，并且能够体现出独特的民族文化，使羽毛球运动文化更加丰富。

队名和运动员个人的绰号也体现出了羽毛球运动文化的丰富性。不同的队名象征的精神内涵也不同，可能是带有个性含义的徽标，或者是象征着追求和愿望，又或者是一种形象艺术。运动员不同的绰号也能够体现出该运动员的个性风格、运动水平以及战术和技术的特点，使得球迷对他们更加了解和欣赏。2002 年林丹曾在世界级的比赛中获得了多项冠军，在 2004～2008 年更是将世界羽毛球男单的所有冠军包揽，2010 年成为世界唯一大满贯羽毛球运动选手，因此他被大家称为"超级丹"。另一位出色的羽毛球运动员李宗伟，1988 年开始代表马来西亚参加羽毛球赛事，在 2003 年在大马卫星羽毛球赛获得冠军，从此便被大家称为"大马羽球一哥"。羽毛球运动文化中，会用某种事物将人的意愿体现出来，并且体现的内容紧扣事物主题，体现出了极高的艺术水平。

三、羽毛球运动文化传承的增值文化

增值文化是指某种文化在传承历程中所衍生体现的新价值和意义或在量与质

上的某种增值扩大。社会飞速发展，人们摸索运动项目的规律永不止步，球类文化作为一种动态文化持续增进。“科学技术是第一生产力”这一理论突出了科学技术的重要性和巨大力量，在羽毛球运动中科学技术丰富了其文化传承的物质内容，体现出了一系列增值文化。

“鹰眼”应用于体育竞赛中，可以对球的运动轨迹进行追踪，并对轨迹进行记录和预测未来路径。整个过程包括数据收集和效果展示等不到10s。它最早用于美网比赛，后来逐渐应用在各类体育项目中。在羽毛球运动中使用鹰眼技术能够弥补人类用视觉观察时的极限和误区，使裁判员能够做出更加精准的判断。

在羽毛球运动中使用的球的材料多以鸭毛和鹅毛为主，但是每根羽毛之间又有一定的不同，球在运动中的平衡性常常受到外界干扰。由美津浓开发的NS-5高科技人工羽毛球，无论是在外形、耐打性还是重量上面都非常统一。这种羽毛球和天然材料制作的羽毛球相比，各方面都非常接近，并且在练习的时候不会出现球上的羽毛还没有断，球速就开始快速下降的情况，这对于初学者来说就拥有了更好的学习条件和轻松的学习氛围。由凯胜品牌和李永波教练共同创设的一个业余的羽毛球赛事是三人制羽毛球赛，也就是在比赛中三对三，它的战术类型和方法都较为简单，得/失分率较为明显地增加，出球速度也相应地变快，无论是在趣味性、游戏性还是对抗性方面，都更加鲜明。就使得在比赛中参与者会更加积极地参与，比赛也更加具有观赏性，可以通过这样的途径挖掘出青少年在羽毛球方面的后备人才。

人们通过一些和羽毛球有关的艺术品来满足个人的精神和审美需求，甚至还会发行与羽毛球相关的邮票来纪念当时的一些具有纪念意义的羽毛球活动。这些形式都使得羽毛球运动得到了更加广泛的推广。

四、羽毛球运动文化传承的客观体现

学校作为进行教育和教学的主要场所，教师更加专业，教学活动更加具有系统性，教学制度更加规范，能够最快接收到最新的思想意识和文化信息，由此看来，学校在文化传承方面的功能巨大，那自然也就是进行羽毛球文化传承的最好的场所。学校传承羽毛球文化，应要从三个方面开展：一是完备学校在场馆场地和器材方面的硬件设施；二是要进行羽毛球的方法技能和战术的培训；三是注重羽毛球运动在学校的开展情况以及产生的影响力，和其运动精神的传承情况。在羽毛球运动中，群众羽毛球是一种较为特殊的运动形式，但也是非常重要的成分，不能忽视它的作用。

体育项目具有一个特殊的属性，就是竞争，因为通过竞争才能够真正促进体育赛事的发展，才能够真正地体现“更高、更快、更强”的精神。在田麦久看来：“金牌数是高层次运动员数量和竞技水平的综合反映。从国家的层面讲，竞技体育的发展可以帮助国家提高国际地位，获得更多的国家荣誉，增加国民自豪感和民族凝聚力。”

随着体育产业的发展，越来越多的人开始关注和喜爱体育赛事，这就使得社会结构层面变得更加多样化，并且带来巨大的经济效益。更准确地说，体育赛事会牵动整个国家的经济、政治和文化，改变其发展方向和速度。羽毛球运动其实是一种身体符号，这种符号中暗含着一种文化内容。在市场经济时代背景之下，体育赛事对体育项目本身发展起到至关重要的作用。逐渐完善羽毛球规则，羽毛球赛事将更加规范，比如比赛时场地的布置、球网的位置和高度以及球的标准，当然还有一些专业术语、裁判职业、比赛条件标准等，都规定得非常详细。

世界级的羽毛球赛事，如奥运会、世界羽超、世锦赛等，不仅能够传承羽毛球运动文化，还能加强各国之间的交流合作。羽超联赛是世界级的高水平羽毛球联赛，这一赛事能够产生巨大的群众影响力，不仅可以帮助专业队提高训练水平，还可以对群众体育的发展起到积极的带动作用。世锦赛拥有世界级单打羽毛球的最高水平，是只针对世界顶尖的选手设置的单打项目比赛。在重大赛事中，由于会出现很多的明星和非常优秀的运动员，所以会吸引很多的球迷和媒体的广泛关注，球迷们欣赏运动员的出色表现，从而产生“明星辐射效应”，比如“超级丹”等，由此看来羽毛球赛事至关重要。

第二节　羽毛球运动文化传播的媒介

一、羽毛球运动文化传播的群体传播

群体传播指人们在群体内、群体间对信息进行的交流与散播活动，是种群生存发展的基础，介于组织传播和人际传播的中间层次。群体传播对群体意识和结构产生影响，而群体意识和结构又会产生一种较为特殊的凝聚力，进而对建立群体活动体系产生作用，并且对个人的言行举止进行约束。

我国的羽毛球群体传播主要有三种形式，分别是竞技羽毛球、学校羽毛球和群众羽毛球。竞技羽毛球作为群体传播的有效途径常常是以运动员组成团队的形式进行竞技比赛；学校羽毛球就是由学校开展一定的羽毛球运动项目，配合学生的兴趣爱好进行羽毛球教育，这是群体传播中最好的方式；而群众羽毛球是参与人数最多的，也是群体传播的重要组成部分。

群众在羽毛球运动的过程中进行文化传播，无论是专业竞技还是大众的羽毛球运动，参与者们都一起组成了初级社会群体，而这种社会群体的范围是十分广泛的。这些群体将羽毛球文化传播作为基础，其存在就是对这种文化的传播。这种群体包括国家级、各省市级、学校和各行各业的羽毛球训练队伍。

二、羽毛球运动文化传播的组织传播

戈德哈伯（美国传播研究者）认为：组织传播是在一定的网络关系中，人们为了完成特定的目标、任务所进行的信息交流过程。组织传播是组织行为的根源，明确的目标、合理的专业分工可有效实现传播效果的最大化，传播途径是媒介进行信息交流传播的方式，具有专业性和权威性强的特征，组织的威望与传播效果成正比，威望越高信息越易被接受，内容更具有权威性。

羽毛球组织传播取决于组织成员和组织形式，传播的方式包括人际、人内、群体传播以及利用媒体进行的内部信息交流传播。在当前的羽毛球界，最权威的机构包括世界羽联、各洲羽联、各国羽协和俱乐部。国际羽联成立的时间较晚，其主要职责是在全世界范围内进行羽毛球运动的推广，承办包括奥运会、世锦赛等重大国际赛事，加强各国羽协的密切联系。中国对于羽毛球的组织传播可以说是以国家为主体的传播，整合全国各种力量和资源来进行羽毛球运动的发展。

三、羽毛球运动文化传播的人际传播

人际传播指个人与个人借助人际传播媒介（口碑、交谈、聊天）进行的信息沟通和互动的一种传播方式；内容丰富、手段形式多元化、互动效果明显。人际传播是人类社会发展、生活运作、文明传承的重要手段，羽毛球运动同样需要借助于此。无论是运动员与教练的交流，还是参与者之间进行的游戏，无论是单打还是双打，都需要借助人际传播来完成。

在现代社会，各种各样的传播媒介越来越多，人们主要通过人际传播的方式了解羽毛球技术，在这个过程中进行文化的传播，人际传播对于初学者来说格外重要。这种传播方式是最早的传播羽毛球文化的方式，不可否认，到目前为止，这种传播方式对文化传播来说还是有着至关重要的地位的，在羽毛球文化中仍是最为重要的传播体现，无论是在现代还是在未来。

四、羽毛球运动文化传播的大众传媒

大众传媒的传播是指通过电视、报纸、广播、期刊等媒介以公众为重要对象而举行的信息传递过程，其覆盖面广、效果快、受众规模大。

现在是信息时代，大众媒体具有很多的社会功能，其主导地位决定了只有更好地掌握它才能够有效传播自己的文化形态。进行羽毛球文化传播当然也不能例外，很多电视频道，如 CCTV5 等，在很多重大赛事时（如超级联赛、奥运会、世锦赛等）都会在比赛时段进行专门的报道或直播，以此来提高收视率。通过电视转播可以将羽毛球比赛的氛围和过程直接呈现在观众的面前而不需要任何解释和描述的语言，这就是它最大的优势。这种形式不仅可以扩大体育赛事的影响力，还能够向社会大众进行羽毛球普及，使得羽毛球逐渐向市场化和产业化的方向发展。

相对于广播电视，报纸和杂志的信息传播速度会慢一些，但是其优势在于内容更加丰富，它们常常能够更加深入一些电视和广播没有涉及的地方。如《羽毛球》杂志，它除了纸质版的杂志之外还有电子版，而且还有官方网站。还有就是在解释新闻上，报纸也更加具有优势，因为读者可以自由选择阅读的时间和空间，成本不高，还能对感兴趣的新闻进行反复研读，而且方便携带。所以我们需要利用大众媒体的作用，影响人们的思维观念，树立更加积极更加健康的意识，对羽毛球文化进行更加有效的传播。

五、羽毛球运动文化传播的网络传播

网络传播是指通过网络广告、BBS、博客等传播媒介进行的信息传播方式，速度较快、互动性强、手段多样化。网络时代在20世纪90年代随着社会的发展步伐终于到来，受到人们的广泛青睐，逐渐成为进行信息传递的主要方式和途径。博客是一种数字传播技术，将视频音频相结合，也就是把网络、电子媒介和电视电影结合起来，人们可以轻易在网上进行视频和音频的上传和下载，或者进行线上阅读。它使得人们可以通过网络进行交流，更加快捷高效，并且直接，这样的文化形态已在世界范围内普及。

羽毛球文化的传播借助网络摆脱了时空的限制，使传播更具有广度和深度，也让羽毛球爱好者有了更加自由的选择权。网络其自身对信息传播的全面丰富的特点，使得其成为羽毛球运动最为主要的传播媒介，广大观众可以通过网络随时随地观看自己关注的体育赛事，并且在这个过程中畅所欲言地发表自己的观点和意见。这样能够使观众参与互动的形式是其他的媒介所不具备的。关于羽毛球运动的相关机构、运动员排名、相关体育赛事都会在网络上进行传播，还有一些如羽毛球快讯、杂志和协会，以及明星风采等内容，都会通过网络进行传播。通过网络不仅可以宣传羽毛球的相关赛事，还能够更好地推广羽毛球运动文化。

第三节　网络媒体羽毛球报道

一、网络媒体羽毛球报道网站的总体设计

（一）网络媒体羽毛球报道网页设计

新浪体育羽毛球网页的样式新颖，有多种方式——语音、图片以及多媒体录像，同时还参考传统的媒体，综合现在互联网独有的长处，全方位多角度地报道与羽毛球有关的新闻，全部的新闻编辑排序与信息的融合也做得很好，实现了使

人们接受的目的。新浪体育网的羽毛球网页页面与一般的互联网网页的色彩分布都是一样的，蓝色是它主要的色调，简洁明了，清晰有序，让人一看就很舒服。网页的内容主要包含了比赛时间、赛事安排、人物风采、精彩瞬间、人物采访、明星微博、精彩回顾、重点推荐、相关视频等。整个页面干净有序，能够很明确地搜索采访者想要了解的信息，简单干净精确，所有的赛事新闻都在里面。这样的布局让人觉得很自然，纵横交错，色彩的运用也恰到好处，栏目的组合也清楚一致，让人感觉很放松，更能使人体会到运动的激情。

新浪网在划分栏目的方面还是很有心得的，网页的上部主要分布着导航条下滚动的新闻，全部的实时比赛情况都在上面；下部则分布着比赛的实时结果、预告、相关评论。新浪网凭借着它快捷的特色对羽毛球新闻报道的时效观进行了颠覆，当下人们对新闻资讯的需求都是及时性的，通过滚动新闻可以将新浪网报道的速度展示出来。滚动新闻还可以将热门话题、比赛结果、大型赛事等在第一时间进行发布，新浪网络的快速的特点也得以充分地展示。新闻报道栏主要分布在中间位置，一些精彩瞬间、视频与相关评论都分布在下面。所有的比赛新闻也有序地罗列，干净的同时规矩地分布在页面的右面。旁边栏目为辅助信息，右边按照顺序排列着专题回顾、群星微博、热门专题、运动明星和奥运以及实用信息等板块。通过这些新闻可以将新浪网的新闻的宽广性展示出来。“羽球姻缘”图片和焦点事件以及特别推荐都分布在左边栏目。

和一般网站的排列相比，新浪体育羽毛球页面的排版模式更为集中，各个新闻标题间的间隔很小，然而因为板块的划分很合理，文字和图片间的编排很恰当，所以也就更方便读者阅读和搜寻。在这其中，新浪网也没有忘记将本身的代表项目“微博”进行展示，群星的微博也在羽毛球网页首页都有入口，使用者能够按照自己的爱好，对自己特别感兴趣的明星进行标注，更好地了解自己感兴趣的羽毛球运动员，全方位增强了主观能动性。纵览剩下的三大出名的门户网站，进行羽毛球运动报道的时候，图文视频的规定项目大不相同，腾讯网把微博视作是它的页面项目的一部分；和新浪网相比，其他新闻报道、视频、图片、运动员的实时动态等信息的设置也基本一致，而对羽毛球的主页设置来说，新浪与网易则比较全面和详尽。

（二）网络媒体羽毛球报道标题特点

新闻的标题至关重要，因为网络体育新闻的内容非常多，所以一个好的标题可以更好地传播网络体育新闻。现在的读者都是首先通过标题来寻找新闻，通过标题，读者可以一下找到自己需要了解的新闻信息，体育新闻的价值也通过标题得以体现，同时标题也决定了读者还会不会进一步去探索更深层次的新闻内容。网络体育新闻一般选择别具一格的方式来撰写标题，通过诙谐有趣的文字来引起读者的注意，以此来取得更高的点击率。针对新浪网羽毛球新闻标题进行总结整理，可以而得出下面几个特征：

（1）标题的大众化。如今信息高速发展，人们可以通过网络了解自己感兴趣的新闻，这就要求在撰写报道标题的时候用语平实朴素一些，这样才能被民众所接受、所喜爱。撰写具体内容时也没必要舞文弄墨。

（2）标题的娱乐化。和其他新闻类型比较，体育赛事新闻有点不同，体育新闻常常与娱乐新闻紧密联系。娱乐新闻进行报道的时候都会运用有趣以及娱乐化的语言来引起人们的注意，而网络体育赛事的报道就在这个方面也做得很好，它通过诙谐的语言来引起读者的注意，不时地设置一些神秘色彩，增加一些有趣的话题，给读者营造思考的氛围，让读者流连忘返。

（3）强烈的现场感。体育比赛一直竞争激烈，这一特征就要求撰稿人用鲜活的文字点燃读者的激情，让他们有身临其境之感，仿佛能听到现场震耳欲聋的欢呼呐喊声，好像能看到激情四射的比赛。凡是成功的报道，通过文字都可以体会到运动员的赛前的紧张期待，失球时的遗憾失落，赢球时的开心雀跃，总之读者的心随着运动员的心情起伏不定。

（4）运用比喻。配上一些现场的图片能够更好地诠释比赛的激烈，如若能增加巧妙的比喻，那么效果更佳。在报道当中灵活地插入一些比喻句，不仅让描写的场面更加的鲜活，也让文字更有特色、撰写的报道更耐人寻味。

二、网络媒体羽毛球报道内容

下面对网络媒体羽毛球报道的内容以新浪网对羽毛球报道内容的分布为例，进行探讨。

（一）赛程赛事

不同于传统网站对体育方面的报道，新浪网对羽毛球赛事的报道更着重于介绍具体赛程、进行运动员专题采访。在近些年来门户网站发展进程中，对体育新闻的报道开始深入事物的本质，所涉及的范围也越来越广。

1. 羽毛球单场比赛报道

羽毛球赛事是网络媒体对羽毛球进行报道的重要内容，单场比赛是体育新闻报道的基本单元。羽毛球报道是在以单场赛事为单元的基础上形成的报道组合，这一报道组合也可称为基本的羽毛球报道单元。

网络媒体传递的信息必须迅速及时，所包含的内容一定要全面广泛，在进行体育报道时，发稿时间应与赛程基本保持一致，在此基础上还要求体现报道的全景性以及全时性。当然，关于羽毛球比赛的新闻报道也不例外。相关媒体报道的撰写与发表可以是比赛之前，也可以是比赛之际，还可以在比赛之后，而且通过数年的成长会逐渐产生属于自己的报道特色。

关于羽毛球的赛事报道，通常把单场比赛作为报道的重点，现在网络信息传递的速度非常快，以前媒体常用的通信以及消息等报道方式已经无法满足人们的需要，现在的网页报道的形式更加多元化。根据比赛进行的过程报道可以分为：比赛前根据历届成绩，对队员进行分析，作出前瞻性、预测性报道；比赛进行时可以发表现场快讯、半场的战绩以及关于某个球员、某支球队的即时评价；比赛之后可以写的内容就更多了：可以总结本场比赛的具体情况，也可以对整场比赛或是双方球队、具体成员进行评价，还可以选择一些外国媒体对本次比赛发表的言论进行报道。同时，比赛当中的实时战绩、某队员或是教练所说的话、做的动作都能作为报道内容。绝大多数的网络媒体都会把预测性报道、比赛成绩、羽毛球比赛的具体评述作为基础性报道，而记录某个重要人物的言行、人物的专题采访、比赛的具体评述等报道才是区别于其他媒体的特色所在，不过无论是哪种报道模式都不能脱离现实。羽毛球单场比赛报道的内容究竟能有多少？下面选取新浪媒体关于谌龙与李宗伟在羽毛球世锦赛男子单打决赛的报道进行总结：

（1）前瞻报道，突出比赛看点。在 2014 年 8 月 31 日的零点 41 分，新浪网发表了一篇《谌龙距离世锦赛冠军咫尺之遥：跟李宗伟“拼”冠军》的关于世锦赛的男子单项决赛的前瞻报道。报道中说道，在男单半决赛时谌龙以 2 比 0 击败印尼对手托米·苏吉亚托，在决赛时将会迎战来自马来西亚的种子选手李宗伟。前瞻报道作为对赛事进行报道的重要组成部分，往往编辑会对每场比赛都进行撰写，其主要内容就是对接下来比赛的提示和预告，以引起网友的关注，一般不会具有倾向性。

（2）预测报道，统计交手记录。在发布了前瞻报道之后紧接着新浪网就又将二人的交手记录发布出来。两人曾经在国际赛事上共交手 17 次，其中李宗伟 9 次获胜，但是在过去一年两人的对决中，谌龙曾保持四连胜，甚至上次全英赛也赢得了冠军。这样来看，两人之间虽然李宗伟有略微的优势，但其实相差并不大，所以也不好对这场比赛做出预测。

（3）战报，图文直播实录。在这场男单决赛正式开始时，新浪网就对其进行了文字直播，向广大网友播报整个比赛过程和结果，对这场比赛中的关键时刻进行重现，让读者身临其境。

（4）快讯，及时生动。比赛一结束，新浪网就针对比分、比赛结果和比赛关键点发表了《快讯：羽毛球世锦赛男单决赛谌龙 2∶0 胜李宗伟夺冠》。

（5）赛事点评，全面客观。紧接着又发表了一篇《世锦赛：谌龙两个 21∶19 险胜李宗伟首加冕男单冠军》的报道，对整场比赛中的细节进行梳理，包括球员表现、战术安排和历史成绩等。

（6）言论报道，球员、教练员、解说员。在比赛结束之后，记者会直接对球员和教练进行采访，随后也发布了其他的一些文章。比如《龚伟杰：前林丹后谌龙他们让李宗伟机会都失去了》《洪钢：2011 年后李宗伟胜过林丹　运气没在他这一边》和《谌龙：李宗伟压力比我更大，他比我更想要这个冠军》，还有总教练李永波的《李永波：李雪芮的错误是过于自信　早该有个谌龙时代》，通过这些个人言论的报道，可以直接了解球员和教练等人的想法，所以这也是所有赛事报道中最重要的部分之一。

(7) 外媒评论，丰富观点。在 2014 年 9 月 1 日的 12 时，新浪网又发布了一篇来自马来西亚的《星洲日报》的关于这场赛事的评论文章《外媒：命运再和李宗伟开玩笑，谌龙消除接班林丹质疑》。

2. 羽毛球大型联赛报道

如果说羽毛球超级联赛、综合性羽毛球大型赛事是滚滚长江，那么单场比赛就是一滴水。换一句话来说，单场比赛是超级联赛、综合性大型赛事的基础。上述文字详细地介绍了有关单场比赛的报道，接下来介绍有关绍羽毛球超级联赛的报道类型以及基本特征。

(1) 羽毛球超级联赛报道。羽毛球超级联赛的赛程通常比较长，由两阶段构成，第一阶段为常规赛，也可以称之为主客场双循环赛，第二阶段为季后赛。当赛程还处于第一阶段的时候，各大媒体、网络只会对联赛进行日常性报道，很少会有具体深入的专题报道，新浪媒体也不例外，只是简单地向读者介绍每日赛况。所以在此阶段，关于联赛的报道基本大同小异。当常规赛结束后，各大媒体、网络新闻平台开始蠢蠢欲动。新浪网具有灵敏的嗅觉，绝不会错过这个绝佳的机会，一些报道陆续出炉，或向读者介绍比赛规则和具体安排；或给球迷们提供指导性资料，本届赛事有哪些不容错过的精彩对阵；或根据历届成绩、主要队员、常用战术等多个方面对参加此次联赛的队伍进行预判性评估。季后赛正式开始后，新浪网不像其他媒体会全方面介绍整场比赛，它更倾向于记录精彩的比赛并配上相关图片，也喜欢对热门队员进行专题采访。超级联赛落幕后，新浪媒体缺少一个总结性的报道，回首整个赛程，描述某个战队的具体历程，或是精选出这个赛季中的精彩赛事或者一些重要的事情来开展总结与评判，所以报道的深层次的含义可能存在不足。

(2) 综合性大型赛事报道。全面性的羽毛球大型比赛，它的比赛时间都是很紧张的，比赛都是安排在固定的一段时间紧密开展，整个比赛的赛程集中与时间短是一大特征，比如像尤伯杯与汤姆斯杯、世界羽毛球锦标赛等，这些比赛基本上都是已经安排好的，赛事前期和赛事进行期以及赛事结束期是构建赛事文本的基础。网站不但会给综合性的大型比赛创建专栏，同时还会通过新浪网新闻首页与体育栏目的首页进行专门的推荐。进行国际综合性大型羽毛球比赛的时候，互联网媒体会从中国读者的立场出发来进行相关报道，进行比赛报道策划的时候，要从比赛的精彩看点和精彩的比赛对决与著名运动员的相关报道出发，譬如像“谌李大战”与“林李大战”等，或者是对谌龙、林丹以及李雪芮等运动员进行特写。

在进行赛事报道的策划时，互联网媒体报道的工作人员会根据比赛的安排对比赛进行全面的推测。在比赛开始的时候，都是以当场比赛作为一个单元来进行赛事报道，在进行大型的比赛报道的时候还要考虑到场内外的所有情况，比如像观众的情绪以及反应、现场的氛围、现场剪辑等方面。而在时间上，大型比赛对时间的要求也更高，报道的信息也会更详细，与此同时还会顾及正反双方报道的平衡和不一样的评论、观点和意见的回馈。通过互联网报道能够即时地向观众预告明日比赛的情况与进行当天的比赛总结。比赛结束后会依照比赛的情况进行有目的性地回顾、总结、制作集锦和赛事盘点。从这些可以看出来，在进行羽毛球比赛的时候，其报道的规格也更高，由于是综合性的比赛，其比赛的间隔会很长，并且参与的国家运动员比较多。站在联盟的利益和球队的发展的角度对羽毛球超级联赛的报道进行最深层次的分析，国际性的全方位的大型羽毛球比赛的报道或许会进入更高水平的探讨。

（二）人物新闻

除了关注赛事以外，观众对羽毛球明星的追捧也促使网络媒体加大篇幅对人文新闻进行采访报道。主要包括对明星的家庭情况、成长经历、人物背景、赛前的状态情况、赛后的访谈感谢等，大大提高了新浪门户网站新闻挖掘能力。目前，我国最受大众喜欢和关注的羽毛球明星是林丹，热度不减的还有马来西亚非常有名的羽毛球大将李宗伟。媒体为了博眼球、赚销量，自然也会重点关注这些热度很高的运动员。媒体经常会发布一些运动员赛事之外的日常生活的新闻和图片，例如新浪网就常常发布林丹参与各项综艺娱乐活动的相关新闻，还有林丹与谢杏芳的合照图集，还发布过对比图并配文林丹侧脸酷似“曾小贤”等各种各样的新闻图集。冠有“千年老二”之称的李宗伟也获得了媒体的持续关注，不但报道了他与林丹的赛事，而且对其家庭状态、身体情况等生活方面都进行过详细的报道。当然，像李雪芮、谌龙也都常常出现在新闻里面。

（三）羽毛球常识及规则

羽毛球的比赛规则一直没有大的变化，除了 2005 年年底国际羽联将 15 分发球得分制（女单 11 分）改为 21 分每球得分制以外。新浪对羽毛球报道的首页里面，设置了一个“羽毛球项目介绍”的专题，是新浪网对 2008 年北京奥运会的特别制作，里面涵括了羽毛球的历史概况、比赛规则、项目装备和赛事等各方面的知识，其中大部分是 2008 年奥运会有关羽毛球的新闻报道，但一直都未进行及时更新。直到 2013～2014 年羽毛球超级联赛时期，次赛季融入了 11 分制、“三对三”等创新之举引起了全世界观众的争相热论，新浪网至此才对新制度作了一些报道，但是报道的篇幅并不多。

（四）花边新闻

羽毛球的相关报道不外乎人物新闻、比赛全程和比赛结果，而新浪开始从新的领域去触及，以增加自己的关注点和吸引更多看众，提高自己的竞争实力。报道题材的选择上不再循规蹈矩，开始尝试从有趣的角度去发掘满足看众的兴趣，例如《谌龙王适娴首度回应恋情：没有刻意隐瞒，这是私事》等，从标题上就达到吸引用户的目的。国内门户新闻的着眼点也越来越广，报道着眼点不单单是在赛场上，还向着看众感兴趣的新领域发展，从而更加贴近看众的关注点。

（五）焦点事件

羽毛球相较于其他运动项目来说，新闻不算特别多也不算特别火爆，2012 年伦敦奥运会上“女双消极比赛”的新闻被人们议论了一阵后，羽坛寂静了许久。2014 年 10 月 21 日 14 时，新浪网公布了一条爆炸羽坛的新闻《大马媒体曝惊天消息：李宗伟世锦赛药检不过关!》。新闻报道，经大马羽总证实，马来西亚非常有名的男子羽毛球选手李宗伟在 2014 年 8 月的世界羽毛球锦标赛被查出食用禁用药品。消息一爆出，多达 900 多名网友争先恐后地进行了评论，开始了一场激烈的口水战。新浪网也快速地转载了《解放日报》、中国新闻网和《南方日报》的相关报道。此后针对这个焦点事件又开立了专题报道，综合了各界的报道和各专家的评论。

三、网络媒体羽毛球报道形式

网络媒体具有文字表达性强、互动性强的特点，羽毛球在新闻报道方面会采用微博宣传的方式，给人比较清晰的视觉效果。

（一）文字报道

将媒体新闻报道的方式集中于文字报道，通过文字可以将事件进行阐述说明，寥寥几字便可将一个赛事或新闻更详细地向人们进行说明。这也是文字报道的特性之一。

网络媒体报道羽毛球赛事和各种新闻页沿用了以文字描述为主的报道方法，这种形式占了报道的绝大部分。羽毛球新闻报道将文字和叙述评论统一结合，在热榜上占据首位，可以让人们更加充分地了解，以吸引人们的注意力。对于整个赛事的评论，则需要专家的参与，让看众可以更全面、更具体地阅读报道，关注赛事。偶有图片报道需要在文字的报道配合之上同时进行，将整个事件更加直观地映入眼中，文字与图片的结合，可以提高新闻报道的宣传力度和看众的了解程度。

（二）图片报道

在信息化逐渐发达的当今社会，新闻颠覆了以往的报道模式，图片报道逐渐占据主流，成为一个不可缺少的部分，并且比文字解说更直观、更加吸引眼球，深受广大受众的喜欢。大量数据显示，摄影部逐渐成为媒体的一个至关重要的部门，图片报道已逐渐从零零散散发展到现在的大篇幅的图片报道。

新浪网对羽毛球新闻报道也开始接受这种新的变化，在汤尤杯和羽毛球世锦赛期间，新浪网就拍摄了大量的图片，结合其他形式媒体形成一篇篇非常吸引眼球，受大众所喜欢的报道。根据调查得知，新浪网新闻报道占一半，图片和文字报道占据1/3，占总稿的34.4%，图片报道将取代文字报道成为新浪羽毛球新闻报道的主要形式。图片报道相较于文字报道来说有更直接、更具体的视觉效果，正逐渐成为一种大趋势，也与体育竞赛报道有一定的关联性。图片的表达方式比文字更加具体、形象和生动，可以让观众们更加直观地了解到整个事件的内容，而且容易吸引观众的注意力，比文字报道更吸引受众，可提高阅读量。图片可以记录每个精彩瞬间，这个功能文字报道无法准确表述，这种精彩可给后来的受众美好的回忆。运动员及教练也可以通过这许多的瞬间表现来发现自己的不足和优势，不断进步，争取更大的荣耀；而广大受众不但可以更好地感受这瞬间的精彩，还可以充分体会和了解体育精神的魅力所在。

（三）视频报道

对于羽毛球赛事的转播和直播需要有一定的版权，否则就是违法行为。由于新浪网并未购买版权，所以无法进行相关的报道，但是还是转载了几个重要的新闻，例如“李宗伟药检”事件中新浪就大量转载了其他媒体的有关新闻，尽量及时有效地满足用户们对信息及时性的需求。仁川亚运会之后，新浪网出了一期针对羽毛球赛事和新闻人物的一个专项访谈《宜达说》，这次视频时长31min，林丹是受邀的主要嘉宾。节目中，林丹谈了对该届亚运会的感想、对自己职业生涯的总结和展望，对职业后辈的寄托和希望，以及树立了里约奥运会的目标，这期访谈视频录制得非常成功，不仅让观众们更全面深入地了解了林丹，还让观众们看到了一个全新的、赛场外的、更接地气的林丹。

（四）专题报道

2014年汤尤杯、2014羽毛球世锦赛、李宗伟药检不过关三大专题成为2014

年羽毛球界最受瞩目的三大新闻报道，为此新浪网也做了大量的采访和新闻。

新浪网 2014 年汤尤杯和 2014 羽毛球世锦赛两场赛事的报道其实内容非常类似，常规栏目都具备，并设置了各自的特色栏目。但是从观众的角度来看，这两场赛事的报道栏目排版和显示位置都如出一辙，没有大的变化和新意，甚至如实用信息这一栏的图片和内容都一样。从配图上来说，都将其放在页面中最明显、最一目了然的位置，然后再配以劲爆的标题，如汤尤杯的《汤杯惊天冷门！国羽 0：3 完败日本 12 年来首无缘决赛》，世锦赛的《世锦赛：谌龙两个 21：19 险胜李宗伟首加冕男单冠军》，下面再列示了各场赛事的对阵方队、阵容名单、赛程、小组排名、历届冠军等各种内容，接着就是最新报道。页面的内容虽然五花八门、丰富多彩，但是排版显得过于杂乱和拥挤，让人有种目不暇接的视觉疲劳感。在赛事和世界冠军以及夺冠的报道方面，很多新闻记者和编辑均是采用了专题式的报道来进行全世界范围内的传播，而大多数所采用的是网络媒体，这种新时代媒体使新闻的传播速度有所提升，而且满足了大众化的要求，体现了新时代报道的特点。

“李宗伟被爆药检不过关”的新闻一爆出，引起社会各界的重点关注和大众的津津乐道，新浪网为抓住看众眼球，特别开设了一个专题跟进此新闻，主要内容一是最新的消息，其次是各界的评论和留言，栏目设置虽然略显单一无趣，但是涵括了李宗伟本人的解释、羽毛球运动员的评论、世界羽联的看法和各界媒体的相关报道，力求尽量多地收集各方新闻，给用户一份尽可能全面、有效的新闻报道。

（五）微博报道

微博网站 Twitter 的成立代表了微博的起源，而国内真正意义上的第一个微博网站应该是 2007 年 5 月建立的饭否网，它是由校内网的创始人王兴领头建立的。此后至 2009 年 6 月起，又相继出现了一批新的微博，8 月 28 日，新浪微博开始对外公测，9 月 25 日，新浪微博及时添加了@功能和私信功能，使用户的交流更有目的性、针对性，从而完善用户的使用感受。短短几个月的发展，到 11 月 2 日，经统计，新浪微博的用户已达 100 万户，发展速度非常迅猛。截至 2010 年 10 月，用户数量已经突破 5000 万户，这些用户可以每天在新浪微博这个平台上分享信息和获取新闻，每天的信息量达到了 2500 多万条。新浪微博的成功尝试，促使了各大门户网站和各大媒体竞相推出自己的微博产品。微博方便用户将自己每天的所见所闻所感编辑成简小的文字，再配以图片，及时发布到网络平台，和全国甚至全世界的用户共享；同时还可以关注感兴趣的人和物，随时了解其最新消息和最新内容。新浪微博在短时间内就获取了众多用户，也是中国目前用户数最多的一个微博产品，具有无可比拟的市场和品牌影响力，用户覆盖率很高，功能也较多样化。2008 年北京奥运会的时候，微博就充分发挥了及时传递新闻和社交互动的功能，这种全新的网络工具获得了用户的大力追捧和好评，此后，微博成为体育新闻传播的一个重要方式。从另一个层面来说，微博为各界名人发表评论和看法，平民草根自由谈论体育话题，运动员发布比赛情况和个人状态，媒体发布非官方报道等提供了更加便利的平台。

人们生活中处处都有网络的影子，媒体对于网络工具的利用大大增强，致使微博的主流力量更为显著，以此形成了新的网络传播渠道，微博逐渐成为了第一手信息源，各个层面的用户都在不断地对此进行自由评价或者细节补充，媒体也通过对这些信息的深化加工进行追踪报道。

据数据统计，许多网络用户每天会在新浪微博看各类信息达 1h 左右，每天平均有过亿条微博内容发布，微博的参与主体基本涵盖了社会各界人士，最大限度地发挥了微博的影响和作用，并悉数渗入了网络媒介传播中，成为一个重要的体育社交平台。微博如此迅速的发展，使我们发现，它将成为羽毛球报道的一个重要的网络媒介。

1. 官方微博

在新浪网的官方认证中有一个 ID 名为“羽毛球新闻”的用户，这是报道羽毛球赛况的唯一官方微博，这个微博会在最短时间内向观众转播赛事情况，并且报道相关的新闻，还会将运动员和其他情况用图片的方式进行表达。除此之外，还有各方面的趣事。现如今很多新兴媒体已经利用微博对新闻进行深度的传播。很多新闻媒体，比如羽毛球杂志和世界羽毛球联会等均加入了微博的大营中，使更多的网友阅读自己的新闻，并达到广告宣传的目的，由此便建立了更加众多的群众基础和资源优势。由于转发的内容和评论率占据了热点，所以引起了人们的高度关注，其他的公共机构、同行以及明星的点赞或是互动均会引起多方面领域的关注，微博在人们的生活中越来越重要，使用的范围也越来越广泛。

新浪体育官方微博发起了“李宗伟药检未过”的话题，短短时间内，网友们的讨论量和评价量就高达 1.1 万条，阅读量也超过了 2 亿人次，微博已经成为重大新闻热点和重要事件的一个公开的交流平台。目前政府、各体育部门、媒体的官方微博在大众的舆论导向方面做得还远远不够，对于重大新闻和突发事件，微博的发表是相对开放的，任意阶层的人都可以参与谈论和发布，官方微博如若不能确立正确的风向标，广大的用户在发布和评论时就可能会丧失标准导致情绪失控，进而发布一些偏执的、有损社会安定的言语和想法，激化矛盾，引起社会的不稳定等各种问题，影响社会的稳健发展。管理部门的官方微博要求共享性、权威性、大众性就是为了提倡大家积极上进的友好互动，消除社会不良情绪影响，确定正确的舆论导向。

2. 名人微博报道

对于各种体育赛事的转播，各个网站的官方微博都会进行一定的报道和宣传，但是新浪的权限有一定的局限，他们并没有购买相关的版权，所以在转播的途径上出现了很多问题。但是他们会借助明星的力量来进行羽毛球运动方面的传播，那些羽毛球明星们也会在自己的新浪微博上发表一些意见、日常生活和心情，不仅拉近了与粉丝之间的距离，而且也会起到宣传羽毛球运动的作用。名人微博发布的时间长短、发布的信息影响以及发布什么样的内容都将深深地吸引众多网民和粉丝。新浪羽毛球新闻版面的首页就设置了相关名人的微博链接，用户可以根据需要和喜好有选择性地进行关注和阅读，通过关注可以更全面地了解羽毛球这一项体育运动。关注的网友越多，新浪微博的访问量也就水涨船高，这正是新浪微博创立的目的所在了。网友们在微博平台上进行激烈的探讨，发表有意义的留言评论，进行有效率的交流和互动都离不开网络意见领导人的正确导向。而这类领导者大部分本身就是媒体人员或者官方人士，因此他们对赛事、制度、人物、事件所持的意见和看法，通过微博公布后能迅速成为大众的意见导向，成为热门话题和社会焦点事件。

（六）评论报道

网络为用户获取信息和查询资料提供了前所未有的便利。随着社会的发展，体育媒体报道的单独的体育资讯已经无法满足大众的要求，大众对体育新闻要求更专业更深入的评论解析体育事件、发现体育现象和解决存在的问题。现在各种网站都设置了体育新闻评论版，如商业网站、新闻媒体网站以及专业的网站等，这无疑加大了各个媒体之间的角逐，大众的选择面更多更广，真正成为媒体报道市场的主体，各媒体为了吸引吸收受众，逐渐加大了对体育新闻报道的关注和力度，网络体育新闻评论也成为媒体竞争的一个重要优势。国内早期的体育新闻在内容上和形式上大都只是对传统媒体体育新闻评论的简单转载，专业性的体育报纸、晚报的体育板块和综合性日报是最早开始刊登体育新闻的媒介。但是随着国内体育的发展和人们社会关注点的不断调整、媒体技术的日益更新，国内专业体育新闻评论员越来越紧俏，体育新闻的题材越来越多样化。网络体育媒体通过大量报道各种大型体育赛事过程持续不断地在发展、进步，其便利性和开放性给广大用户提供了各抒己见、见地独到的交流平台。体育迷们通过关注体育新闻不但可以全面深刻地对体育问题、体育现象以及体育事件进行了解，更可以通过专家的意见观点来证实自己的想法。

网络体育新闻发展到21世纪的今天，其优势也越来越显而易见，并吸收了大批的用户。它将传播者和受众很好地联系起来了，观众通过网络体育新闻加深了对体育赛事的关注力度，通过网络体育新闻评论加深了对体育新闻事件的了解。

（1）媒体新闻评论。羽毛球运动传播的媒介是在网络和评论之间进行的。

其中网络媒体占据主流，羽毛球运动的各大相关赛事都是通过网络的转播以及各大电视平台的转播进行相关报道的，这种转载因传统媒体的权威性很高所以在体育栏目里一般都是主角作用。

（2）专家学者评论。羽毛球方面的专家学者会在网络上发表有关羽毛球运动赛事的意见。由此可以成立专家专栏。不仅可以使大众更加了解这项运动，还能提高整体的国民素质，不但可吸收大批观众，更有利于网站知名度的提升。

（3）网民评论。现在的网络越来越发达，人们可以不受时间、空间限制随时发表自己的意见和看法。在微博上可以体现出人们感兴趣的运动和喜爱的方式，网民之间的相互评论可以拉近人与人之间的距离，体现了微博互动性强、网络时效性高的特点。随着科学技术的发展，人们评价的体系也逐渐完善，越来越多的人愿意在微博上发表自己的心得和生活常态，更加亲民化地与自己的粉丝接触。

四、网络媒体与传统媒体羽毛球报道的区别

网络媒体平台也像是一个战场，各大新闻媒体都希望占得先机，好分一杯羹。其中羽毛球新闻报道就是各大新闻媒体的宠儿、关注的重点。网络平台拥有多元化的报道方式、专业的团队和广阔的覆盖领域等众多优点而区别于传统的报道。下面以新浪网的羽毛球报道为例，对比二者之间的区别。

（一）报道注重整合各方资源

传统媒体和网络媒体最大的区别之一是所含信息量的大小。传统的媒体如报纸、杂志等，有版面和时间的限制，只能给观众呈现很少的信息，这些信息是经过编辑的精挑细选才登在版面中的。而网络媒体则打破了这一限制，采用网络链接的方式，只需要把标题放在网络主页上就可以了，这就大大地扩充了信息量，通过网络，观众就可以看到海量的羽毛球新闻。

特别是具有很多粉丝的明星人物，他们通过在微博上的宣传和转播以及评论，使羽毛球运动逐渐占据主流。而在最近的网站排名统计中，也可以表现出新浪微博的使用率逐渐占据首位，而其他的平台，比如腾讯和搜狐紧紧排在后方，这表现出新浪微博的重要性在人们的生活中越来越显著。除此之外的产品，还有游戏以及其他的软件，这些互动性强的产品增加了人们生活的娱乐性，为人们生活营造了更好的氛围。

（二）报道的多媒体性

在传统的报道方式中，往往采用纸和文字相结合的报道方式，但是随着科学技术的发展，人们逐渐利用网络媒体进行更深层次的全方位的报道。这种方式不

受时间和空间的局限，它的优点也逐渐被大众接受。这种全方位、多角度的报道形式，在羽毛球报道中非常重要。观众要看的是全面的报道，传统的纸质媒介光靠图片和文字表述已经无法满足观众的胃口，他们希望获取更多的信息，如比赛视频、精彩瞬间的剪辑、赛后的采访等。网络媒体不仅可以提供海量的信息，而且获取信息的方式十分便捷，观众只需要点击链接就可以了，而且可以在不同的板块间自由切换，节约时间，大大满足了人们获取羽毛球信息的需求。

（三）把握报道的即时性、专业性和权威性

陆定一是这样定义新闻的：新闻就是对最新事件的报道。新闻最大的特点就是时效性强，羽毛球新闻报道就是一类时效性比较强的报道。在羽毛球新闻报道中，网络媒体还有一个特征十分突出，就是省时、省力。相较于传统的媒体报道，网络媒体的制作流程大大简化了，没有印刷、排版、视频制作等过程，这就使得信息的传播速度更快。对于广大的球迷来说，羽毛球比赛的每一个环节都牵动着他们的心，网络媒体把比赛信息及时地传递给他们，大大满足了他们的胃口。新浪羽毛球报道的优点就是快，它可以最快在比赛结束5s后出现结果，30s以后就可以看见图片，5min以后就有更详细的新闻，如此快速的报道是传统媒体望尘莫及的。网络媒体的羽毛球报道接收信息也十分便捷。当代社会，科技的发展为信息的传播提供了更多的载体，手机媒体等各种手段，随时都可以接收新闻信息，无论你在何时何地，都可以看到最新的信息，只要一部手机，便可尽知天下事，而且还可以快速地把信息传给别人，实现信息的自由传播。

新浪最大的特点就是速度快、准确高、观点性强。在有关数据的研究调查表明：新浪搜索的关键词中很多与羽毛球运动有关，很多粉丝和爱好者会选择微博来进行羽毛球的关键词搜索，这是因为微博所具有的信息性较为全面，覆盖性较为广泛，而且新浪会充分利用其他资源进行相对应的转播和报道，从而提高自己的准确性和全面性，这也是为什么新浪微博逐渐在人们生活中占据主流位置的原因。

（四）注重互动性和个性化

传统的媒体只能给受众提供有限的互动，比如在报纸上专门留出版面让读者进行互动和交流，但是效果并不好，远远不能满足受众互动的需求。这种传统的单向的信息传播方式，已经不适合当前信息化社会的要求。网络传播就克服了这一缺点，是一种双向的信息传播方式，是人际传播、群体传播、组织传播和大众传播的联合体，受众不仅仅是信息的接收者，还是反馈者。对于羽毛球比赛来说，这种互动性十分重要，观看比赛时，观众可以通过各种网络平台、论坛、贴吧等形式，发表自己的看法，与其他观众进行交流和互动，甚至还可以与运动

员、教练直接沟通。此外，在观看比赛的过程中，受众还是信息的传播者，利用微信、微博、推特等社交平台，观众可以将自己获取的信息向外发布，每个人都是自媒体，所有人都可以在上面发表自己的见解和看法，运动员会在微博上开设个人主页，球迷们可以直接与运动员进行互动。这些平台拉近了人与人之间的距离。

五、网络媒体羽毛球报道存在问题

（一）网络羽毛球新闻工作者忽视对大众羽毛球的推广

羽毛球新闻的报道和传播一方面满足了人们渴望获取羽毛球相关信息的需求；另一方面更重要的是可以带动体育事业的发展，向人们传播体育运动的价值，引导人们选择更加健康的生活方式。羽毛球报道不应该仅仅局限于报道国际各大赛事，忽略对公众开展羽毛球运动的报道，毕竟人民群众才是事物发展最有力的推动者。大众羽毛球在新浪网中的相关报道少之又少，仅有 2014 年红牛杯城市羽毛球比赛的报道，其余的几乎找不到。因为新浪网过于重视对国内外大型羽毛球赛事的报道，而不重视对小范围内群众羽毛球活动的报道。当然考虑到商业网站经济属性的问题，这也无可厚非，为了提高收视率而只报道大型羽毛球赛事。但是应该明确的一点是，羽毛球新闻报道并不只是给观众呈现一场完美的顶级赛事，获得感官上的满足；也不仅是宣传羽毛球运动员的榜样力量；更重要的是对羽毛球事业的传播，体育精神的传播，扩大羽毛球的影响力，让更多的人参与到这项运动当中，促进羽毛球事业的发展。

（二）网络媒体羽毛球报道信息重复率高

目前，在不同的网站上，出现了很多羽毛球新闻报道雷同的现象。由于网上信息量的增多，很多网站为了提高点击率，增加浏览量，选择一些点击率比较高的报道进行伪原创。这种现象在如今的媒体平台上十分普遍。不需要进行原创写作，只需要东拼西凑他人的文章就可以快速合成一篇看似新的报道。这是因为相关的新闻工作者缺乏职业素养，没有正确的新闻价值观，也是因为网络报道的自由，普遍追求报道的数量，而忽视了质量，对报道内容不加甄别。

（三）缺乏羽毛球视频报道

由于新浪网对于羽毛球报道的权限有一定的局限性，所以无法进行相关事件的转播，或者是直播，对于相关赛事的报道也极为少数，大多数都是文字以及图片的报道。如果在此基础之上，将每年的赛事和视频都放在新浪网中，可以增加人们的体验效果，而且视频可以给观众带来更加直观和良好的视觉效果，满足视频的需求等同于满足大众的口味，会使更多的群众加入到羽毛球运动中，从而激发大众的潜在兴趣和运动激情。而很多群众也希望通过网络上的学习来提高自身的运动水平，通过专业的教练和老师的指导，能向专业性更强的方面靠拢。羽毛球运动在视频的报道上仍然存在缺陷，网络媒体应利用视频方面的优点，使其逐渐在人们生活中有一定的地位。视频报道的数量是不受时间控制和地域限制的，随时随地为人们提供更加方便的生活。在我国当今的媒体新闻界中，视频报道仍然有待提高，而对于羽毛球视频的相关宣传还需要进一步的提升。

（四）互动平台互动性不突出

当今社会，信息高速发展，一个网站要想在众多网站中脱颖而出，就必须具有独具特色的互动平台，这样才能吸引更多的公众。根据调查，绝大多数人在看新闻时都不评论，甚至有人根本不知道有这项功能。这一方面说明某些网站的互动平台活跃度不够；不够完善，宣传力度不够；另一方面反映出在网络上观众与羽毛球报道的互动性不强。网络平台应该致力于提高观众之间的交流和互动，以进一步扩大羽毛球的影响力，推动羽毛球事业的发展。

第四章 羽毛球运动文化传承和传播的基本方式与路径

随着对羽毛球运动文化的传承和传播从文化传承的思想教育与科学训练、参与者的直接参与和体检、赛事的欣赏交流与传播以及教育、电子、商业等多个方面进行探讨，作为羽毛球运动灵魂的羽毛球文化也越来越受到重视，构建和谐健康的羽毛球运动文化成为急需思考和研究的重要课题。本章主要讲述羽毛球运动文化传承的基本方式、羽毛球运动文化传播的基本方式、羽毛球运动文化传承的主要路径、羽毛球运动文化传播的主要路径以及我国羽毛球可持续发展的对策。

第一节 羽毛球运动文化传承的基本方式

一、羽毛球运动文化传承的思想教育与科学训练

人们在进行比赛时要秉承着“友谊第一，比赛第二”的原则进行友好的较量，这不仅体现了运动员的素质也体现了羽毛球文化的内涵。在进行羽毛球文化教育方面，人与人之间的交往以及心理健康的培养都是至关重要，在羽毛球文化中占据了主要的地位，这些文化是需要传承和提升的。整个羽毛球运动的文化要站在竞争的基础上，以教育和荣誉为基本思想，才会有所提升。在传统的培训中，很多运动员将训练与文化相悖而行，一味地追求荣誉和金牌，出现了很多素质上的偏差，这种负面影响逐渐引起了人们的注意。我们要在训练运动员技术和水平的同时，加强人文素质的渗透，从理性的角度构建完整的羽毛球文化体系，树立正确的思想，以科学的管理角度重视培训的过程和教育的文化方面，从而帮助运动员在训练技术的同时，提升人文素质层次。

在羽毛球竞赛中，运动员强烈的求胜欲望，使其心理出现极度的紧张感。巨大的压力之下，比分情况、裁判员以及观众的任何行为都或多或少地对运动员产生影响，运动员的一分之差都有可能决定比赛的成败，这就需要运动员具备较高的心理承受能力来承受输赢带来的压力，良好的心理素质以及保持一颗平衡的心态是在羽毛球竞赛中运动员必须具备的能力。首先，在日常的训练中，教练员就应该发现运动员的思想规律，并与训练内容相结合，针对性地对其进行训练，追求差异化教学，同时因人而异进行不断的训练调整以及创新，力求满足每个运动员的心理诉求。其次，运动员要重视理论与实践的结合，在实践能力训练的过程中加强对理论知识的研究和分析，了解顶级运动员的作战技术，完善自身的进攻

和防守策略，强化理论知识，以实现人才素质的全面化，最大限度地发挥自己的独特优势，力求取得比赛的胜利。

二、羽毛球运动文化传承的参与者的直接参与和体验

羽毛球运动凭借自身的诸多优势成为继健步走后的第二大运动，深受人们的喜爱，其没有场地机械化的限制，随时随地都可以进行，是一项老少皆宜的运动；它不仅可以锻炼人们的身体素质，同时还可以陶冶情操，使人们身心愉悦，特别是中国这一人口大国为其发展提供了雄厚的群众基础。调查数据显示，目前已有高达 2.5 亿人参与羽毛球运动。人们作为羽毛球运动的参与者，为羽毛球持续生存和发展提供了前提条件；同时人们又作为羽毛球运动的主体，应大力传承传播羽毛球运动文化。人们在学习和掌握羽毛球运动的相关规则和对战技巧时，通常会加入自己的主观想法，对其进行不同程度的创新和完善。人们参与羽毛球运动的方式是多种多样的：其一，人们可以在休闲娱乐时打打羽毛球，强身健体；其二，把羽毛球作为一种社会交往的方式，扩大自身的交际圈；其三，飞速发展的社会给人们带来了巨大的压力，人们可以通过羽毛球运动释放自身的压力，提高工作效率；其四，人们可以将其作为自身声望和经济的收入来源，成为体育明星参与羽毛球竞技。

三、羽毛球运动文化传承的羽毛球赛事的欣赏

体育赛事最具代表性的功能就是体育功能了，不过人们对体育赛事的其他功能也在慢慢地研究挖掘。体育赛事在公布比赛信息后具有的独特体育效应，刺激了众多观众的体育消费，给群众创建了相应的体育平台，便于群众沟通交流体育赛事，同时也推动了对公用资源的消耗和占有。这些都体现了体育赛事的强大优势以及其职业特殊性。体育赛事不仅推动了体育事业的进步，同时又满足了城市发展的需求。

观众在观看欣赏羽毛球赛事时，受其熏陶，会潜移默化地宣传和推广羽毛球运动文化。在羽毛球比赛中，双方运动员对战技术在不断地变化调整，运动员的心理素质和身体状况随时可以产生不同的变化，这就给比赛结果带来了多种可能性，羽毛球比赛是一个不断变化的动态过程。特别是对一场高水平羽毛球比赛的欣赏，双方队员高超和精湛的作战技术无疑给观众展示了一场智与美的心灵享受。运动员极其细微的击球手法变化决定了这个球的独特性，其不同的路线不同的质量给体育赛事带来了看点。

四、羽毛球运动文化传承的参与者的交流与传播

网络信息化时代的出现使得人们之间的相互交流越来越匮乏。跑步这种简单

的、普遍化的健身运动深受人们的喜爱，它可以提高人们的身体健康状况，但同时也因为其枯燥和无趣而被更多的人放弃。而羽毛球运动自娱、娱人的强大优势使得其被更多的人所接受并参与到其中，羽毛球虽然有着多种表现形式（单打、双打），但是其本质都是人们的一种娱乐方式，这一点是毋庸置疑的。人们在参与羽毛球比赛时，不仅可以提高自身的球技，同时还可以以球会友，促进与同伴与队友之间的友谊，这是由羽毛球运动的特点决定的。人们在交流与沟通中，形成和谐友爱的比赛氛围，促进社会安定，同时越来越多的人参加羽毛球运动，对羽毛球文化的积累和传承起到了积极的推动作用。

第二节　羽毛球运动文化传播的基本方式

一、语言文字

语言是一个民族以口头有声标志承载民族文化的体系，文字是一种记载语言的系统化书面方式，二者为附着关系，既是文化研究的前提，也是文化传播的介质与符号。中国历史上的政治家李世民曾说：“以铜为镜，可以正衣冠；以古为镜，可以知兴衰。”英国诗人拜伦：“最好的预言家是过去。”这足以证明语言、文字和文化传播相互间的密切联系。

随着先进科学技术的发展，手机、电视、广播等网络便捷式传播媒介的出现，推动了羽毛球文化的进一步传播与发展，文化以语言为载体，有效、快捷、准确地充斥着人们的日常生活，其传播之迅速是其他传播媒介不能与之匹敌的。社会的发展与进步离不开语言和文字符号，它是体育运动文化传播的主要媒介，羽毛球运动的发展起源、作战规则与技术、相应的习俗文化都是附着在文字中进行呈现的，语言交流贯穿了羽毛球运动的全过程。在人们参与羽毛球运动时均是通过语言进行交流与沟通的，羽毛球文化的传播与传承依赖于语言的表达以及文字的记录，同时也正是因为语言和文字，羽毛球文化才能广泛和永久地存在于人们的生活中，对人们产生一定的影响。

二、教育训练

教育与文化之间相互依赖、相互促进，教育作为文化开枝散叶的主要方式，是保存、传扬以及创新文化的主要途径，同时文化作为教育稳固根基的主要基石，是教育得以持续发展的有效保障。两者在相互促进中共同发展。学校教育作为一种特殊的教育环境，是文化传播的主要途径，学校通过开展体育教学传授给学生基本的运动训练理论以及运动技能，来提高学生的竞技水平、科学文化水平以及思想政治水平，促进学生的全面发展。通过体育教育，学生可以了解羽毛球文化的历史背景，学习和掌握羽毛球作战规则；学生通过不断地参加羽毛球比赛可体会竞技拼搏精神，提高自身的心理素质以及社会适应能力，同时在比赛过程中自觉遵守规则，公平竞争，尊重体育文化精神，培养自身的合作、宽容、谦虚，豁达的品质，在体育教学中和运动训练中发展和传播体育文化。

三、电子网络

电子传播是指突破传统媒介并以传统媒介和现代媒介为一体，在电子商务的大环境中，融合互联网、通信、应用软件和数字媒介等技术的最新传播方式，电子传播跨越国与国之间的界限，实现远距离输送，为文化的传播开启了一段新的历程。网络传播是指以网络广告、BBS、博客等传播媒介进行信息传播的方式，速度较快、互动性强、手段多样化。

目前传播羽毛球超级联赛的主要方式仍是以电视转播为主，进一步发展的网络电视，为羽毛球联赛的传播提供了一个崭新的平台，不仅提高了传播速度，同时传播的范围也较之前有了大大的提高。新浪、网易、腾讯以及搜狐这四大网站积极加入到羽毛球赛事的传播中，成为一种网络媒介，对赛事传播的速度、质量都有一定的促进作用。智能手机的出现使得羽毛球赛事的传播进入了全新的阶段，它可以使人们运用互联网、社交网站随时随地观看羽毛球赛事，同时微信软件的开发与应用，使得人们可以通过语音消息以及视频消息快速地掌握最新赛事状况，其传播效率是不容忽视的。

随着文化的广泛传播，电子网络打破了羽毛球运动文化传播的地域和时空限界限，影响了人们的行为方式，实现了羽毛球运动文化的深度和广度的双重传播，同时对人们的态度和价值观的形成产生了一定的促进作用。电子网络的互动功能使得人们在观看赛事时可以随时发表自己的意见，使人们参与到羽毛球赛事的热烈讨论中，从而更进一步宣传和推广体育文化。

四、商业广告

商业广告是一种促销手段，同时也是体育文化传播的主要渠道，不仅具有一定的经济作用，同时它的特殊社会文化功能也是不可忽视的，在一定程度上推动了我国的精神文明建设。广告创建了一种独特的消费观念，引导着人们的消费行为，其广泛的传播面、强大的说法策略以及极大的传播信息量在一定程度上以一种独特的形式实现文化的传播。商业广告这种外部力量方式在获取一定经济效益的同时又起着增值社会文化效应的作用。

受全球商业化的影响，体育运动在赞助商的赞助、广告的宣传下商业化性质越来越浓烈，商业性是体育文化的体现，同时也是文化在日益激烈的市场竞争下稳住阵脚的保障，它是体育文化的物质财富，也是羽毛球运动发展的必然趋势。羽毛球在信息传播媒介的介入之下其发展规律不再是作为一种业余生活来娱乐人们，更多的是其经济价值的创造，羽毛球运动的发展在市场经济的作用下必然会带动相关产业的发展，这是市场经济连带效应的体现，对羽毛球社会化的发展具有一定的促进作用。

五、其他方式

以上所说的学校教育和运动员训练、电子网络以及商业广告都是羽毛球文化得以传播的有效渠道。除此之外，羽毛球文化通过开展专家讲座、组织羽毛球优秀运动员进行技术展示以及各组织对其历史文化的宣传都可以得到广泛的传播，其形式多样、手段各异。比如，2003 年成立的中国明星羽毛球队，由影视明星、歌手、世界冠军组成，他们以公益和慈善行动服务于社会，同时又利用明星、名人效应传播、丰富羽毛球文化；2011 年东莞市创立的羽毛球学校，由李永波教练带队，其建立的国际水平的羽毛球球馆以及先进的训练器材为广大羽毛球爱好者提供了有力的平台，同时还针对不同的羽毛球参与群众开设了专项训练班、业余训练班以及教练班，满足了不同人群的不同需求，大大推动了羽毛球文化在中国乃至全球的传播；2013 年举办的“谁是球王”比赛，一时间在城市形成了羽毛球热潮，越来越多的人参与到羽毛球运动中，同时带动了羽毛球协会、俱乐部、培训班等多种羽毛球训练形式，对羽毛球的广泛传播有着深刻的影响。

第三节 羽毛球运动文化传承的主要路径

一、构建校园文化

文化一直在不断地发展，我们越来越清晰地了解到，要想做好文化传承，教育是一条非常重要的途径，有重大作用。学校的体育教学要想得到发展，体育文化是最基本的途径和保障，浓厚的文化氛围能够促进学生们的身心健康，有助于发展校园文化。

我们都是在学校的教育中走入社会，这是因为学校具有专业的教学资源、专业的教学老师和实践活动、教育制度等，我们在学校可以接受正规的文化思想培训，所以学校对于我们的功能是教育。羽毛球文化想要在学校进行传播和宣传，需要做到以下几点：首先，根据学校的场地和器材进行羽毛球运动的培训。其次，要求学校设有相关的教学课程，并有专业的老师进行技术性辅导。最后，根据当前的现状，传播羽毛球运动的文化和运动精神，设置必修课和选修课，更加完善地进行羽毛球文化的传播和学习。在课上要积极向学生们渗透文化、思想意识，在课下要积极地开展实践活动，或者设立相关的游戏以及比赛，增强学生的运动兴趣和激情，提高学生的参与度，从而使学生在羽毛球运动方面有突出的表现。与此同时，我们更应该重视对学生的思想认知表现，只有正确的价值观和胜负观才会促进羽毛球文化进步和发展。

进行教学时，学校领导者的行为和态度很重要，他们对体育是否重视会严重影响和决定该校的体育项目能否得到良好发展。如果想要推广羽毛球运动文化，那么首先必须要使领导者关注羽毛球运动；然后才能制定相关的羽毛球体制，逐步提升羽毛球运动的可控性；此外，还要使学生树立起锻炼意识，亲身感受羽毛球的体育精神文化；最后，要让学生亲身实践，亲身感受，这样才能体会到羽毛球的独特魅力。

二、重视群众文化

群众体育是一种特殊的社会文化形式，每项运动项目要想持续发展都必须依托群众，群众主动参与体育活动的行为会直接影响体育项目的进步和发展。

羽毛球运动文化要想得到传承，就必须有群众来作为保障，羽毛球群众包括运动员、观众、教练员，此外还有赞助者和运动参与者等。羽毛球运动会使人享受其中，让人拥有愉悦的体验感，运动中能够体现出合作与竞争精神，进行比赛时，参与者更加自主，能够根据不同情况打出具有变化的球，双打时，需要很高的配合度和默契度，双方只有互相信任和配合，才能发挥出正常水平，打出完美的一球。提出全民健身计划之后，有越来越多的群众参与羽毛球运动，各个水平各个单位的羽毛球赛事也越来越多，羽毛球明星的广告也越来越多，潜移默化地，群众就受到了熏陶。

现如今，我国羽毛球运动已有着良好的群众基础，不过不可避免地也会有一些问题，如社会关注度不太高、管理没有特别到位、缺乏资金，等等。这些问题会影响羽毛球运动文化的良好传承，相关部门必须引起重视，采取措施发挥群众的力量，更大程度地关注群众羽毛球文化。

三、发展产业文化

体育运动要想实现可持续发展，就不应该局限于提高竞技水平，而要把群众体育当作基础，更深一步地挖掘体育运动的市场价值。体育产业和体育市场有很大的关联，二者和谐发展的基础与保障是 GDP 和国民收入水平。

在体育产业中，体育赛事是关键点，是体育产业盈利、持续发展的重要部分，体育赛事能带动体育产业中的体育新闻媒介、培训学习、专业院校、兴趣班甚至旅游业等各分支产业的发展，从而促进整个体育产业的繁荣发展。现阶段，我国羽毛球运动的发展仅仅是在体育竞技方面，要真正带动这个产业的发展可以效仿美国 NBA 篮球运动的运营模式，将竞技比赛打造成文化和娱乐相结合的产业，树立起明星效应。这样既能让球迷为明星和偶像买单，也可增加更多人对篮球运动的关注度。每年一度的 NBA 比赛都备受世界的篮球球迷追捧，在这样的传播过程中，越来越多的人开始接受美国的一些传统文化，了解美国的风土人情。

羽毛球运动发展的灵魂是运动文化，运动文化能够促进体育软实力的进步和发展，我们要深刻把握好市场经济的发展规律，开发羽毛球赛事资源，推广产业市场，使羽毛球的发展越来越成熟化，也使第三产业得到进一步的发展。目前我国的羽毛球俱乐部越来越多，各种赛事也越来越多，羽毛球市场得到了越来越多的社会资金投入，羽毛球运动文化得到越来越大的发展。

四、推广竞技文化

在竞技体育中，运动管理作为统筹，和运动训练、运动选材及竞赛构成一个系统，竞技体育文化中，手段是竞技，目标是制胜，内涵是要逾越人的生理和心理极限。竞技体育的开始是运动选材，要按照羽毛球运动的特质和特点，选取科学的方法来使选材成功率得到提高；运动训练指的是由教练员带领，为提高运动员的水平和成绩采取的一种方法；运动竞赛指的是运动员逐渐提高自身水平且在竞赛时完全发挥以被社会接受和认可；竞技体育的核心部分是竞技体育管理。

当前情况下，世界羽坛面临危机，作为中国传统优势项目，羽毛球在全世界普及不太广泛，市场不够大，也有可能会被踢出奥运。在全世界，我国的羽毛球运动水平遥遥领先，是世界羽毛球球坛的佼佼者，但是从整个世界体育竞技运动的角度来说，我国羽毛球的话语权比较低，这可能也是由于羽毛球在我国没有深远的历史、没有持续发展的原因。因此，就像运动员林丹所说的，我国羽毛球想要在世界羽毛球球坛得到更多话语权，必须得到更好更迅速的发展，与其他国家共同合作，一致顺应羽毛球运动发展的规律和潮流，重视羽毛球青少年后备人才的培养，这样才能厚积薄发，得到持续发展，才能有更多的中国羽毛球声音出现在世界球坛上。比如，羽超联赛不应仅仅是比赛，其最终目标应是通过竞技比赛提高羽毛球运动的水平和技术，扩大羽毛球运动的影响力，让更多的人爱上羽毛球运动。

第四节　羽毛球运动文化传播的主要路径

一、挖掘核心文化

羽毛球理念是指羽毛球运动的思想和观念，是羽毛球文化最深层次的内涵，研究羽毛球文化就要改变“重物轻人”的观念，要注重人文理念。在反应能力和视觉上水平很高的羽毛球运动员也很强，这是因为人的身体各个系统、机能都能通过打羽毛球得到增进，从而反应速度得以加快，同时也能使人感到快乐。在羽毛球运动创造美的过程中观赏者和自身观赏的需要都能得以满足，从而启发人的思维情感并升华；此外，作为娱乐交友方式的一种，羽毛球运动在精神品质如不折不挠、坚持不懈以及勇往直前的培育上也有帮助。这是通过研究而得知的羽毛球运动的益处。

羽毛球文化的主要方面应当是挖掘、追求羽毛球运动的精神文化，而不只是追求其运动价值。探索构建式的羽毛球文化研究，在此过程中要想使中华民族的精神风貌得以展现，使羽毛球运动契合时代的需求、契合民族的需求，就要以羽毛球的发展趋势、现状为前提。目前，在世界羽坛上之所以能有中国羽毛球的一席之地，就是因为我国羽毛球拥有其独特风格。若要在此基础上给羽毛球运动注入新的生机，就要将羽毛球文化的核心价值因素发掘出来，对羽毛球文化在国际上的接受认可方式有一个清晰认知，使世界上其他国家认同我国的羽毛球文化，实现与国际无缝连接。

二、担当文化推广者

在本国的竞技地位得以保证的基础上，亚洲国家也要在世界上其他国家积极发展、普及羽毛球运动。因为羽毛球是一项竞技项目，在亚洲强势发展的势头下应使世界上整体羽毛球竞技水平得以提升。就中国而言，羽毛球训练的整体环境、羽毛球对战技术上都优于其他国家。被国际公认的中国羽毛球运动竞技水平已在世界羽坛具有一席之地。要想使中国羽毛球得以持续发展，就要积极推动羽毛球运动在其他各国的发展。要是我国羽毛球满足于现状，一成不变的话，中国作为世界羽坛神话的创造者将成为历史。李永波教练曾表示："援助各国提升羽毛球竞技能力、缩小差距，是世界羽联该做的，更是中国义不容辞的使命。"

在羽毛球发展的历史演变过程中，中国发挥了重要的作用。对于那些本就有羽毛球基础的地区、国家应采取鼓励及引导态度，提高他们的竞技水平以及技术创新，从而缩小同中国的差距。其一，请明星为羽毛球运动代言，激发全世界的年轻孩子对羽毛球运动的兴趣，积极参与到该项目当中；其二，为培养后备人才，在国际羽协的协助下开设一些国际羽毛球培训学校，将一些好的技战术传入其他国家；其三，通常足球及篮球都会邀请演艺明星以形象大使的身份参与开幕式，为吸引观众为比赛制定主题曲，这一利用媒体效应传播的做法值得效仿，有助于加强羽毛球三大赛事在国际上的宣传，使其国际地位得以提升；其四，为传递中国羽毛球运动训练的良好氛围，可以吸引其他国家运动员来我国进行训练，也可以培养一些国外教练，积极参与国际援助，使国际交流得以加强。以上都是使中国羽毛球运动得以持续发展的举措。

三、打造高水平赛事

中国羽毛球之所以能在世界羽坛小有成就，根本得益于技术创新。为使得世界各民族的体育文化得以发扬光大，为使世界各国经济得以可持续发展以及社会不断进步，为加强世界各国的合作交流，羽毛球超级联赛的举办就显得尤为重要。该赛事主要是技术交流以及传播的过程，该赛事有助于羽毛球专业队技术水平的提高，迎战奥运，使羽毛球运动成为大家的运动，目标是“最高的精神程度以及最高的竞赛水平、最多的挣钱运动以及最多的观众”。

2013年的羽超联赛，中国在赛事的推广上积极性很高，虽然取得了比以往更好的效果，却也很不受观众喜爱。原因在于运动员赶场、混乱的赛制时间、烦琐的国际比赛以及国家队的训练。大部分球迷直接观看八强晋级赛，羽毛球赞助商也不再有动力来宣传，这是由于球迷观众没有兴趣去花钱观看一些结果毫无悬念的比赛，比如林丹只需要一分钟就完成了11分赛制的比赛。人们质疑赛事主办方还体现在同年广州的世锦赛上。比赛开始的时候，运动员在判断以及控制球的方向上，就因为空调过大的风而受到很大影响，但空调关闭后运动员的比赛状态因赛场急增的温度也受到很大干扰。由此可见，在市场运营以及赛事的组织上羽毛球远远不及网球。

完善各项管理体制，持续发展羽毛球协会以及完善作为运动项目发展主要力量的全民健身专业指导体系都是举办大型赛事的益处。相较于篮球和足球等项目，羽毛球在全球范围内职业化程度不高，作为世界竞技体育改革趋势的商业化程度也不高，但在中国，高水平的大型羽毛球赛事仍值得推广，因为我国作为消费者的人民群众数量庞大，带动羽毛球运动的职业化及商业化并不是很难。此外，为使得羽毛球运动文化得以普及，羽毛球运动文化的影响力得以提升，可以通过大型赞助商以及国际媒体的宣传来实现。

综上所述，当代要想羽毛球文化得以传播，可通过羽毛球运动文化的推广、产业文化的链接发展以及大型羽毛球赛事的举办来使赛事的观赏价值以及影响力得以提升等多种方式。

四、构建传播组织体系

组织传播指在一定的组织内部与成员间举行的交谈及信息沟通，是人们传播活动的重要方式。在影响世界总文化的程度上，作为四大文明古国的中华民族远不及西方国家，这是由于中国在对自然创立的中华文明历史改变过程中对国际传播不够重视。现如今中国在文化逆差的环境下要想将我国的文化传播出去，这一任务难以完成，也必须完成，因为文化互相渗透的一部分就是对外传播。

对外传播的渠道很多：民众的、官方的，经营性文化、公益性文化，国内外两种力量。应通过多种传播手段和现代化媒体将这些渠道有效结合起来，在对国际群众在文化习惯及接受方式上加以了解的前提下，通过有效举措来反馈信息并形成机制，使传播质量得以提升，使传播手段、内容得以改进。应积极参与国际文化竞争，通过一些假期活动使文化品位得以提升。

跆拳道及柔道学校在日本、韩国建立的经验，以及我国“孔子学院”在世界上多个国家建立的经验都可以吸取到羽毛球文化对外传播的过程中来。一方面，吸取美国在篮球文化传播上的成功经验，在羽毛球运动文化发扬过程中合理有效利用这些传播途径；另一方面，为加强结合实践与理论，可以在中国建立专业羽毛球学校，通过高水平的教练员、运动员将羽毛球文化传播到世界其他国家。

五、实现体育文化认同的契合点

每一种体育文化的发展内容和表现形式，都离不开其所在国家民族拥有的创新能力，而创新能力的强弱都紧紧围绕在是否存在创新精神并对文化理解且吸收的基础上。环境和创新发展相互影响，无论我们是从个体角度出发还是从群体角度出发，一个国家、一个民族、一个制度或环境，每一种与生活息息相关的特殊环境，都会影响受众对于体育文化的认同程度。先进的文化给予人民充足的文化自信，这种文化自信带来的力量使社会产生促进社会经济发展的动力，这种力量可以理解为文化软实力。文化软实力中包含了大量有关智力要素、精神力量和文化传播的因素。在不同国家民族，羽毛球运动对推动经济等方面的进步的能力有所差异，但是羽毛球运动所带来的裨益，和它存在的必要，我们必须认同。只有认同这种地缘文化，我们才可以在经济、政治和文化上相互信任。如今，随着各国文化软实力的提升，羽毛球文化作为羽毛球运动的灵魂，也越来越被大众熟知，受到国家的重视。文化是根，没有来自文化的支撑，任何体育运动项目也就成了无本之木、无源之水，也就不能可持续发展下去，久而久之它就会慢慢淡出人们的视线，成为尘封在老一辈人心中的历史。羽毛球运动的出生地在欧洲，20世纪初才传到中国，这是一种舶来品文化，但却不影响它在中国长久流传下来，这说明各国文化差异产生的不便，并不能阻碍羽毛球运动的传播发展，它广泛被人接受了。在当今亚洲，羽毛球事业快速发展，而欧洲国家却不然，但是这并不表明欧洲不适合发展羽毛球事业。只是欧美一些国家对于羽毛球运动文化的认识和理解不深刻，缺乏一定的兴趣，所以就不像他们对待其他职业运动一样重视了。我们国家的羽毛球事业之所以可以取得如今的好成绩，这都离不开全民参与作为基础保障，还有完善的福利体制和政策的支持。中国作为羽毛球项目的强国和大国，有非常大的义务责任将它向世界推广，通过合理的邦交手段渗透羽毛球运动文化，以这种方式欧洲国家也更容易接受。但是，打铁还需自身硬，我国要想推广羽毛球运动，就更应该对羽毛球文化进行整合和重建，打造出可以让各国互利共生的条件，创造世界羽毛球运动可以存在的大环境。要想让羽毛球运动真正彰显出自己独特的气魄，就需要先吸引住年轻一代，帮助青少年养成良好的锻练习惯，并让他们在参与过程中主动成为承继者和推广者。在羽毛球文化的传播过程中，除了可以利用现代媒体作为介质引导大众，提供各种最新羽毛球运动文化的观念思想，从而改变受众的生活态度和思想观念外；还可以通过多途径形式的宣传，传播羽毛球运动文化。中国作为亚洲大国，引领认同地缘文化并且将其融进羽毛球文化，革新后就是羽毛球事业的一次凤凰涅槃。

第五节　我国羽毛球可持续发展的对策

一、培养全球青少年对羽毛球的兴趣爱好

我国的羽毛球运动想要得到持续性的长远发展，应该加强和其他国家，特别是羽毛球运动强国的交流，促成合作，共同成长进步，只有在共同强大的环境中才能促进整体水平和技术的进步。如果一个国家的某项体育运动项目强大到令所有国家都畏惧，在技术和水平上达到垄断的地步，会获得更大的关注，如我国的乒乓球运动项目。在发展羽毛球运动项目的过程中，我国也应该作为羽毛球运动项目的传播者，让更多的人对羽毛球感兴趣，热爱这项运动，并且愿意参与进来。

具体措施有：

（1）与世界羽联、各国羽协密切合作，创办全球连锁的羽毛球特色学校，培养各国优秀青少年羽毛球运动员。

（2）尝试在特定时间内开放国家青年队二队，甚至一队，让水平较高的外国选手和中国队一起进行训练。

（3）欢迎主要对手到中国俱乐部打球，尝试引进国外俱乐部整支球队到中国羽超联赛参赛，配备中国教练做指导和顾问。

（4）通过开发制作羽毛球教学、训练、健身光盘，游戏软件，影视动画等手段，与日趋热门的国际汉语教学结合起来，输出羽毛球文化，扩大羽毛球运动的影响，让更多国家了解、喜欢羽毛球运动。

二、淡化“金牌政绩”，转变羽毛球发展方式

在过去阶段，我国的竞技体育代表的并不仅仅是体育本身，而是被赋予了很多的民族感情，被当作争光、雪耻、爱国的工具，体育在一定程度上被功利化，是否获得金牌成为衡量标准，这就导致体育本身的意义为人忽略。从某种程度上来说，对金牌的渴望成为很多人喜爱羽毛球运动的原因。

从本质上来说，产生这种现象的原因是我国在发展体育运动特别是竞技体育的过程中，其战略方向和政策出现了一定的偏差，与我国的发展现状并不符合。其造成最大的影响就是，运动体育的运行体制被“举国体制”控制，即通过国

家行政部门管理体育机构，体育运动中需要的费用大多数为国家财政拨款，比赛中过度重视比赛成绩和金牌荣誉，甚至把金牌与民族情怀挂钩，这样使得整个体育运动的运转不够灵活，过分依赖国家的资金，让竞技运动失去了人文情怀和文化价值，这样不利于体育运动在我国的长远发展，使得国民对体育运动的关注度也仅仅在于奖牌，而没有关注体育运动本身和体育精神，对体育运动的发展产生了不良的影响。

在国际竞技体育得到全面发展之后，奥运金牌数不再是衡量一个国家竞技体育实力的唯一标准，衡量标准已经向着多元化的方向发展，国际体坛话语权、承办国际赛事的能力等都成为重要衡量因素，让人对国家体育整体实力有了更为全面的了解。鉴于这种体育发展趋势，我国羽毛球运动的发展也要改变以金牌为重的衡量准则，调整战略，促进其更为健康地发展壮大，走可持续发展道路。

我国羽毛球运动在面对当今市场化高度发展的现状时，应改变以往金牌政绩的观念，配合市场化发展局面进行改革，改变发展方式，只有这样才能实现自身的可持续发展，避免国家的过多干预。在体育市场中，竞技体育市场是其中最活跃的组成部分，羽毛球作为其中的一员具有积极的生命力，再加上其在我国的社会影响力与所具有的市场潜力，可走职业化发展道路，实行俱乐部制，除了羽毛球自身所具有的运动作用外，还可以开发其竞赛、表演功能。另外，为了更好地让羽毛球运动走向国际并在国际占据话语权，对于世界羽毛球事务管理和规则制定要更多地参与其中，培养管理人才。当今国际羽毛球运动表现出水平下滑、强手消退的局面，我国应和世界羽联一起合作改变这种局面，实现世界羽毛球运动的可持续发展。

三、促进羽毛球运动商业化、职业化，培育国内外羽毛球市场

羽毛球运动在我国有广泛的群众基础，因此促使其商业化、产业化完全有可能，这样就能让其通过自身实现可持续发展。世界羽联现有赛制与网球四大满贯相比，处于落后状态，参赛形式已经无法适应时代的发展，奖金额度也无法激起人们的参赛积极性，因此，其无法在商业化、职业化方向发展过程中起到积极作用。

若想促进我国羽毛球运动积极发展，可以在学习国外职业体育运作经验基础上，结合我国国情以及羽毛球发展现状，探索出一条属于我国的羽毛球职业化运作之路。第一，为了扩大羽毛球运动在国际上的知名度与影响力，我国应主动申办国际赛事。近几年承办的体育赛事表明培养竞赛表演市场观众、取得赛会经济具有可行性。第二，提升羽超联赛地位。应改变固有的对羽超联赛的态度，将其与奥运会、世锦赛等同等对待，协调其与其他比赛、集训之间的关系，进行民主决策，促进其商业化，提高其商业价值。

从羽超联赛角度来说，若想打造广泛的羽毛球市场，必须提高其观赏性与娱乐性，只有这样才能吸引更多人的注意力，获得更多观众。第一，需完善竞赛规则，对于外援方面的规定适当放宽，鼓励其他国家的队伍参加比赛，通过这样的方式相互促进。第二，加大宣传力度，让更多的人了解这项运动以及相关规则，以扩大其影响力。第三，增强主场意识，通过与观众的友好交流建立观众与主场队员间的友好关系，此外，可以通过参与公益事业等方式树立良好的社会形象。第四，参考网球比赛的成功经验，突破传统模式，改变穿着指定的服装等规定，吸引品牌来签约运动员。第五，观众在比赛中的重要性不言而喻，因此必须充分调动观众的积极性，让他们以更热情的状态参与到比赛中去，如增加签名、抽奖等环节。此外，还可以在羽超联赛中穿插业余比赛环节。近年来，我国羽毛球业余比赛发展迅速，有很多人参与其中，参赛者的水平也在不断提升，将业余比赛的决赛放入联赛中可以提高观众的关注度与积极性。

四、提升中国在世界羽坛的话语权，促进世界羽坛生态系统健康发展

在世界羽坛上，中国羽毛球水平远高于其他大部分国家，但是与如此高的水平相比，在其中的话语权却非常缺乏。截至 2011 年，在世界羽联中任职的只有李玲蔚与刘凤岩两人，这就导致中国人在其中影响甚小。若想提高话语权，为世界体育做出更多成绩，除了继续取得优异成绩外，还必须积极参与国际体育事务。只有调整自己的生态位置，以更积极的态度参与体育事务，才能保证中国羽毛球能够可持续发展，在国际体育组织中有更多的中国的声音。

魏纪中认为政治与技术是进入国际体育组织的两个切入点。结合我国具体国情，这两个切入点中的政治切入更为合适。若想提升我国在国际体育组织中的影响力和话语权，增加我国在国际体育组织中的任职人数是必要的途径，此外还应多参加国际性的比赛，创造与其他国家沟通交流的机会，只有这样才能开阔视野，让更多人了解到中国羽毛球在国际中的地位与重要作用，树立良好的国际形象。

第五章 羽毛球文化的传承和传播的重要人物

羽毛球文化的传承的重要人物在中国羽毛球发展中起到了积极的促进作用，表现在群众羽毛球的普及以及我国政治、经济、文化的各方面。与此同时，明星效应在一定程度上起到了人文教育的作用，推动了中国羽毛球文化的传承与发展，为羽毛球后备人才培养研究做出了相应的贡献。

第一节 中国羽毛球发展中的明星效应

一、中国羽毛球发展中的优秀羽毛球运动员

我国一直非常重视羽毛球运动的发展，羽毛球运动也是我国传统的运动项目之一，我国在世界羽毛球坛赫赫有名。从发展历程来说，自 1950 年以来，我国的羽毛球运动开始受到关注和重视；1980 年之后，我国的羽毛球运动得到了突飞猛进的发展，我国在国际羽毛球运动比赛中共产生了 65 位世界级别的冠军，这种好成绩在国际羽毛球坛也是比较少见的。特别是在备受关注的伦敦奥运会上，我国获得了所有羽毛球运动的金牌。这些优异的成绩彰显了我国卓越的羽毛球运动实力。当然，这也少不了我国羽毛球运动员的努力，在一场场比赛的背后，国内涌现了一批又一批优秀的运动员，备受国民的追捧，成为国民学习的榜样。他们也形成了“名人效应”，吸引了更多的青少年加入羽毛球运动，因为自己的兴趣和热情而投身其中，成为我国羽毛球运动的优秀后备人才。

中国羽毛球“明星效应”的形成与其发展现状有着直接联系。因为受到很多人的喜爱与关注，羽毛球明星的感染力、影响力、号召力都很强，他们能激起更多人对这项运动的喜爱并参与其中，还能带动消费者购买体育明星代言的产品，带动体育产业化。在国际上，他们以羽毛球为媒介促进国家之间的交流与合作。

二、探讨明星效应对中国羽毛球发展的积极影响

（一）促进中国群众羽毛球运动的普及

情感共鸣是明星效应动力要素之一，其指观众的情绪会受到运动员情绪的带动，让观众与运动员的情绪保持一致性。人们之所以会观看比赛主要出于三方面

的原因。首先，获得心理上的刺激。比赛场内运动员全力应对比赛，比分牵动着人们的心，比赛场外的观众也随着场内场景变动情绪，获得心理刺激。其次，欣赏体育之美。运动员的良好身材与各种场内表现可以为观众带来视觉享受，让观众感觉运动之美。最后，源于爱国之情与社会责任感。观众观看比赛出于对国家体育事业的关心。

在大众传播媒体的宣传下，体育明星与大众之间产生了更多的交流，从而形成情感共鸣与号召力，吸引了更多的人参与到这项运动中。大众体育在竞技体育的带动下得到发展，可以通过营造健身氛围等途径让全民健身成为可能。体育明星依托于竞技体育，而其自身则成为大众效仿的对象，起到带动相关产业与运动的作用。

球星的不断涌现使发挥明星效应成为可能，这样可以提供更多资本扩大与发展球市。相关调查显示，在各种体育消费项目中，羽毛球是城市居民认为最应该重点发展的。此外，羽毛球在市民购置的体育器材中也居于首位，香港市政局的统计结果亦是如此。羽毛球以及球拍在高校大学生的体育方面的消费中居首位。

青少年、中老年是我国羽毛球运动的主要参与者。体育明星崇拜兼具社会心理与社会文化两种现象，而青少年是明星追随者的主力部队。青少年时期是人生的重要阶段，处于这个时期的青少年由稚嫩逐渐走向成熟，他们对世界表现了极大的好奇心与探索欲，他们采取社会已经认可的方式进行学习，逐渐形成自己的价值观与行为方式，明星效应在他们身上表现得尤为突出，明星的行为方式成为他们模仿的对象，明星喜爱的东西也能成为他们喜欢的东西。青少年对于羽毛球运动的参与很多来源于此。羽毛球运动在学校广泛开展，也促进了此项运动的普及，并为羽毛球事业的发展提供了新鲜血液。此外，这项运动也受到更多老年人的喜爱，成为他们锻炼身体、丰富生活的工具。

（二）羽毛球促进和谐的政治作用

（1）作为羽毛球强国，中国应承担自身责任，将羽毛球文化进行进一步推广，使更多人喜爱并参与此项运动。将羽毛球文化作为中国文化的一部分推广到其他国家与地区，扩大中国文化的影响力。中国羽毛球水平在世界范围内居于领先地位，拥有众多世界级高手。这些高手通过比赛等方式促进了各国羽毛球技术的交流，建立了深厚友谊。这种羽毛球运动之间的交流还可以进一步带动中国与这些国家其他方面的交流与合作，从而相互促进、共同发展。

（2）体育明星可减少社会犯罪。相关研究数据表明，上海街头的人流量在适逢大型精彩国际比赛时呈现减少态势，当晚的犯罪率也明显下降。通过吸引人们关注体育比赛，体育以及体育明星具有维护社会稳定的作用。羽毛球爱好者专注于赛事，被跌宕起伏的赛事以及运动员的技术、外形等吸引，无暇顾及其他，使犯罪率下降，有利于营造和谐的社会环境。

（三）促进中国羽毛球产业的发展

“明星效应”对于羽毛球产业之中的羽毛球服务业的影响体现在以下几个方面。

（1）体育明星增加比赛门票的销售量。人们因为喜爱某个或某些体育明星到场为其加油助威，商家可趁此机会提高价格获得更多收益。

（2）电视转播权费用。在奥运会中，体育明星是重要的组成部分，人们出于对明星的崇拜而使大众传媒火爆异常，因而针对奥运会比赛项目进行转播即可获益。

（3）体育明星的出现及大众传媒的普及促进了体育广告业的发展。企业邀请体育明星进行代言可以充分利用明星的明星效应，吸引更多消费者的注意与购买，从而获取利益。

（4）在羽毛球用品业中，明星效应具有重要意义。体育用品的涵盖范围非常广泛，教学、运动中会运用到的各种物品都属于体育用品。而羽毛球爱好者的消费观非常容易受到羽毛球明星的影响。在同类产品中，他们会购买自己喜爱的明星使用或者代言的产品，如衣着、球拍等。这使更多的商家斥巨资邀请明星进行产品代言，以扩大产品市场，获取更多消费者，以提高销售量与收入。

（四）人文教育作用

体育明星效应的人文教育价值体现在以下两个方面。

（1）由体育精神引发的价值。运动员在进行训练时，能够克服训练中遇到的各种困难与挫折，认真地完成训练任务，具有吃苦耐劳的精神与顽强的意志。在比赛的时候，他们与队友进行合作，积极应对对手的各种挑战，具有坚定自信的品质。

（2）由爱国精神引发的价值。人们之所以会对羽毛球明星产生崇拜心理，重要的原因就是他们具有独特的人格魅力。他们不畏困难、顽强拼搏，以取得最终胜利。而爱国精神就是支撑他们直面困难与挑战的重要动力。

羽毛球运动员在参与国际性比赛时，代表的就不再是其个人，而是整个国家，成绩也与国家国际地位产生直接联系，运动员在场上努力取得佳绩，为国争光。大众与体育明星有着共同的爱国精神，由此共鸣产生，体育明星取得胜利为国争光也就成为大众心里的英雄，明星效应也就出现了。中国羽毛球运动员具有吃苦耐劳、顽强拼搏等品质与爱国主义精神，他们可以利用自身的影响力将这些品质传给大众与下一代，促进我国羽毛球事业以及国家更好地发展。

三、明星效应对中国羽毛球发展产生的负面影响

（一）影响训练和比赛

随着社会的发展，运动员不再只有简单的一种身份，他们通过各种比赛为人们所熟知，成为体育明星，同其他行业的明星一样，体育明星也会带来相当大的流量，因此也引起了企业的重视，企业邀请他们代言以及参加各种活动，这虽然给企业和运动员都带来了相当的收益和知名度，但是由于占用了较多的训练时间，会导致他们的训练成绩下降，进而直接影响比赛的成绩。

（二）导致青少年的盲目崇拜

由于青少年尚处在学习阶段，还未形成完整的世界观，所以很多事物都会对他们造成影响，这其中就包括体育明星。如果不进行正确的引导，很可能会对青少年群体造成不良的影响。首先，对体育明星盲目崇拜，导致青少年学习和模仿他们的言行，体育明星如果言行不当，那么青少年就会产生行为劣迹。其次，影响青少年的学习和成长，现在很多比赛都是在夜晚或凌晨举行，学生占用晚间学习和休息的时间观看比赛，导致睡眠时间不足，学习效率下降。最后，青少年的消费观还没有形成，他们追求和体育明星一样的体育用品，但是可能买来的东西并不适合自己，这也无形中给家庭增加了经济负担。现在比赛由于有些运动员对于比赛成绩的过度追求，可能会做出一些不恰当的举动。例如，收买裁判员，比赛中与其他运动员有不符合规定的身体接触或者服用兴奋剂来提高比赛成绩，这些行为都会对青少年产生影响，让他们认为是不是为了成功，任何违规的操作都可以使用。

明星效应是一把“双刃剑”，其正面影响就是让越来越多的人熟知羽毛球运动的发展，为羽毛球的普及做出了重大贡献。让人们谈起羽毛球时不再觉得是一项单纯的运动项目，其中也伴随着深刻的羽毛球文化，为中国羽毛球的传承和发展打下了坚实的基础。有正面影响就有负面影响，明星效应造成的负面影响就是明星的不当行为会让青少年形成错误的世界观和价值观，而企业的各种活动也会占用明星的训练时间导致训练成果下降。这些负面影响会对中国羽毛球的发展造成阻碍，应当引起我们的重视。

第二节　“超级丹”——林丹

一、林丹的生平

林丹，汉族，1983 年 10 月 14 日生于福建省龙岩市上杭县临江镇。中国羽毛

球男子单打项目运动员。2008 年北京奥运会、2012 年伦敦奥运会羽毛球男单冠军。羽毛球运动历史上第一位集奥运会、世锦赛、世界杯、亚运会、亚锦赛、全英赛、全运会以及多座世界羽联超级系列赛冠军于一身的双圈全满贯球员，被誉为中国羽球一哥，世界羽毛球四大天王之一。

1988 年，5 岁的林丹开始接触羽毛球。2000 年进入国家队。2002 年 8 月，首次登上羽毛球世界排名第一的位置。2005 年 12 月，世界羽联恢复举办世界杯羽毛球赛，林丹获得了职业生涯首个单项世界冠军。2006 年卫冕世界杯冠军。2008 年北京奥运会羽毛球男单冠军。2009 年实现羽毛球世锦赛三连冠。2010 年广州亚运会羽毛球男单冠军，也因此实现了全满贯。2012 年伦敦奥运会羽毛球男单冠军，成功卫冕。林丹成为首位在奥运会羽毛球男单项目中实现卫冕的运动员。2013 年 8 月，林丹第五次获得羽毛球世锦赛男单冠军。2014 年仁川亚运会男单冠军，成功卫冕并实现了双圈全满贯。2016 年 3 月，林丹第六次获得全英赛男单冠军。8 月第四次征战奥运会。2017 年 4 月，马来西亚公开赛男单冠军，终结东南亚赛事生涯无冠纪录。8 月，34 岁的林丹时隔 4 年再次打进世锦赛男单决赛。10 月，林丹实现全运会羽毛球男单四连冠并夺得个人首个全运会男团冠军。2018 年 5 月，新西兰公开赛男单冠军。

二、羽毛球“大满贯”运动员林丹的技术特点解析

（一）中国羽毛球项目第一个“大满贯”运动员——林丹

“大满贯”也就是全满贯。羽毛球全满贯指运动员在含有羽毛球项目的各项赛事中均获得过冠军。对中国选手或亚洲选手而言指男子获得奥运会、世锦赛、全英赛、亚锦赛、全运会、世界杯、亚运会、汤姆斯杯团体赛、苏迪曼杯冠军；女子获得奥运会、世锦赛、全英赛、亚锦赛、全运会、世界杯、亚运会、尤伯杯团体赛、苏迪曼杯冠军。

（1）汤姆斯杯即世界男子团体羽毛球锦标赛，1948 年举行第一届比赛，现为两年一届，在偶数年举行。比赛由三场单打，两场双打组成。历史上夺得汤姆斯杯冠军最多的国家是印度尼西亚队，共 11 次。

（2）尤伯杯即世界女子团体羽毛球锦标赛，1956 年开始举行第一届比赛，两年一届，在偶数年举行。比赛由三场单打、两场双打组成。历史上夺得尤伯杯冠军最多的国家是中国队，共 11 次。

（3）世界羽毛球锦标赛即世界羽毛球单项锦标赛。设有男、女单打、双打和混合双打五个比赛项目。1977 年起开始为三年一届，1983 年改为两年一届，在奇数年进行。

（4）苏迪曼杯即世界羽毛球混合团体比赛。1989 年开始举办，两年一届，在奇数年举行，比赛由男女单打、男女双打组成。

（5）世界杯羽毛球赛属于邀请性比赛，由国际羽联邀请当年成绩优异的选手参加。

（6）全英羽毛球锦标赛由英格兰羽毛球协会于1899年创办。它是世界历史上最悠久的羽毛球赛事。最初由英国和英联邦国家选手参加，现在已成为全球性的羽坛大会战。

（7）国际系列大奖赛是国际羽联参照世界网球大奖赛办法组织的。始于1983年。比赛分成若干区，由许多比赛组织成系列。根据运动员在各次比赛中的成绩积分进行排名，前16名进行总决赛。2010年11月21日，广州亚运会羽毛球男单决赛在中国选手林丹和马来西亚运动员李宗伟之间展开。最终林丹2∶1击败对手夺得金牌，实现“大满贯”。

（二）林丹的技术特点

1. 体

运动员的体能在比赛中占据了重要的地位，有时甚至是取胜的关键。林丹作为“超级丹”有着极强的身体素质，这保证了他可以在时间较长的比赛中应对自如。而瞬间力量充沛、体力持久、跳跃能力强、关节力量控制好，保证了他能够在场上做出迅速的反应，打出爆发力十足的劈杀。林丹除了身高比其他球员矮一点之外，几乎全是优点。相对于超级丹，老对手李宗伟除了身高比林丹矮一点，体能方面也不如林丹。在2009年羽毛球世锦赛期间，中国羽毛球队更是请到了任职于北京体育大学的李春雷教授来亲临指导，李春雷是著名的体能训练专家，他把运动员的体能和羽毛球的项目特点相结合，针对比赛研究设计了多种方案，在提高队员技巧的同时也着重提高了队员的体能，让队员在比赛中取得了优秀成绩。在训练中李春雷也对林丹的体能给予了高度的赞扬。

2. 技

技，技术。“不前进就会后退”，这始终是中国羽毛球队奉行的真理。“取其精华去其糟粕”，让羽毛球队在对优秀技术保留的同时也剔除掉不利于发展的动作技术，在此过程中不断发展变革，让球员的体能和技术达到一个最合适的比例，力求达到各方面的平衡。羽毛球队更注重人文方面的关怀，不只是关注成绩，而且更加关注运动员的身体健康。通过平时的训练和每年多场的比赛，制订出合理的训练计划和方案，不断减少由于训练和比赛给运动员身体带来的伤病和损伤。正是因为善于总结和善于发现并改正自身的不足，才让中国羽毛球始终处于世界排名的前端。而“快、准、狠、活”的技术风格足以让其他国家望尘莫及，使得中国队笑傲世界羽坛。

林丹之所以成为“超级丹”，成为世界顶尖男单，不仅仅是因为他出色的身体素质，还因为他有几个属于自己的招牌动作，其中的“头顶滑板吊对角球”

为人们所津津乐道，这项绝技需要大量的训练，因为每个球的落点要在一个固定的位置，而且要求在滑拍的那一瞬间击球使球快速、短距飞行到网前并且下落，如果一个环节出现问题，那么这项绝技就会失去作用。而林丹的另一项绝技是“鱼跃救球”，每当在比赛中林丹使出这项绝技都会让球迷尖叫不已。林丹明白自己身高的不足，当在比赛中来不及救球时，这项技能让他做出最本能的反应，即身体朝羽毛球的方向扑出去，弥补球拍和身高带来的不足。这个动作虽然极具观赏性，但是如果处理不当，也会给运动员的身体带来损伤。

3. 智

智，智慧，智力。用体育的行话一般说，这个运动员用脑打球。林丹在赛场上极其自信，有一种非我莫属的霸气。在羽毛球场上，他活力四射，但是大脑却是非常冷静，对于捕捉对手的弱点这一项非常在行。同样作为中国的羽毛球健将，鲍春来有一次就说，打不过林丹的原因就在于林丹更会揣摩对手。这就充分说明“超级丹”的过人之处就是头脑特别灵活。

4. 发挥稳定

通过对比赛的视频资料的分析发现，发挥稳定是林丹最大的特点。在羽毛球史上，林丹是第一位至少在每两次的国际性赛事中，就获得一次冠军，这种记录林丹一保持就是 6 年。在 2004 年的奥运会和 2005 年的世锦赛，林丹都与冠军无缘，但是从 2006 年开始，林丹在稳定发挥的基础之上又上升了一个等级，那就是每一年的重大赛事中，林丹都能稳坐冠军宝座。纵观当今世界范围内的羽毛球选手，找不出一人能与林丹抗衡。林丹的老朋友们李宗伟、盖德、陶菲克、索尼，他们与林丹对抗，都是胜少负多。

羽毛球全满贯是指在包含有羽毛球项目的比赛中，揽获所有的冠军。林丹就是这样的选手，不管是技巧、脑力，还是体能和临场反应等方面，林丹都领先于对手，他所取得的这些成绩，也是他多年艰苦训练换来的，这也是他突破自我的一种表现。

第三节 中国玫瑰——王仪涵

一、王仪涵生平

王仪涵，1988 年 1 月 18 日出生于上海，中国女子羽毛球队运动员。9 岁时开始练习羽毛球，师从世界冠军王鹏仁。2002 年入选上海队，2004 年入选国家二队，2006 年进入国家一队。2009 年 3 月在全英羽毛球超级赛中首度赢得女单桂冠。2011 年获得世界羽毛球锦标赛女单冠军。2011 年获得世界羽联超级系列赛总决赛女单冠军。2012 年获得全英羽毛球公开赛女单亚军。2012 年伦敦奥运会获得羽毛球女单亚军。2013 年世界羽联超级系列赛之香港羽毛球公开赛夺取女单冠军。2014 年仁川亚运会羽毛球女单冠军。

2016 年 9 月 15 日，王仪涵在微博上宣布退役。

2017 年 12 月 28 日，尤尼克斯官方宣布携手王仪涵共同推动羽毛球发展。

二、王仪涵的技术分析

羽毛球运动是我国的优势项目，长期保持着世界一流水平，在国际大赛中成绩显赫，在国内又有着坚实的群众基础，技术人员、教练员、运动员都是世界一流的。随着伦敦羽毛球世锦赛的进行，强大的中国队开始迎来一场接一场的硬仗。

2011 年在伦敦举办的羽毛球世锦赛上，王适娴和蒋燕皎先后失去胜利的机会，中国队失去了在决赛中会师的希望，女子单打的比赛形势变得复杂。中国球迷原本期望女子羽毛球队的四名青年选手能够一起出现在决赛局中，但这个期望已经无法实现了。在八分之一决赛场上，中国的蒋燕皎不敌德国选手申克，以 1 比 2 负于对手；王适娴在之前的印尼超级赛中未能战胜中国台北的选手郑韶婕，今天依然以 0 比 2 的比分落败于她之手，失去了进入 4 强的机会。至此，中国的“小花”选手全部止步于上半区比赛。在下半区的四分之一比赛场上，汪鑫战胜了近期表现突出的印度选手内瓦尔，即将迎来与王仪涵的遭遇战。王仪涵曾于 2009 年 3 月赢得全英羽毛球超级赛的女单冠军。

2009 年 8 月印度举办了羽毛球世锦赛，王仪涵在女子单打的第三轮比赛中爆冷输给了德国选手申克，未能进入女子单打的前八强。到了 2011 年的伦敦羽毛球世锦赛上，右手持拍的王仪涵战胜中国台北女单选手郑韶婕，获得了世锦赛的冠军，这是她首次获得这项比赛的冠军。可以看出，中国女子单打运动员的状态一直不稳定。2011 年她获得了世界羽联超级系列赛的总决赛冠军，2012 年她获得了马来西亚羽毛球超级赛的女子单打冠军，2012 年 3 月在世界排名第一。

王仪涵技术特点：

（1）王仪涵在发球技术上，以发高远球 4 号位为主，稳定性与成功率高，偶发 3 号位和网前 1 号位。

（2）在前场的技战术应用中，王仪涵最主要是采用反手搓放直线和正手直线推球，网前主动性较强，进攻意识明确，把握比赛的节奏，推挑得分率高。

（3）王仪涵在后场以杀球为主，习惯于头顶杀斜线，使用效果好，得分能力强，为下一拍创造主动的机会多。王仪涵正手吊直斜线的使用率多，但是头顶吊球比正手吊球的得分能力强。

第四节　羽坛剑客——鲍春来

一、鲍春来的生平

鲍春来，1983 年 2 月 17 日出生在湖南长沙，湘潭大学 2010 级行政管理专业本科生，2014 级行政管理专业硕士研究生，中国羽毛球前运动员，中国羽毛球超级赛冠军，主持人，演员。

2000 年获得广州世青赛男单冠军，随后入选国家一队。2006 年 8 月 27 日，韩国公开赛上夺得其职业生涯首次单打冠军。2007 年 11 月于广州首次夺得中国羽毛球超级赛冠军。拥有亚锦赛、德国公开赛、日本超级赛、韩国公开赛、新加坡超级赛等一系列单打冠军头衔，并随中国羽毛球队获得 2005 年、2011 年苏迪曼杯和 2004 年、2006 年、2008 年、2010 年汤姆斯杯冠军。2011 年 9 月 21 日，鲍春来因伤宣布退出国际羽联赛事。

鲍春来退役之后进入演艺圈，以话剧舞台为起点，更在主持、时尚、电影等方面有不俗的表现。2016 年获得“年度最佳跨界男神”奖。2017 年 12 月，与景甜、李治廷合作出演由金琛执导的都市励志爱情剧《极客江湖》。

2016 年出版首部自传体新书《人生不止一种选择》。

二、鲍春来的技术水平分析

中国作为羽毛球强国，2018 年有五名运动员登上了世界男单前十排行榜，优势可见一斑。如今羽毛球运动不断发展，赛制进行了更新，在新赛制下，比赛的偶然性增加，晋级的道路也变得曲折起来。新形势下，各国的优秀运动员不断涌现，对我国有着强烈的冲击，鲍春来作为我国非常优秀的羽毛球运动员，个人能力非常强大，是拉吊突击型选手的典型代表，防守稳健，有着一流的战术和技术。鲍春来曾十次杀入决赛，但只有一次得到冠军，马来西亚媒体笑称他为“千年老二”。

鲍春来技术特点：

（1）鲍春来比赛中缺少主动进攻，容易被对手压制，因此扣杀球的数量较对手也少很多，命中率也比较低，这样的打法缺少主动性，使自己的节奏处于被动状态，不仅不能制约对手的技术发挥，还会被带进对方的战术套路中。

（2）鲍春来的强项也很明显，不仅网前小球比较好，而且技术也非常细腻，但是这一优势在比赛中并没有很好地体现出来，同时经常主动失误也比较多，给对手得分机会，是比赛失败的关键所在。

（3）在高远球方面，鲍春来在次数上占有优势，失分率也比对手少一些，然而却限制了其得分手段，由于对手的拉吊导致其体能下降厉害，所以得分也变得艰难，结果就是总分上会落后。

（4）鲍春来对于球的判断能力高于对手，但往往不能直接得分，进攻不够主动，对手的失误才给其得分的机会。

第五节　我国羽毛球后备人才培养现状及对策研究

一、我国羽毛球后备人才培养现状

（一）我国羽毛球后备人才培养政策现状

随着国家经济的发展和社会的进步，全民运动的概念越来越深入人心，国家越来越重视传统运动项目，特别是羽毛球运动。为了扶持鼓励羽毛球运动项目在国内的发展，国家加大财政投入，重视基础设施建设，培养相关专业人才，促进了国内羽毛球运动的发展。羽毛球运动最重要的作用是，以羽毛球运动为契机，让更多的群众热爱运动、参与到全民运动、全民健身中去，这样才能促进我国羽毛球运动项目的持续发展，甚至居于世界领先地位。但是，现在国内各省市政府在发展羽毛球运动项目时都忽视了这一点，一味重视政绩，缺少对宏观的体育运动的重视，奢求小小的投入和重视在短期内就能带动体育的发展，这种观念与国家发展羽毛球运动的目标有很大的差距。

当然，各省市政府为了推广发展羽毛球运动也做了很大的努力，并以此项运动为切入点，让更多的市民关注羽毛球运动、关注体育，并且主动积极参与其中。各地政府的主要推广手段有兴建体育场，完善羽毛球运动的运动场地，向市民免费开放运动场馆，举办体育比赛，承办大型赛事等。通过这些方式，让越来越多的市民热爱体育，引发全民健身的热潮；同时还结合本地实际，出台羽毛球运动的惠好条例和政策。特别是为了在当地培养出优秀的羽毛球运动员，从政府到管理层再到运动员，都在以开放的格局和心态积极走出去，创造更好的条件和环境推动本地羽毛球运动的发展。

为了表示对羽毛球运动的重视，向市民推广羽毛球运动，湖南省颁布了培养羽毛球人才的相关条例并加大财政拨款，完善羽毛球运动基础设施建设，重视对专业人才的培养，加大对羽毛球协会的支持力度……这些措施极大地促进了湖南省羽毛球运动的发展。同时，好处不止于此，羽毛球运动项目的进步也带动了市民群众对体育运动的热情，激发了他们对其他体育运动的兴趣。因此，在政策的扶持、政府的重视、全民的积极参与下，湖南省的羽毛球运动水平得到了很大提高，湖南的市民对体育的热爱也是空前高涨。江苏省通过整合政府相关体育部门的资源，搭建了一支优秀、完善的领导班子共同发展省内的羽毛球运动，不仅为省内培养了许多优秀的羽毛球运动员，而且还带动了全民参与体育的热情，为省内体育事业的发展培养了骨干人才，极大地促进了江苏羽毛球运动和体育运动的发展。

（二）我国羽毛球后备人才培养体系的现状

羽毛球运动的后备人才是该运动项目的储蓄力量，许多羽毛球运动的优秀专业人才都出于此。后备人才的培养对羽毛球运动来说至关重要。目前主要通过家庭、专业运动技术学校和俱乐部等方式培养后备人才，这也是我国挖掘青少年优秀羽毛球运动员的常用方法。其中，家庭主要是针对个人培养，一些生活水平较高、经济条件比较好的家庭自己出资把孩子送到专业的院校或者兴趣班甚至请私人教练，学习羽毛球运动相关技能。专业的技术学校主要指青少年体育学校，这种方式也是省市队培养专业运动员的模式，比较重视比赛成绩，其主要目标是为本省或本市在相关比赛中获得成绩和奖牌，管理模式是行政手段为主。俱乐部的方式和学校培养的方式大致相同，但是俱乐部有私人老板，会按照培养对象的特色制订不同的培养计划，营利性比较强。特别是在市场经济环境下，越来越多的企业热衷于投资或冠名俱乐部，以获得关注，树立良好的企业形象。

我国各省市的青少年羽毛球人才培养各有不同。这种不同的模式与各地的经济发展方式和对体育运动的发展有所不同。上海市作为我国经济开放的桥头堡和世界级的经济金融中心，其羽毛球人才培养模式主要有个人、企业和学校培养，并且学校是主要的培养模式。即形成了以专业体校为主，企业俱乐部模式和个人相互补充的羽毛球后备人才培养模式。通过上海各大体校的初级、中级、高级三级训练网形成了目前上海市这种经济发达地区羽毛球后备人才培养的主渠道。此外，随着人们对羽毛球运动的逐渐关注和喜爱，业余羽毛球俱乐部、业余羽毛球学校等也逐渐成为青少年培训和参与羽毛球运动的渠道。但是整体来说，上海市各区的少体校羽毛球训练成为培养广大后备人才的主力军，每年往二线、一线队伍输送优秀人才，成为推动上海市羽毛球后备人才成长的基地。同样作为羽毛球运动的大省，江苏对竞技羽毛球后备人才培养是由重点中学、体校等机构进行联合培养。

（三）我国羽毛球后备人才管理的现状

当前，我国对羽毛球后备人才的管理模式是以行政管理为主，同时主动吸收一些民间的组织或协会参与其中。从国内省级政府培养羽毛球运动后备人才来说，一般主要管理机构是本省的体育局，其中省体育局下属的青少年运动项目管理中心就青少年羽毛球运动人才的培养进行管理，或由体育局下属的其他相关部门管理。同时，在人才培养上还有民间组织的参与，民间组织主要负责举办、承办赛事，输送运动员。通过这种方式将各省市的青少年运动员在比赛中的输送、相关专业培训、裁判员的培养、羽毛球比赛的机制、羽毛球运动各个组织之间的合作等各个方面整合起来，可实现资源的优化配置，有利于我国羽毛球运动的规范化、制度化、有序化发展。这种行政手段和民间组织结合起来的管理模式，运转效率高，培养人才优秀，大大地推动了我国羽毛球后备人才的培养和管理。但是，也要把握好行政管理、行政手段的力度，毕竟羽毛球运动是一种全民参与、全面健身的运动项目，如果过分强调政绩观念，一味以强制性的手段干预，会对市民参与运动的积极性产生不利的影响。目前有些省市地区对羽毛球运动的重视仅仅强调表面工作，比如基础设施的完善、制度的制定，没有深入实际为群众解决问题，号召群众参与其中。可见，羽毛球后备人才的管理和培养也是一项艰难的工程，不可一蹴而就，需要行政部门投入大量的时间和精力解决和完善。

（四）场地设施与经费

随着我国经济社会的不断进步，当前社会已经成为一个科学会、信息化的社会。我国人民群众的劳动强度进一步减轻，人们的休闲娱乐时间不断增多。更多的人加入体育休闲娱乐的行列，羽毛球运动的娱乐性强，活动量适当，也吸引了很大一部分的人参与羽毛球活动。这就需要通过政府对场地设施与各地羽毛球运动经费等的不断投入，来推动羽毛球项目的发展。当前我国羽毛球场地设施的建设主要由政府、企业、个人建设，其中羽毛球后备人才的培养是一个周期相对较长、投资较大的工程。

政府的财政投入和企业的爱心捐赠能极大地解决羽毛球运动的场地问题，有了场地便有了物理空间，体育运动便能在此基础上得到极大发展。如今社会发展越来越迅速，经济水平不断提高，国家可以通过加大财政投入不断完善羽毛球运动项目基础设施建设，满足更多市民和专业训练员的需求。

以羽毛球运动场地来说，塑胶材质的场地比木板场地更耐用，吸纳性更高，比如上海的一些羽毛球运动场地就是采用的木板材质，甚至有些专业的体育学校也是如此。虽然对于专业的运动员来说，这种木板材质完全能够满足他们的需求，但是羽毛球运动场所也是对普通市民开放的，这与普通市民的需求略有差距。

就财政经费来说，大多数专业体育院校的资金来源有两个渠道，一是国家的财政投入，二是队员的投入或者学费。江苏省的体育院校便是如此。这种现象表示，我国羽毛球运动的市场化进程较慢，缺乏多样化后备人才的培养意识，还需要广泛吸引社会组织和民间组织的力量共同参与其中。

（五）教练员情况

在我国培养羽毛球运动专业化后备人才过程中，有个角色不可或缺，那便是教练员，教练员是教导者，教练员队伍的水平高低对运动员的水平、后备人才的水平，甚至是整支羽毛球队伍的水平都有很大的影响，因此建立一支优秀的教练员队伍很重要。现在我国羽毛球运动中的教练员的来源渠道主要是退役的优秀羽毛球运动员。这种方式不仅能促进教练员队伍的年轻化，而且能将赛场上最真实、直接的经验传授给运动员，为后备人才解决许多在赛场上或实际赛事中遇到的难题。但是对于青少年后备人才来说，教练员还需要转变角色，转变心理，熟悉青少年的心理特征，以他们能接受的方式对他们进行训练和教导，这样才能促进青少年的全面发展，有利于青少年的身心健康。除此之外，有一些教练员是从运动员转型的，可能对青少年的心理认知和重视不够，对作战策略不够熟悉，容易导致理论与实际发生很大的偏差。因此在我国培养羽毛球运动后备人才的过程中，要重视教练员的培养，要加大投入、关注度，多培养高技术水平、高认知、了解青少年心理结构的教练员。

目前上海市的羽毛球运动项目得到了突飞猛进的发展，运动水平也得到了很大的提高，甚至各项体育运动的发展和成绩在全国名列前茅，出现了一大批在全国甚至是全世界瞩目的优秀运动员。这主要得益于上海的开放格局和多元化的文化格局，使得上海的经济、文化得到迅速发展，这是上海发展体育运动坚实的物质基础。再加上政府的政策扶持、财政投入，羽毛球运动相关的学校、俱乐部不断完善自身的发展体制，重视后备人才的培养，与民间组织共同输送人才，这为上海羽毛球运动项目培养了源源不断的人才。而且羽毛球运动场地、场馆等基础设施的建设和完善，使得越来越多的市民参与其中，热爱羽毛球，羽毛球运动也逐渐走进校园、公司、小区、机关，成为全民热爱的一项体育运动。同时，上海特别重视羽毛球运动教练员的培养，通过编制、高薪酬、多培训等方式激发了他们极大的工作积极性和热情。上海体育院校的教练员大多数是大专以及本科的教练员，还有部分硕士及以上的高学历人才。目前我国羽毛球运动的教练员还存在一定的缺陷，高学历人才较少，因此更要多吸纳高学历人才加入教练员队伍，共同关注青少年羽毛球运动员的心理健康。

在羽毛球运动项目中，教练员也要不断成长，在加强对教练员培训的同时，对于一些经验丰富、业务能力高的教练员要想办法留住他们，以促进我国羽毛球运动的持续发展，这也是培养青少年羽毛球运动后备人才的关键因素。可以尝试从薪酬待遇、工作环境、培训方式等方面，稳定教练员的生活，吸引教练员在这个岗位上不断努力，并且做出成绩，留住更多优秀的教练员，培养出更多优秀的羽毛球运动员。

结合目前我国羽毛球运动的发展现状、后备人才的培养和管理模式以及教练员的调查，发现目前教练员的绩效考核机制有失偏颇，存在许多不合理的因素，导致教练员无法全身心投入对运动员的指导中去。衡量教练员工作的科学考评机制可以从以下因素考虑：一是把教练员的工资待遇、奖金、晋升和工作业绩、学院的比赛成绩、培养人才的情况等因素相结合，调动他们工作的积极性；二是评价考核的时间段应该按照后备人才的培养目标、培养计划，结合运动员的训练周期来制定，以更符合实际情况；三是虽然教练员的本职工作是教导运动员，但是给予其中表现十分优秀的教练员适当的精神奖励、物质奖励等福利，能激发他们更多的工作热情。

现在国内羽毛球运动教练员主要流向俱乐部和一些营利性的专业学校，他们往往以更高的薪酬、更好的福利、更完善的机制、更好的晋升空间吸引教练员，因此一些优秀的训练员为了寻求更好的发展往往会选择到这些地方负责教导工作或管理工作。

二、我国羽毛球后备人才培养中存在的问题

（一）部分省市羽毛球后备人才培养目标短视

国家体育运动发展的第一目标应该是提高国民的身体素质、满足国民体育文化的需求，但是我国因为历史原因，发展体育项目的目标有些偏离，发展方向以能在国际赛事尤其是奥运会上拿到金牌为主导。这样的发展目标与国家体育行业相关政策等相违背。部分省市羽毛球后备人才培养方面的目标短视，在这些省市，羽毛球事业的发展缓慢甚至停滞不前。羽毛球后备人才的培养应该是以市场为导向，应该是由市场推动，将资源向羽毛球后备人才培养方面倾斜以达到目的。

随着国家经济的发展，体育目标的现实情况与社会经济需求存在着偏差，这对矛盾越来越严重，改革势在必行。要想改变目前培养后备人才目光短视的问题，要从根本上解决资金来源的问题。最直接的做法是引入社会资本的投资，直接对羽毛球后备人才培养的模式进行改革，改掉之前仅盯着国家或国际重大比赛的培养模式，要以全民参与为主要目标。在改革过程中，将调动群众参与羽毛球运动、增强群众身体素质为主要目标，在满足这个大前提的情况下，再在培养的人员中选出优秀人才参加比赛，达到双赢。

（二）政府政策支持不完善

体育事业的发展离不开政府政策的支持，我国的政策对羽毛球事业的发展支持不到位、不完善的地方主要体现在以下几个方面：

第一，各省均存在羽毛球场馆不足的情况，政府在羽毛球事业上的投入力度较小，导致在部分地区存在场馆少或是现有场馆因为资金不足无法进行管理及维护。

第二，国家政策有偏重，因为国家对足球的重视导致各地方政府将有限的资

源的绝大部分或者全部投入到了足球事业的建设中，例如通过对基础教育的改革将足球运动教学归到基础教学课程中，在财政资金补贴上大比例的资金流入促进足球发展的板块。这些都使得羽毛球事业得到资源非常少，甚至不足以支撑羽毛球后备人才的训练开支。

第三，由于政府部门的政策导向问题，社会资金投入会瞄准国家重视、下大力气推进的领域，导致流入羽毛球板块的社会资金很少。社会投资资金多数流入国家重视、重点扶持的投资回报率高的大球运动上。

第四，各地区的封闭政策导致教练员缺乏交流，人才互相流动、交流少，各地区在羽毛球教学上比较落后。

要想发展羽毛球事业，一定要自上而下，由国家及各省市政府在政策上给予一定的支持，协助羽毛球产业增加自身的投资回报率以吸引更多的社会资金投入。在各省市财政资金的分配上，应稍微向羽毛球产业倾斜，能够保证基础建设的完善，保证教练员的薪酬待遇。

（三）优秀后备人才不足

在前些年的国际重大赛事上，羽毛球一直是我国的优势项目，是拿金重点项目，但是纵观近些年的国际重大赛事，我国羽毛球运动员后备力量严重不足，在之前的强势羽毛球运动员退役后，甚至出现了青黄不接的情况。随着市场经济的发展，政府部门逐渐意识到并开始推动羽毛球事业的发展，但是由于思想上的转变较慢，还没有意识到要想发展羽毛球事业，最主要的是倡导并推动全民运动。只有达到全民运动、全民羽毛球，才能为培养羽毛球后备人才的机构输送更多的羽毛球参训人员，也才能在优中选优，找到合适的后备人才。

在我国，很多参与羽毛球训练的学生并不是为了到达一个顶尖的位置，而仅仅是把羽毛球作为一个兴趣爱好、锻炼身体的途径等来学习。所以多数学院在参与培训几年后或是遇到挫折后都会自动放弃并离开，对于他们而言，羽毛球仅仅是一项课外兴趣班，而不是一项事业。另外，现今社会的价值观也导致了人员人才的流失。传统的价值观认为青少年的本职任务是学习，目标是考上大学进入象牙塔，所以在传统的价值观念中，在青少年时期加入体育训练队伍是学习不好，是坏学生的代名词，家长大多数不认同自己的孩子走职业体育、职业羽毛球的发展之路。多数家长送孩子去进行羽毛球训练，仅仅是想通过规范化的训练管理规范孩子的行为，并没有做职业运动员的打算，这样的孩子会在一段时间后回到学校继续读文化课，舍弃羽毛球训练。这其中不乏有潜力有资质的青少年。也正是因为这样的原因，地方的基础体校能为省队国家队输送的羽毛球后备人才越来越少，大多数学员在一两年羽毛球训练后都离开了体育职业运动员之路。

父母不愿意子女从事职业羽毛球很大程度上是因为就业难，即使在羽毛球运动方面有所建树的运动员在退役后也很难继续从事与羽毛球运动相关的职业，由于这部分人在青少年时期大部分时间用于训练及比赛，其他方面的能力相对比较欠缺，退役后不再从事羽毛球运动，比较难在社会上依靠自己的能力找到一份其他相应的工作。除了就业这个影响后备人才储备的因素外，竞争压力也是重要的因素，从事羽毛球运动职业在各个阶段的训练、比赛中一定要抢占顶尖的位置，才能继续走下去，才能“出人头地”，这与普通的职业完全不同。想解决这些影响因素，最直接的就是从国家的政策制度出发，给予更大的政策倾斜，让职业羽毛球运动从业人员没有后顾之忧，专心走职业道路。

（四）羽毛球教练员队伍专业水平不高

羽毛球教练员队伍专业水平不高是影响羽毛球后备人才培养的主要因素，我国很多省份的教练配备不足以支撑国家对于羽毛球后备人才的需求。羽毛球后备人员一般是青少年，处于叛逆期与塑型期，这就要求教练员不仅要在运动技术能力上给予指导，还要在心理上、成长上给予一定的指导，这对教练员的综合素质有着很高的要求。为了引入优秀的羽毛球教练员，最终培养出优秀的羽毛球后备人才，有些省份已经走在了前面，利用政策的倾斜，如一线城市的户籍政策倾斜、财政资金投入倾斜等。有了一线城市的户籍政策倾斜，会吸引很多优秀的教练员加入，落户本地，解决教练员的稳定性问题。增加财政资金的投入，可以用于羽毛球场馆的建设与运营、用于改善训练配套设施等，这都有利于后备人才的训练；同时可以利用财政资金的投入，增加优秀教练员的待遇，以吸引并稳定更多的优秀羽毛球教练员人才。对于羽毛球后备人才的培养来说，教练员是至关重要的，需要政府的大力扶持、政策倾斜以保证更多的优秀教练员的加入，在培养顶尖的后备人才的同时，积极发展全民羽毛球运动，以提升全民身体素质为最终目标。

上文分析过，职业羽毛球运动员在退役后只有极少部分人能够继续从事与羽毛球运动相关的工作，这其中基本均为羽毛球教练员的职业。一方面，退役运动员有实战经验，对后备人才的培养很有帮助；另一方面，专业的羽毛球运动员在青少年时期就开始职业化的羽毛球训练，缺少时间进行文化课教育，文化水平较低，这在对青少年羽毛球后备人才的教育上是不够的。在当今社会的发展情况下，需要职业运动员也要有与社会经济发展相匹配的文化知识储备，不然在职业运动员生涯结束后，又将面临无法就业的问题。在对羽毛球运动重视的省份，尤其我国南方各省份，会加大对教练员培训的投入，建立完善的教练员培训体系，主要是文化素质与执教能力的提升，先让教练员的能力与社会相匹配，再谈训练羽毛球后备人才的计划。我国大部分省份的体育管理部门还没有意识到这个问题，在政策及资金上的扶持不够，教练员的素质跟不上社会的要求，导致后备人才培养上停滞不前。

虽然说教练员的主要任务是训练学生的羽毛球运动技能，但是同时也不能忽略教练员的文化综合素质的状况。在体育培训过程中，教练员与学员的共处时间是最长的，亦师亦友，在潜移默化中会影响青少年学员的心理及价值观。在目前的羽毛球教练员的队伍中，文化程度、职称高的少之又少，国家在这方面的投入较少，教练员没有机会接受提升培训。本身综合素质的提升较难，也导致了教练本身缺乏上升的渠道。

（五）羽毛球赛事相对较少

羽毛球比赛能够有效地吸引民众参与这项球类运动，正是因为拥有竞赛的机制，羽毛球才能吸引青少年的喜爱，才能将社会的有效资源聚集起来，也才能使这项运动得到持续的发展。通过举办羽毛球赛事，能够令竞技体育的内部机制运转有序，能够使国家、社会各界更加关注羽毛球运动的健康发展，而且能够吸引观众通过现场或者转播观看比赛，培养更多的羽毛球运动爱好者。

首先，这种引导作用，能够让更多的群众参与到羽毛球运动中来，在城市中形成良好运动氛围。

其次，羽毛球赛事能够推动羽毛球后备人才工作培养力度。赛事的举办能够引导社会资本进入羽毛球赛事，形成俱乐部、羽毛球协会、配套产业链条等赛事辅助机构。通过举办赛事，能够推动羽毛球项目在市场化的环境下发展；通过举办赛事，可以推动羽毛球项目的改革和发展，加强我国后备人才的培养。

最后，赛事的举办能够提升羽毛球项目在各项体育运动中的重视程度。羽毛球比赛在各项体育运动中受到的重视程度并不相同，只有通过羽毛球运动自身提升影响力，改变现状才能够使更多人认同羽毛球。尤其羽毛球赛事能够解决大量的羽毛球人才的就业问题，尤其是后备力量建设方面，竞赛发挥着无以替代的作用，充分发挥好竞赛的作用，将对竞技体育发展产生极大的推动力。

近些年来，我国一直致力于培养羽毛球运动的后备人才，举办了多种多样的羽毛球训练活动培养青少年羽毛球运动人才，比如羽毛球暑期训练营、羽毛球文化旅游节、少年羽毛球训练营等。全国性的羽毛球运动训练营是国家层面的羽毛球运动推广措施，这种训练营已经积累了一定的举办经验，形成了一种较为规范、科学的训练方式。例如，羽毛球文化节，这个文化节的承办单位是重庆市政府，承办方将旅游、体育、文化等要素有机结合起来，通过形式多样、内容丰富的活动吸引民众参与其中。文化节特别安排了万盛羽毛球公开赛等 5 项羽毛球赛事。主办方希望通过举办文化节吸引更多的民众参与羽毛球运动，使羽毛球运动成为一项群众性的活动。另外，有关各方还注重加强羽毛球运动的国际合作，通过在国家羽毛球训练基地开办羽毛球训练营加强亚洲各国羽毛球运动的交流与合作。

目前在我国举办的羽毛球赛事还比较少，除去国际性的赛事以外，国内赛事寥寥无几，并且影响力都不大。羽毛球运动并未能像篮球、足球一样有职业联赛，我国羽毛球运动的商业化、市场化还有很长的路需要走。还需要大力推进羽毛球运动市场化的进程，积极吸引企业的关注，吸引群众的参与，组建球迷协会，形成青少年羽毛球后备人才的培养机制。在我国全运会是规格最高、水平最高的运动会，但是全运会的周期是四年一次，中间间隔时间过长，使得运动员在自己的职业生涯中很少有机会参加此类赛事。如果没有足够多的赛事维持羽毛球运动员的成长和职业生涯，那么选择羽毛球作为自己终身职业的人就会大大减少。这种赛制阻碍了很多有潜质的青少年参与到羽毛球运动中来。

（六）优秀后备人才选拔机制不畅通

积极做好羽毛球后备人才的培养工作，从中选拔一些有潜质的青少年输送到国家队和省级运动队伍中去。现阶段我国羽毛球后备人才的培养选拔机制还不完善，还不科学。有的省份羽毛球人才的培养选拔工作走在了前列，有些省份仍然比较落后，各省之间呈现出了很大的不均衡性。国家队的人才本应是从全国各省队中择优选送，但目前基本变成了个别突出的省份直接选送。甚至一些羽毛球运动相对滞后的省份几乎停止了对国家队的人才输送工作。而一些俱乐部中的优秀羽毛球运动人才也因为体制的原因、合同的原因、理念的原因，向国家输送时存在重重阻碍。我国基层羽毛球运动人才选拔时大多是通过体校、通过教练来选择，主要以教练个人的经验作为依据，人才的选拔往往缺少科学性的支持。由于现在羽毛球的生源很少，体校和教练没有太多可供选择的人才，大多是报名即可录取。

（七）后备人才培养“学训矛盾”突出

羽毛球后备人才的培养应该是竞技技能与文化素养共同培养，但是在实际的训练过程中，很多青少年运动员主要进行羽毛球竞技技能的培训。这是因为一旦选择成为专业羽毛球运动员，就必须全力以赴通过高强度、大量度的练习来提升自己的竞技水平，这就使得青少年运动员的专业训练与文化教育不能同时兼顾，学训矛盾问题也就比较突出。而且各地的体校、俱乐部在青少年运动员培养过程中更多关注的是提高运动技巧，很多组织机构对文化课不重视。在重大比赛前夕和比赛期间，体育运动本身要求运动员对比赛灌注全部的注意力。由于赛前上课期间运动员也有很多的训练，容易造成运动员的疲劳、伤病和睡眠不足等现象，专业运动员的训练过程其实也是一个教育的过程，需要大量的时间来完成相应的训练任务，而人的精力是有限的，在这种情况下，运动员的文化学习时间就会相对减少，造成了运动员学习文化知识和体育训练之间的冲突。而优秀运动员的成长要通过大量时间的训练和比赛，因此其文化课学习时间难以保证。

在青少年羽毛球运动员的培养过程中，一直存在着文化课学习和体育训练之间的矛盾问题，如果能合理地安排好学习和训练的时间，对运动员理解和掌握技战术很有益处，因为具备文化素质，对于运动员综合素质的提高意义重大。根据调查，大部分青少年也希望训练和学习时间能够得到均衡安排。

三、我国羽毛球后备人才培养对策

（一）政府要加强政策性扶持力度

1. 政府部门要加大财政扶持力度

随着我国综合国力的增强，我国对体育行业的扶持力度不断加大，但是真正涉及羽毛球运动的政策和资金支持还不多。羽毛球是我国的优势项目，群众基础深厚，在一些国际重大赛事上羽毛球是重点项目，我国运动员在这些项目上也取得了非常优异的成绩，所以国家应制定和出台一些针对羽毛球项目的运动员培养政策，积极培养羽毛球运动的后备人才。目前我国羽毛球运动人才培养资金和项目发展资金相对短缺，针对这种情况，各省政府应当安排适当的预算资金用于支持羽毛球后备人才的培养，发展羽毛球运动项目，帮助体校筹集足够的资金增加训练设施，聘请优秀的教练，培养有潜质的羽毛球运动员。各基层单位应拓展资金的来源，保证专款专用。相关部门应当积极推进羽毛球职业联赛的举办，通过市场化的运作加快羽毛球运动的市场化步伐。在羽毛球运动发展得比较好的地区可以推行有偿训练，有偿租借运动场馆，以此增加经费收入。

2. 加强基础设施建设提升训练条件

为了增强羽毛球运动人才培养的后勤保障能力，各省应当大力加强羽毛球训练场馆的建设，做好配套设施的建设。要想使人才培养的数量和质量得到双保障，就要有比较完善的场馆设施以及训练设备作为保障。目前我国有些省份在培养羽毛球运动后备人才时存在设施和资金不足的问题，针对这种情况，在城市建设规划中应当充分给予考虑，在修建健身中心、体育公园时为市民提供一些羽毛球运动的场地和场馆。这些场馆不仅是青少年运动员的训练基地，而且还应当成为市民健身娱乐的场所，以此吸引群众参与羽毛球运动。相关部门应当担负起自己的职责，将本地的体育运动队、体校、俱乐部联系起来，建立羽毛球运动协会，实现资源共享，加强信息交流，使办学水平不断提高。在培养羽毛球运动后备人才的过程中，不同省份、不同教练之间应该加强沟通，让学生的视野更加开阔，对羽毛球赛事有更透彻的理解和认知。政府应该作为牵头者，将一些社会资本引入羽毛球基础设施的建设项目中来，引导企业加强与羽毛球运动的合作与联络，让羽毛球项目不断增值，与社会的发展保持同步。

3. 加强羽毛球项目从业人员的社会保障

现阶段我国的社会保障体系还有待完善，社会的保障能力还不足，所以家长、学校、社会还不能完全放心大胆地让青少年全身心地投入到体育运动中去。特别是如果青少年选择了从事体育运动行业，那么文化课的学习必然会受到影响，特别是羽毛球运动因为商业化的程度还不深，从事这项运动只有取得了突出的成绩才能带来相应的经济收入，但是大型赛事的获奖名额毕竟有限，因此大部分未能取得突出成绩的羽毛球运动员的生存和发展就会面临问题。针对这种情况，国家和相关部门应当加大对运动员的保障力度，这样才能使运动员安心投入到训练和比赛中去，也才能推动我国的体育事业健康有序发展。

我国相关部门应当积极探索改革运动员社会保障机制，在一部分地区先行进行运动员退役后再就业、伤残救治扶助、医疗保障、入学再教育的试点，想办法解决运动员因职业原因造成的伤残、退役后重新就业等方面存在的问题和困难。尤其对于那些因为比赛、训练而引起伤病的运动员，国家和社会应当为他们建立起比较完善的医疗、就业、养老保障体系，解决他们的后顾之忧。对于专业成绩难有突破、因年龄原因难再从事高强度训练比赛的运动员，应当鼓励他们进入体校、高校接受教育，为今后的再就业创造条件。同时，国家体育管理部门应当多加关注羽毛球赛事的改革问题，增加羽毛球赛事的场次和精彩程度，把更多的社会资源吸引到羽毛球项目中，利用精彩的赛事带动更多的青少年参与羽毛球运动。

（二）提升我国羽毛球后备人才培养及队伍建设水平

1. 完善我国羽毛球后备人才培养体系

为了更好地推进我国羽毛球后备人才的培养工作，要对当前的羽毛球后备人才培养体系进行创新和完善。

（1）加强政府管理、优化培养模式，各地的主管部门要加强羽毛球业余体校建设，形成省市区县联动的体校培养模式，在青少年人才选拔及培训过程中，政府部门要保障财政投入、充实教练员队伍、加强场馆建设力度。在为国家培养优秀羽毛球运动员的同时，通过各级体校的示范引领作用，能吸引更多的群众参与到羽毛球运动中。体育总局要有效地对接教育部门，通过拓宽体校的办学思路，改善现有的训练条件，加强教练员队伍建设，使各地的体校能够形成办学特色和优势项目。

（2）推动市场化培养模式建设，政府部门在加大体校人才培养力度的同时，要积极引导社会办学力量参与羽毛球项目的发展及后备人才的培养。在以政府培养为主的模式下，通过吸纳市场配置资源充分调动社会和个人办体育的积极性，努力形成培养人才主体多元化的格局。

当前，在北京、上海、广州等地俱乐部培养模式取得了成功，比较知名的上海地区的华阳青少年俱乐部，沪西羽毛球俱乐部，广东李宁羽毛球俱乐部等均在国内赛事中取得了较好的成绩。俱乐部培养模式的成功证明了通过羽毛球运动社会化的方式，能够成为我国羽毛球后备人才培养多元化的重要组成力量。

2. 推动体教结合提升运动员综合素质

根据当前体校羽毛球专业学生的成长渠道，可以发现羽校学生的职业生涯成长主要情况有：通过自身刻苦努力成为一线运动员，通过高考进入大学深造，受到自身条件及竞技水平的限制不适合继续从事羽毛球运动而进入社会。实际上，通过近些年体校的发展及学生个人成长，大部分的学生还是通过分流进入社会解决就业问题。因此，对那些不能够继续从事羽毛球运动的青少年，体育总局及各地的教育部门要统筹考虑、合理安排。为了确保部分运动员在退役、分流之后能够较好地融入社会，拓宽运动员的成才途径，可以积极采取体校与高等院校共同合作办学的方式，帮助运动员强化文化课的学习，使他们在接受专业训练的同时能够通过多种方式获得学历。

在培养羽毛球运动后备人才的过程中，要合理安排文化课和体育训练的节奏。根据青少年的身心特点将体育训练和文化课学习的时间交叉进行，一方面，可以让运动员有适当的时间得到休息，缓解大运动量训练给身体造成的疲劳感；另一方面，通过文化知识的学习拓宽青少年的思维，使他们有能力更好地理解训练中的技术和战术，提升个人的综合素质。通过调查，发现很多参与羽毛球训练的青少年都有学习文化的愿望，这也说明了文化课的学习是必需的；同时政府部门可以在全民健身工作中引进一些专业运动员作为教练，这样既可解决群众性体育娱乐活动中缺少指导人员的问题，也能为专业运动员的再就业提供更多的渠道。

3. 加强教练员队伍的建设

要想做好羽毛球运动后备人才的储备，必须要有一批高素质、高水平的基层教练员来面向基层选好苗子，练好苗子，这关系着我国羽毛球运动后备人才培养工作能否持续健康发展。运动员训练成效的优劣，在很大程度上会受到教练员能力和素质的影响。所以各有关部门要切实做好羽毛球教练员的队伍建设，让他们成为高素质、高水准的专业性教练员。要建立健全业余体校教练员的轮训制度，做好专业培训的组织工作。让教练员能够及时掌握新的专业知识以及训练方式，同时可以促进他们与同行的交流，开阔视野，拓展工作中的新思路。各省的体育主管部门应当将专项财政资金及时划拨到位，帮助相关机构合理制定培训的内容，督促体校及俱乐部的教练积极参加专业培训。在制定培训内容时要注意，其中不仅应当体现专业化的内容，如羽毛球技术战术的传授、羽毛球的训练方式、运动员心理辅导等，而且还应当把提高教练员的学力水平也提上议事日程，通过开展集中培训、组织模拟考试、进行异地交流等方式来提高教练员的综合水平。

在进行羽毛球教练队伍建设的过程中，不仅要对他们加大培训力度，而且还应当制定出有效的激励机制，提高教练员的工作热情和积极性。激励制度要充分体现针对性，对于体校和俱乐部的业余教练，应当从中选拔出一些优秀的人才吸纳成为专业的运动员，给予国家正式工作人员的编制待遇，让他们解除后顾之忧。在基层的教练员队伍中要及时开展工作考核，考核的内容包括：在优秀运动员培养工作中的贡献，推动羽毛球项目发展中的作用，促进全民健身活动开展中的贡献，体育后备人才培养上取得的成绩等，根据他们的工作表现给予物质上和荣誉上的充分奖励，提高他们的工作热情和积极性。

第六章　羽毛球运动科学——技术研究

羽毛球技术是羽毛球比赛过程中使用率最高的技术动作，主要动作从正、反握拍，发球，高远球技术，吊球技术，杀球技术，推球技术，勾球技术，扑环技术进行一一探讨。本章主要讲述羽毛球运动科学与羽毛球文化的关系、羽毛球运动最基本动作——握拍、慎重的第一拍：羽毛球运动的发球、羽毛球各种挥拍艺术的体现、击球以及“动如脱兔”：羽毛球运动步法。

第一节　羽毛球运动科学与羽毛球文化的关系

一、羽毛球运动科学与羽毛球的联系

羽毛球运动科学技术与羽毛球文化不仅是紧密联系、相互依存的，而且是彼此交融、双向互动的。羽毛球运动科学技术为创造和发展羽毛球文化提供物质基础，羽毛球文化为羽毛球运动科学技术的进步提供精神动力和智力支持。

（1）羽毛球运动技术的进步不断推动着羽毛球文化的发展。羽毛球运动科学技术是一个随着历史的发展而发展着的理性工具。在历史的发展过程中，羽毛球运动科学技术不断创造着新的文化形式，推进着文化的发展与进步。

（2）羽毛球文化的发展为羽毛球运动科学的发展提供了良好的环境与氛围，反过来又影响着羽毛球运动技术发展。任何一项运动技术虽然其本身可以看成是一个科学问题，但是就其背景和目的，特别是其具体运动过程中的许多问题，又是与“文化”密不可分的。

二、羽毛球运动科学与羽毛球文化的统一

拥有了先进的羽毛球文化，不等于拥有了先进的羽毛球运动技术；拥有先进的羽毛球运动技术，也决不等于就拥有了先进的羽毛球文化。因为羽毛球文化是通过人作用于羽毛球运动技术。要实现羽毛球运动科学与羽毛球文化的良性互动，人是其中的重要因素。羽毛球运动科学与羽毛球文化存在辩证统一的关系。

羽毛球运动发展今天，羽毛球文化走向市场和羽毛球运动产品实现产业化，是不可避免的。这将给羽毛球文化带来巨大的活力和灿烂的发展前景；但也可能会使本来属于精神文明的东西陷于市场的漩涡，出现世俗化和庸俗化的倾向。

羽毛球运动科学技术与羽毛球文化的关系，是一个复杂而重要的问题。不仅

要正确认识和处理羽毛球运动科学与羽毛球文化的关系，而且要探寻和驾驭它们实现结合和在结合中发挥积极作用的法则和规律。只有这样，才能更好地促进羽毛球运动的发展和羽毛球文化的提升。

第二节　羽毛球运动最基本动作——握拍

手掌与球拍拍柄接触的方式称为握拍。每个羽毛球技术动作都有各自相应的握拍和指法，从不同角度击球或击出不同路线的球也要有相应的不同握法。不同的运动员完成同一个技术动作，可采用不同的握法和与之相配合的指法。

正确而灵活多变的握拍方法，是击球手法的前提条件，握拍要有利于手腕的发力，能控制击球力量的大小和击球的飞行方向。

一、正手握拍

正手握拍法是羽毛球运动基本握拍方法之一，通常在还击握拍手身体同侧方向的来球时，采用此握拍法进行握拍。

握拍方法为：首先左手托住拍杆，拍头垂直地面，右手虎口对准拍柄窄面内侧斜棱，拇指和食指成“V”字形，相对贴握在拍柄的两个宽面上，中指、无名指和小指自然并握住拍柄，拍柄末端与小鱼际外缘齐平。食指与中指稍分开，并与拇指相对，掌心与拍柄应留有空隙，便于以后做勾球、推球动作。握拍后手臂自然前伸时，拍面与地面基本上保持垂直。

击球之前握拍要放松、自然，切忌握拍太紧，否则影响手腕的灵活性。只在击球的一瞬间才握紧球拍发力，完成击球动作。

二、反手握拍

反手握拍法是羽毛球运动基本握拍方法之一，通常在还击握拍手身体另一侧方向的来球时，采用此握拍法进行握拍。

握拍方法为：在正手握拍法的基础上，拇指和食指将拍柄向外转，食指稍向中指收拢，拇指内侧贴在拍柄的内侧棱上或内侧宽面上。手臂伸直握拍时，拍面平行于地面。

第三节　慎重的第一拍：羽毛球运动的发球

发球是羽毛球每一个回合的开始，也是唯一不受对方限制的羽毛球技术。发球既是羽毛球的基本技术，也是羽毛球战术的重要组成部分。羽毛球发球虽不能像乒乓球发球那样使球产生各种旋转，但它可以通过不同的发球手法，发出不同弧度、不同落点的球来控制对方。发球质量可以直接影响一个比赛回合的主动与被动，因此，羽毛球的发球应引起初学者的高度重视。

发球可分为正手发球和反手发球。一般来说，发网前球、平快球、平高球均可以用正手发球或反手发球的技术来完成。而发高远球，则须采用正手发球，原因是反手挥拍距离较短。球应发在有效发球区内，即前发球线、单打边线中线和底线围成的区域，分左右两区。

一、正手发球

用正手发球，不管采用哪种方法，发球动作均要求协调一致，这样可给对方的接发球造成判断上的困难。

（一）高远球

球的运行轨迹又高又远，下落时与地面垂直，落点在对方场区底线附近的球叫高远球。单打比赛时，常采用这种发球迫使对方退到最远的底线去接发球。如果发出的高远球质量好，就可在一定程度上限制对方一些进攻技术的发挥，使对方在接高远球时不容易马上组织进攻。在对方体力不支时，发高远球也可以使对方消耗更多的体力。

（1）站位。单打发球在中线附近，站在离前发球线约 0.7m，距中线约 0.2m 的位置。双打发球站位可靠近前发球线。

（2）准备姿势。身体左肩侧对球网，两脚自然分开基本与肩同宽，左脚在前，脚尖朝网；右脚在后，重心在两脚之间；右手持拍向右后侧举起，肘部放松微屈，左手拇指、食指和中指夹住球，举在胸前，两眼注视对手的站位、姿势、表情。

（3）引拍。身体稍向左转，重心移至右脚，右臂摆向右后上方。

（4）击球。松开手指，让球落下，身体由侧面转向正面，重心由右脚移至左脚，提起右脚跟。当球落到右手臂向前下方伸直能触到球的一刹那，握紧球拍，并利用手腕的力量向前上方发力击球。

（5）随前、收拍及还原。击球之后，球拍顺势向左上方挥动，收拍于左肩上方，然后回收至胸前成正手握拍形式。

（二）平高球

这是一种比高远球低、速度较高远球快、具有一定攻击性的发球。

发球动作要领：发球的动作过程大致同发高远球，只是在击球的一刹那，小臂加速带动手腕向前上方挥动，拍面要向前上方倾斜，以向前用力为主，击球后立即制动收拍。发平高球时要注意发出球的弧度以对方跳起击打不到球的高度为宜，并应发到对方场区底线。

（三）平射球

这种球比平高球的弧线还要低、速度还要快。在对付反应较慢、站位较前、动作幅度较大的对手或是初学者时，效果往往很好。

发球动作要领：准备姿势亦同发高远球。站位比发平高球稍后些（防对方很快回球到本方后场），充分利用前臂带动手腕爆发力向前方用力，球直接从对方的肩稍上高度越过，直攻对方后场。发平射球关键是出手的动作要小而快，挥拍线路是向前方而非上方。但前期动作应和发高远球一致。发平射球时还应注意不要过手、过腰犯规。

（四）网前球

发网前球是在双打时主要采用的发球技术。单打比赛时，如发高球，怕遭到对方球速较快的直接攻击；或为了主动改变发球方式借以调动对方时采用。

发球动作要领：准备姿势同发高远球，引拍时不必过多向右转，击球时，握拍要放松，大臂动作要小，主要靠小臂带动手腕，在球拍接触球时从右向左斜面切削击球，用力要轻。发网前球时应注意手腕不能有上挑动作，另外，落点要在前发球线附近，发出的球要贴网而过，以免遭对方扑杀。

二、反手发球

反手发球的特点是动作小、出球快、对方不易判断，较之正手发球隐蔽性好，威胁也更大。

（1）发球站位。可以站在前发球线后10~50cm及发球区中线的附近，也可以站在前发球线及场地边线附近的地方（双打比赛中，从右场区发球时可以看到）。

（2）准备姿势。面向球网，两脚前后站立（左脚或右脚在前均可），上体稍前倾，身体重心在前脚上，后脚跟提起，右手反手握拍，屈肘并抬起，手腕前屈以便发力；将球拍横举在腰间，左手拇指、食指和中指捏住羽毛，球托明显朝下（避免犯规），球体与拍面平行或球托对准拍面放在拍面前方。

（3）发球动作要领。击球时，小臂带动手腕朝前横切推送。发网前球时，用力要轻，切击球托的侧后部；发平高球时，手腕由屈突然变直，向前上方挥动，让球突然飞越接发球者，飞向后发球线；发平射球时，击球瞬间突然发力击球托后部，击球时拍面要有“反压”动作，让球较快、较平飞向接发球者的后场靠近中线区域。

第四节 羽毛球各种挥拍艺术的体现——击球

一、高远球技术

（一）上手正手击高远球

（1）准备。判断来球落点，击球点在右肩稍前上方，快速侧身移动至此处。左肩对网，两脚分开与肩同宽，重心落在右脚上，右手正手握拍屈臂，举于右侧，左手上举，以助身体平衡，双眼向上注视来球，拍面对网。

（2）引拍。球拍上提并后引，躯干微成反弓形；身体同时左转或面向球网，右肘上提，拍框向身后下摆，达到引拍最大距离。

（3）击球。后脚蹬地、向左转体、收腹，肘部向前摆动，前臂旋内加速向前上方挥动；同时，屈腕并握紧拍柄，运用拇指和食指的顶、压，产生出最大的爆发力。在持拍手臂伸直能触到球的位置，以正拍面击打球托底部，将球击出至对方底线。左手顺势放下至体侧，协助转体动作。

（4）随前、收拍。击球后顺势向左下方减速摆臂，身体左转，左手顺势放下至体侧，协助转体动作，收拍于左侧下方。

（5）回位。右脚蹬地回到场地中央，将球拍收至体前成准备姿势。

（二）上手头顶击高远球

（1）准备。大致同上手正手击高远球，只是球的落点在左肩或头顶左后上方，侧身稍向左后仰。

（2）引拍、击球。左脚后蹬，收腹，上臂带动前臂，挥动球拍绕过头顶，前臂内旋，向左上方用力击球，将球回击至对方底线。

（3）随前、收拍、回位。击球后拍向右下减速，收拍于右前下方；将拍回收至体前，回到场地中央成准备姿势。

（三）上手反手击高远球

（1）准备。对方将球从左侧击来时，身体迅速左转，右脚先行移动到位。背对球网，重心在右脚上，击球点在右肩上方，移动中迅速由正手握拍转为反手握拍。

（2）引拍。上臂平举、屈肘，使前臂平放于胸前，球拍放至左胸前，拍面朝上。

（3）击球。由上臂带动前臂，利用手腕“闪动”，前臂快速向斜右上方甩去，拇指顶压拍柄，两脚蹬地转体，产生较强爆发力，用正拍面击打球托后下部，将球击出至对方底线。

（4）随前、回位。击球后重心随即从右脚移至左脚，迅速转体，恢复成正手握拍，持拍于体前，回到场地中央成准备姿势。

（四）下手正手底线击高远球

（1）准备。采用正手交叉步后退步法到位，重心落在右脚上。

（2）引拍。球拍在移动中经右下后摆至右肩上，再后摆至右后下方，手腕后伸前臂稍外旋。

（3）击球。前臂内旋向前挥拍，同时手腕屈收，用力将球击到对方底线。

（4）随前、回位。击球后，惯性挥拍至身体左侧；转体回到场地中央，持拍于胸前成准备姿势。

（五）下手反手底线击高远球

（1）准备。采用反手后退步法到位，背对球网。

（2）引拍。移动过程中引拍于右后下方。

（3）击球。前臂外旋，触球瞬间伸展手腕，拍面对准球托后下部，向前上方挥动，将球击向对方底线。

（4）随前、回位。击球后，身体向右回转，左脚向右脚跟进一步，右脚向前方跨一步，左脚跟进回位至场地中央，回收球拍持于胸前成准备姿势。

（六）下手中场正手挑高远球

（1）准备、引拍。预判来球位置，右脚向右侧跨一步到位，同时稍向右后摆动上臂，前臂稍外旋，手腕最大限度后伸。

（2）击球、随前、回位。右前臂略外旋，使拍面向上挥动，触球瞬间手腕快速屈收，将球击到对方底线。击球后前臂挥至体前上方，收回右脚，回收球拍于胸前成准备姿势。

（七）下手中场反手挑高远球

（1）准备、引拍。根据来球落点及当时的站位点，右脚向左跨步（或左脚向左后侧跨步），身体向左后侧转，引拍至左下侧，前臂内旋，拍面朝上。

（2）击球、随前、回位。前臂向前上方用力挥动击球，击球瞬间握紧拍柄，拇指顶压宽柄面，手腕后伸，将球击到对方底线。击球后，身体回转，回收球拍于胸前成准备姿势。

（八）下手正手网前挑高远球

（1）准备、引拍。左脚以垫步向前移，右脚向网前跨一大步，球拍引向来球落点后方，前臂外旋，手腕后伸，引拍于右侧下方。

（2）击球、随前、回位。前臂内旋、屈腕并挥拍向前上方，以正拍面发力击打球托后下部，将球回至对方底线；击球后随即制动收拍，垫步迅速回位成准备姿势。

（九）下手反手网前挑高远球

（1）准备、引拍。左脚向左前移一步，身体稍左转，右脚向左前跨步到位形成弓步，向左下方引拍，拍面朝上。

（2）击球、随前、回位。手腕伸，手臂向上挥动，将球击到对方底线。击球后左脚跟进一小步，球拍随惯性向前上方减速，回位成准备姿势。

二、平高球技术

击平高球是比赛中快速进攻的主要技术之一，可以在场地任何一点，将球回击到对方底线，是直接进攻或主动过渡以创造进攻机会的有效手段。平高球较之高远球飞行时间短，飞行速度快，其弧度以能高过对方跳起击球的高度为准。对方若移动速度慢，则可运用平高球控制对方底线两角，使其在匆忙后退中回出低质量球，从而为本方进攻创造出机会。

平高球分为上手正手击平高球、上手反手击平高球和上手头顶击平高球。

击平高球的准备、引拍、击球和随前与击高远球基本一致，只是在击球点上拍面仰角小于击平高球的拍面仰角，与地面接近垂直，使击出的球弧度低、速度快。

三、平射球技术

平快球比平高球飞行弧度更低、速度更快。对移动慢的对手威胁更大。平射球只适用于两边线直线球。

平射球分为上手正手击平射球、上手反手击平射球和上手头顶击平射球三种。平射球击球法的准备、引拍、击球和随前与击高远球基本相同，不同之处在于击球时拍面垂直于地面。

四、吊球技术

把对手击来的后场高球，以向下的弧度还击到对方的网前区，称吊球。吊球分为正手吊球、反手吊球和头顶吊球三种，按击球动作的不同和球的飞行弧线又分为快吊（劈吊）、慢吊（轻吊、近网吊）和拦截吊。

（一）正手吊球

正手吊球的准备、引拍、击球和随前与上手正手击高远球基本相同，只是击球时改变拍面角度，并向球的运行方向减速挥拍，手腕快速切削下压。若快吊对角网前时，拍面向对角方向减速挥去，切削球托右侧后下部并向左下方发力，使球直线快速飞向对方对角网前；若快吊对方直线，则拍面正对前方减速挥拍，轻切球托正面后下部，使球直线快速飞向对方网前。慢吊时击球力量比快吊要轻，球以弧线飞行；拦截吊击球力量更轻，球飞行的弧度更高，落点比慢吊更近网。

（二）反手吊球

反手吊球的准备、引拍、击球和随前与上手反手击高远球基本相同，不同的是击球时拍面的掌握和力量的运用。击球时拍面稍后仰，即拍面与地面夹角稍大于90°，手腕内收闪动，并有前推动作，以免吊球挂网。吊直线球时，以球拍反面切击球托后中部，向对方右半场网前发力；吊对角时，以球拍反面切击球托左侧，向对方左半场网前发力。

（三）头顶吊球

头顶吊球的准备、引拍、击球和随前与上手正手头顶击高远球基本相同，不同的是击球时拍面的角度和击球力度的掌握。快吊对角网前，拍面向对角方向减速挥去，击球时手腕外展闪动，切削球托左侧后下部并向右下方发力，使球直线快速飞向对方对角网前；若快吊对方直线，则拍面正对前方减速挥拍，击球时手腕内收闪动，轻切球托右侧后下部，使球直线快速飞向对方网前。慢吊时用力比快吊要轻，使球成弧线飞行，落点比快吊更近网。

五、杀球技术

杀球是在后场或中场争取尽量高的击球点，并全力将球由上到下向对方中、后场区扣压下去的一种技术。杀球时球的力量最大、速度最快，在比赛中是进攻直接得分的重要手段。

（一）正手原地跳杀球

（1）准备、引拍。判断来球落点（击球点在右肩前上方），两脚分开，右脚在后，侧身对网，屈膝降低重心。两脚掌蹬地起跳，空中收腹、向左转体，上臂向上摆起，前臂外展、屈肘，手腕充分后伸，拍头向下，以加长挥拍距离。

（2）击球、随前、回位。前臂快速挥拍向右肩前上方，击球时，前臂内旋，手指握紧拍柄，手腕闪动内收发力，以正拍面击打球托后部，使球快速向下直线飞行。若正拍面对直线方向，则杀出直线球；正拍面对对角方向，则杀出斜线球。击球后，前臂惯性回收至体前，落地后右脚在前，左脚在后，回位成准备姿势。

（二）正手突击杀球

（1）准备、引拍。向右侧身，同时右脚后退一步，紧接着蹬地起跳，腾空后身体后仰，右上臂向上伸，前臂外展、屈肘，手腕充分后伸，拍头向下，以加长挥拍距离。

（2）击球、随前、回位。前臂挥拍向前上方，内旋，击球时握紧拍柄，手腕屈收闪动击球，以此产生的爆发力将球击出，使球快速向下直线飞行。击球后，前臂随惯性回收至体前，落地后右脚在后，左脚在前，回位成准备姿势。

（三）头顶杀球

（1）准备、引拍左脚后移一步，侧身，右脚迅速向左后退一大步并立即起跳，身体后仰成反弓形，空中转体，收腹。引拍与上手正手头顶击高远球基本相同。

（2）击球、随前、回位。与正手原地跳杀球基本相同。

（四）反手杀球

（1）准备、引拍判断来球落点，向左转身，以前交叉步移动到位，使击球点位于身体后上方，移动中转换成反手握拍，引拍至胸前，右肩稍内收。

（2）击球、随前、回位。前臂由左前下方向身体后上方挥拍，利用左脚蹬力及腰腹、肩部的力量，由上臂带动前臂，快速外旋，击球时手腕后伸下压，以反拍面闪动击打球托后部，使球快速向下直线飞行。击球瞬间拍面向正前下方压，为杀直线球，拍面向斜前下方压，为杀斜线球。击球后将拍收至体前，迅速转体回位。

六、网前击球技术

网前击球技术包括搓球、勾球、放网前球、推球、扑球等。其中搓、推、勾、扑属主动进攻技术，威胁性大。在比赛中，一个高质量的搓球、推球、勾球、扑球常能直接得分或使对手陷于被动，为下一拍创造进攻机会。其技术要求击球前期动作一致，击球刹那产生突变。

（一）搓球技术

搓球击球法是从距网顶 1/3 处或更高点，球拍由上向下弧线挥动，搓切球托的左右侧或底部，使球向右侧或左侧旋转、翻滚过网。搓球击球法有以下两种。

1. 正手搓球

（1）准备、引拍。右脚在前，左脚在后，两脚间距离略比肩宽。右手握拍自然举于胸前，身体略向前倾；左脚向右脚前方交叉，右脚向右前上方跨步，步伐移动的同时，前臂外旋、手腕稍后伸，将拍引向右前上方。

（2）击球、随前、回位。右手拇指和食指夹住拍柄，其余手指轻握拍柄（握紧球拍不利于手指和手腕的活动而影响发力），前臂外旋，手腕由后伸向前稍作内收闪动，由上向下画弧线捻动球拍，在右脚落地同时，利用手腕和手指的力量，搓切球托的右侧底部，将球击出，使球旋转翻滚过网（触球时拍头低于框、柄接点）。来球离网的距离和速度，决定击球的力量、速度和拍面击球的角度。来球离网远，速度快时，搓球力量大些；反之则搓球力量小些。击球后将球拍收至胸前，右脚回收，回位成准备姿势。

2. 反手搓球

（1）准备、引拍。准备同正手搓球。左脚向左前方移动一步，右脚跨步移向球网左前方，移动时握拍变为反手握拍，前臂上举，手腕前屈，手背基本与网顶平高，拍面低于网顶，完成引拍。

（2）击球、随前、回位。来球离网远时，前臂前伸、内旋，手腕由内收至外展，利用手腕和手指的力量捻动球拍，由上向下划弧线，在右脚落地同时，以反拍面搓切球托的左侧底部，将球击出，使球旋转翻滚过网，为由外向里搓球；来球离网近时，前臂前伸、内旋，利用手腕和手指的力量捻动球拍，前臂外旋，手腕由屈至伸，由下向上划弧线，以反拍面搓切球托的左侧底部，将球击出，使球旋转翻滚过网，为由里向外搓球。击球后将球拍收至胸前，恢复成正手握拍，右脚回收，回位成准备姿势。

（二）放网前球技术

放网前球是一种网前的被动击球技术，主要用于来球离网较远、被动情况下的过渡。与搓球的区别是击球点低于腰际，击球时不搓切球托，球回击过网后垂直下落，而不是旋转翻滚过网，落点近网。

1. 正手放网前球

（1）准备、引拍基本同正手搓球。

（2）击球、随前、回位。在低于腰际的击球点，手腕向上轻提，以正拍面碰击球托底部，将球回击过网，使球近网垂直下落。随前、回位同正手搓球。

2. 反手放网前球

（1）准备、引拍基本同反手搓球。

（2）击球、随前、回位。在低于腰际的击球点，手腕向上轻提，以正拍面碰击球托底部，将球回击过网，使球近网垂直下落。随前、回位同反手搓球。

（三）推球技术

推球是把对方击来的网前球推击到对方后场两底角，球的飞行弧线较低平，速度较快。

推球分为正手推球和反手推球。

1. 正手推球

(1) 准备、引拍。准备动作基本同正手搓球。左脚从右脚前向右前方移动一步，右脚向网前右区跨一步，前臂随步法移动伸向右前上方，外旋，手腕稍向后伸球拍随之向右下后摆，拍面正对来球，完成引拍。

(2) 击球、随前、回位。击球时，前臂内旋并带动手腕由后伸至屈闪动，同时食指推压拍柄，将球击出。击球点在右肩侧前，拍面正对直线，推击球托后底部，则推出直线球；击球点近右肩侧前时，拍面对斜线，推击球托右后底部，则推出对角线球。击球后，收拍于胸前，右脚回收，回位准备姿势。

2. 反手推球

(1) 准备、引拍。准备动作同正手推球。左脚向左前方移动一步，右脚向网前左区跨一步，前臂随移动将拍引至左胸前。肘关节稍屈，手腕外展，并将握拍变为反手握拍，手心向下。

(2) 击球、随前、回位。击球时前臂稍外旋，手腕从外展到伸直闪动，中指、食指和无名指瞬间握紧拍柄，拇指顶压拍柄。击球点在左侧前，反拍面正对直线并推击球托后部，为推直线球；当击球点近左侧前时，反拍面对斜线并推击球托左后底部，则为推对角线球。

(四) 勾球技术

勾球是把对方击来的左右两边网前球，用勾的动作，将球回击到对方对角网前的技术。勾球分正手勾球和反手勾球。

1. 正手勾球

(1) 准备、引拍与正手搓球相同。

(2) 击球、随前、回位。击球时，前臂稍内旋，手腕由后伸至内收闪腕，正拍面拨击球托右侧下部，使球向对方对角网前掠网坠落。击球后回收球拍至胸前，回位至中线靠左处。

2. 反手勾球

(1) 准备、引拍。准备同反手搓球。移动中前臂前伸，使拍面距网顶 20cm 处，反拍面对来球，完成引拍。

(2) 击球、随前、回位。击球时前臂外旋，手腕由稍屈至后伸闪腕，拇指内侧和中指将拍柄往右侧拉收，其他手指同时握紧拍柄，拨击球托左侧后部，使球沿对角方向飞向对方网前。击球后回收球拍至胸前，回位成准备姿势。

（五）扑球技术

扑球是将对方击来的网顶上方 10~20cm 的球，以最快速度向下扑压的一项网前技术，其动作小，出手快，手腕爆发力强，给对方造成的威胁最大，常能直接得分。扑球包括正手扑球和反手扑球两种方法。

1. 正手扑球

（1）准备、引拍。准备同正手搓球。左脚先蹬离地面，紧接着右脚蹬地跃向右网前，蹬跃过程中，前臂持拍稍上伸，略外旋，手腕后伸，完成引拍。

（2）击球、随前、回位。击球时，利用手腕由后伸到前屈闪动发力，将球击出。如来球离网顶较近，则靠手腕由右前向左前“滑动”扑球（拨球），以免触网。击球后球拍随手臂往右下侧回收，回位成准备姿势。

2. 反手扑球

（1）准备、引拍。准备动作同正手扑球。左脚先蹬离地面，右脚向左网前蹬地跃起，蹬跃中转换成反手握拍，前臂前伸将球拍上举，拇指顶住拍柄宽面，其余手指并拢，完成引拍。

（2）击球、随前、回位。击球时手臂伸直外旋，带动手腕由内收至外展，拇指顶压加速挥拍，其余手指握紧球拍，将球击出。若来球靠近网顶，则手腕外展由左向右拉切击球，以免触网。击球后，立即屈肘，右脚着地屈膝作缓冲，收拍于体前，回位成准备姿势。

七、中场击球技术

中场击球技术分为抽球技术、快挡技术和快打技术，是双方处于攻防转换，互相抗争时经常采用的一种中场技术。

（一）抽球技术

抽球是将头部以下，腰部以上，身体左右两侧的来球，用抽击的动作，将球回击过网，使球过网后向下飞行，其特点是速度快，是中场的一种主动进攻技术。抽球分为正手抽球和反手抽球。

1. 正手抽球

（1）准备、引拍。准备动作同正手搓球。右脚稍向右前迈出一小步，左右脚间距离比肩稍宽，身体稍向右倾，微屈膝收腹，球拍举于右肩前，前臂后摆、外旋，手腕后伸，引拍至体后。

（2）击球、随前。击球时前臂向前挥动，由外旋至内旋，手腕由后伸至伸直闪腕，手指握紧拍柄，发力将球平抽过网。击球后手臂顺势左摆，左脚向左前迈进一步，准备迎击下一个来球。

2. 反手抽球

（1）准备、引拍。准备同正手抽球。左脚向左前跨一步，身体稍向左转，重心落在左脚，反手握拍，肘部稍上抬，前臂内旋收于身前，手腕外展，完成引拍。

（2）击球、随前。击球时前臂外旋，手腕外展伸直闪腕，拇指前顶，其余手指握紧拍柄，击打球托后底部，将球平抽过网。击球后球拍顺势反盖过去，挥向右侧，并随回动收于胸前。

（二）快挡技术

快挡是将速度快、位于体前的来球，借助其力量用正反拍弹击，将球回到对方网前区。快挡是双打的反攻战术。快挡分正拍快挡和反拍快挡。

1. 正拍快挡

（1）准备、引拍。准备动作同正手搓球。右脚向右跨一步到位，身体右转，手臂右伸，前臂外旋，手腕外展，完成引拍。

（2）击球、随前。击球时，借助来球力量，前臂内旋，闪腕轻击球托后底部，将球直线挡回对方网前区。如将拍面朝向斜线，轻击球托右侧，则将球对角挡回对方网前区。击球后向左转体，右脚向前一步，正面对网，球拍随之收至体前。

2. 反拍快挡

（1）准备、引拍。准备动作同反手搓球。稍向左转体，反手握拍向左下侧摆，手腕内收，完成引拍。

（2）击球、随前。击球时借助来球力量，手指握紧拍柄，闪腕击球托后底部，将球直线挡至对方网前区；拍面对斜线，闪腕击球托左侧下部，则将球对角挡至对方网前区。击球后身体右转，正面对网，球拍随转动收至体前。

（三）快打技术

快打是在中场迎击肩上方至略高于头部的平球，其特点是快速、凶狠，球过网后向下飞行，是双打由守转攻最具威胁性的技术。快打技术分为正手快打和反手快打。

1. 正拍快打

（1）准备、引拍。两脚分开站立，两脚间距离稍比肩宽，两膝弯曲成半蹲式，右前臂上举，持拍于右肩上方。上臂稍向右前上方提起，前臂稍向后摆，外旋，手腕后伸，完成引拍。

（2）击球、随前。击球时，前臂由外旋至内旋，手腕由后伸至前屈闪腕，击打球托后部，使球急速、平直飞向对方中场区附近。击球后球拍顺势前盖，迅速将球拍从左下方回收至前上方，以便迎击下一次来球。

2. 反拍快打

(1) 准备、引拍。两脚平行站立，两脚间距离稍比肩宽，右前臂持拍上举于右侧前。右前臂左摆，向左转体，左脚向左侧迈一小步，前臂内旋，手腕外展，引拍于左侧后。

(2) 击球、随前。击球时，前臂外旋，手腕伸直闪动，手指握紧拍柄，击打球托后部，使球快速、平直向前飞行。击球后迅速将球拍回收至前上方，准备迎击下一次来球。

八、接杀球技术

接杀球是指将对方扣杀过来的球还击回对方场区的技术，是实战中的一个重要环节，接杀球技术运用得当，常能转守为攻，变被动为主动，甚至能直接得分。准确判断、快速反应、快速起动、快速移动及站位得当、回球落点变化多，是掌握好接杀球技术所必备的素质。具备这些素质后，可采用挡网前球、挑后场球、平抽、快打等技术来完成接杀球技术。

第五节 “动如脱兔”：羽毛球运动步法

羽毛球运动员在进行比赛训练时，往往将爆发力、准确性、瞬时速度作为培训的重点。而在比赛场上所应用到的技巧随处可见，羽毛球的步伐是十分重要的基础技术，与羽毛球的技术相辅相成，只有在步伐的配合下，再加上技术的提升，才有更大可能取得胜利。羽毛球步伐包括垫步、交叉步、跳步等，从中心位置开始向场内四周进行灵活转换。所采用的技术操控球的远近距离。但是始终秉承着右手握拍，一步或两步击到球和右脚始终在前，左脚靠近中心位置的步伐，在此基础上，与手上的动作相配合，可以更大程度制约敌人，取得胜利。

一、上网步法

上网步法是指完成上网搓球、推球、勾球、扑球及挑球的步法，它包括跨步上网步法、垫步加蹬步上网步法、前交叉加蹬跨步上网步法、后交叉加蹬跨步上网步法、蹬跳步上网步法。不论采用哪种步法上网击球，上网前的站位及准备姿势基本相同，即两脚站立约同肩宽（一般右脚在前左脚稍后），两膝稍有弯曲，两脚前脚掌着地，后脚跟稍提起。上体稍前倾，持拍于体前，双眼注视对方来球。

（一）跨步上网步法

1. 两步跨步上网步法

左脚先向来球方向跨出一步，左脚落地的同时右脚向前跨出一大步到位击球。图 6-1 所示为右侧两步跨步上网步法，图 6-2 所示为左侧两步跨步上网步法。击球后右脚蹬地迅速回位至球场中心位置。

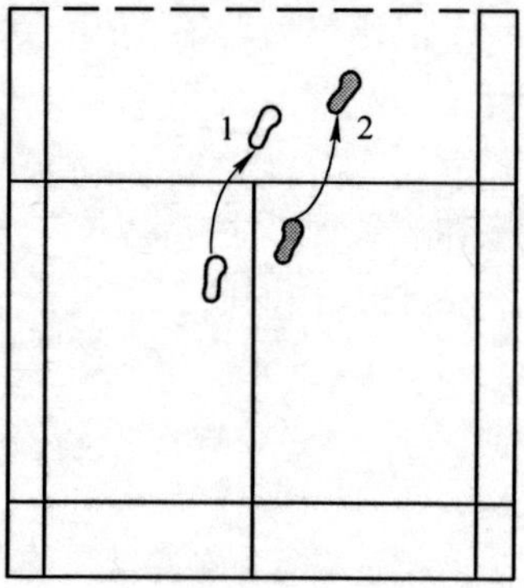

图 6-1　右侧两步跨步上网步法

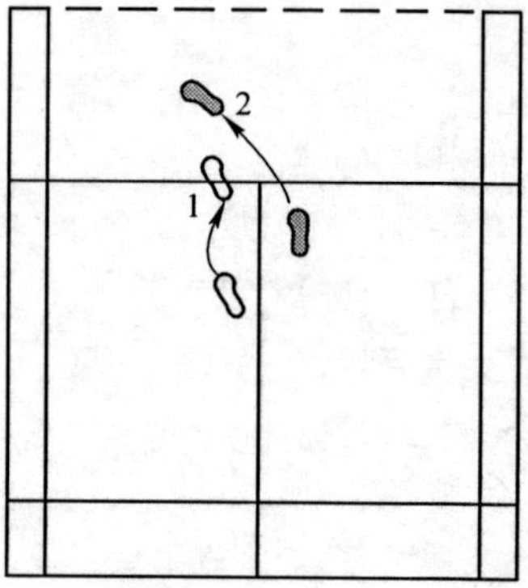

图 6-2　左侧两步跨步上网步法

2. 三步跨步上网步法

右脚先向来球方向跨出一小步，接着左脚向前跨出一步，右脚再跨出一大步到位击球。图 6-3 所示为右侧三步跨步上网步法，图 6-4 所示为左侧三步跨步上网步法。击球后右脚蹬地迅速回位至球场中心位置。

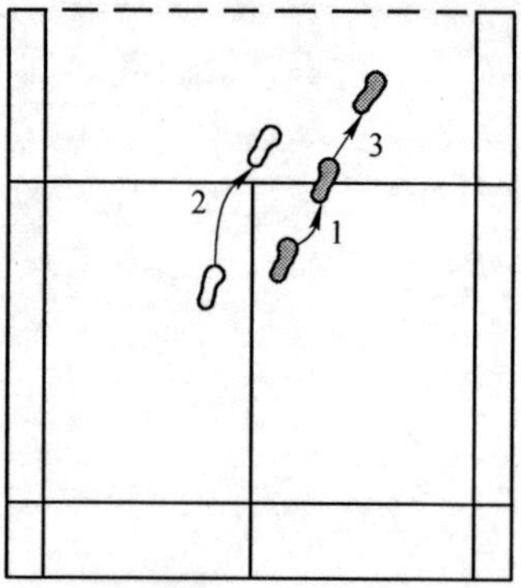

图 6-3　右侧三步跨步上网步法

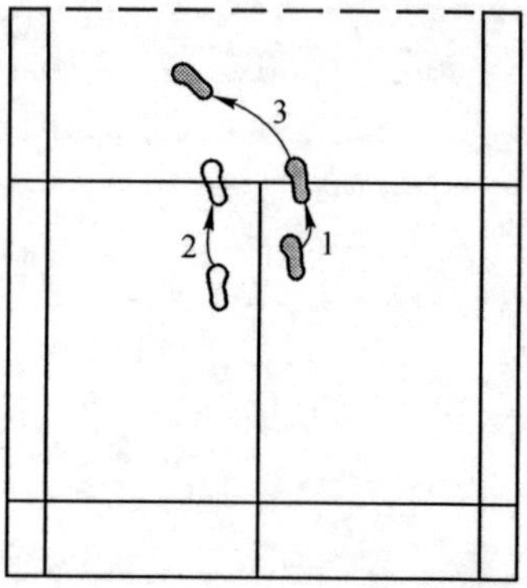

图 6-4　左侧三步跨步上网步法

（二）前交叉步加蹬跨步上网步法

左脚先向来球方向迈出一步，落地同时右脚抬起，利用左脚蹬地跨出一大步，到位击球。图 6-5 所示为右侧前交叉步加蹬跨步上网步法，图 6-6 所示为左侧前交叉步加蹬跨步上网步法。击球后右脚蹬地迅速回位球场至中心位置。

（三）后交叉步加蹬跨步上网步法

右脚向来球方向迈出一小步，接着左脚从右脚后迈出第二步，落地时蹬地，

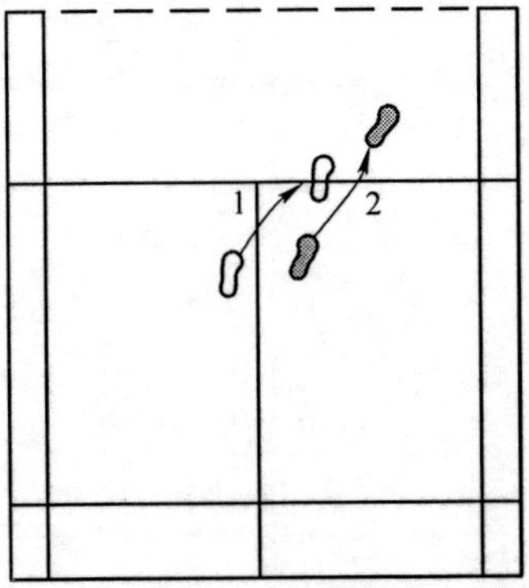

图 6-5　右侧前交叉步加蹬跨步上网步法

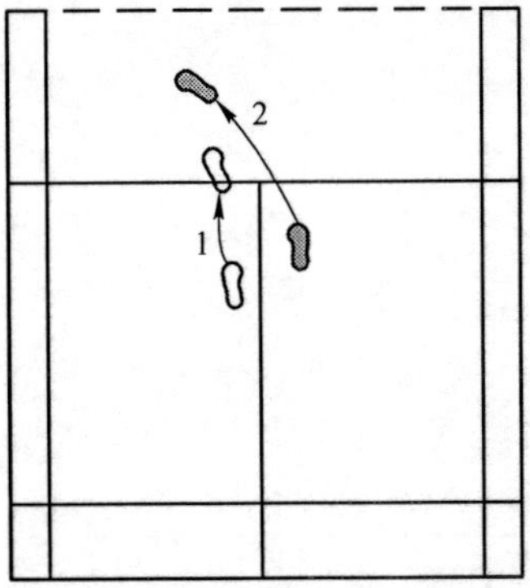

图 6-6　左侧前交叉步加蹬跨步上网步法

使右脚迎来球跨出一大步到位击球。图 6-7 所示为右侧后交叉步加蹬跨步上网步法，图 6-8 所示为左侧后交叉步加蹬跨步上网步法。击球后右脚蹬地迅速回位至球场中心位置。

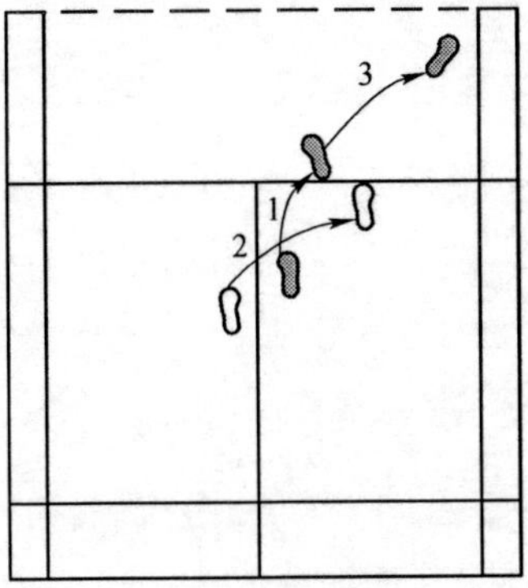

图 6-7　右侧后交叉步加蹬跨步上网步法

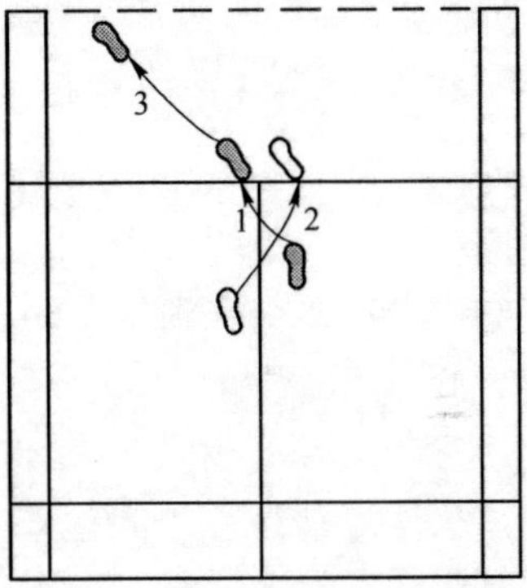

图 6-8　左侧后交叉步加蹬跨步上网步法

（四）蹬跳步上网步法

蹬跳步上网是利用脚的蹬力，迅速扑向球网，争取高点击球时采用的步法。采用这种步法时站位稍靠前，判断到对方有打网前球的意图时，右脚蹬地跳向网前，如图 6-9 和图 6-10 所示，采用扑球技术击球。右脚落地后应立即制动，以防止因冲力过大触网或脚过中线犯规。击球后右脚蹬地迅速回位至球场中心位置。

二、后退步法

从中心位置移动到后场各个击球点的位置上击球的步法称为后退步法。后退步法是完成后退回击高远球、吊球、杀球和后场抽球的步法，包括正手后退步法、头顶后退步法、反手后退步法。站位及准备姿势基本同上网步法。

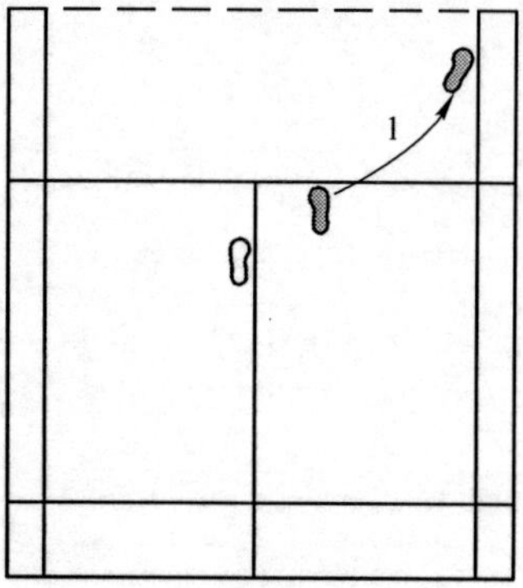

图 6-9　右脚蹬地跳向网前右

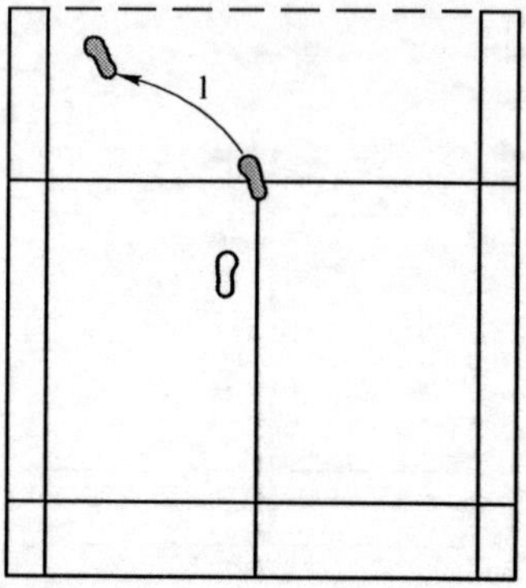

图 6-10　右脚蹬地跳向网前左

人的生理结构决定了向前移动易于向后移动，特别是向左后的移动，难度更大，因此，向后移动要求具有较高的身体灵活性和协调性。

（一）正手后退步法

正手后退步法有并步后退步法、交叉步后退步法及并步加跳步后退步法三种。

1. 并步后退步法

判断来球落点，右脚向后退一步，带动身体向右侧转，接着左脚向右脚并步靠近，右脚再后移一步到位，侧身准备击球，如图 6-11 所示。击球后迅速回位至球场中心位置。

2. 交叉步后退步法

判断来球落点，右脚向后退一步，带动身体向右侧转，接着左脚向右脚后交叉后退一步，右脚再后移一步到位，侧身准备击球，如图 6-12 所示。击球后迅速回位至球场中心位置。

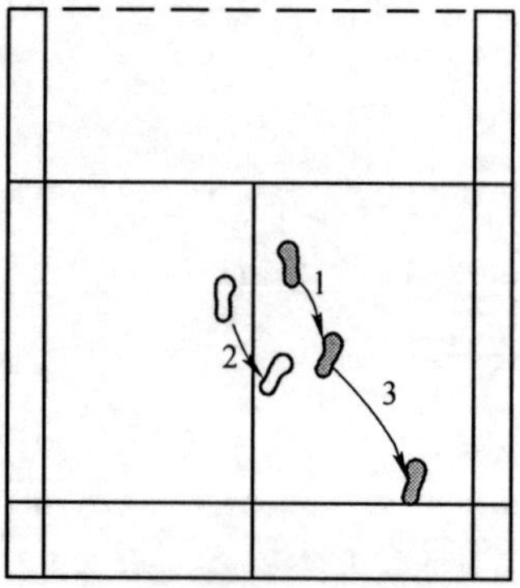

图 6-11　侧身准备击球

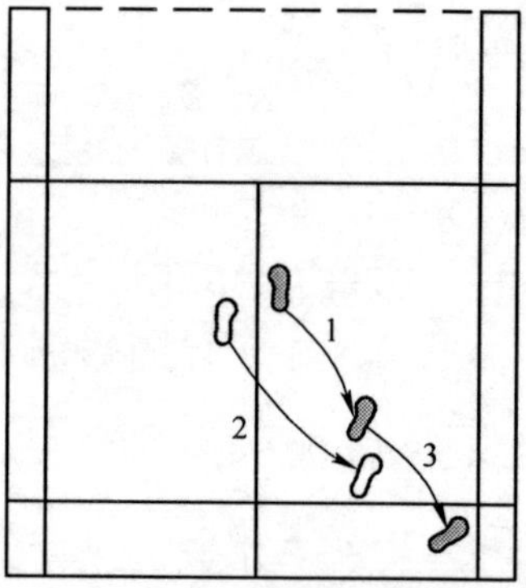

图 6-12　侧身准备击球

3. 并步加跳步后退步法

判断来球落点，右脚向后退一步，带动身体向右侧转，接着左脚向右脚并步靠近，最后两脚同时蹬地起跳，侧身对网击球，如图 6-13 所示。击球后迅速回位至球场中心位置。

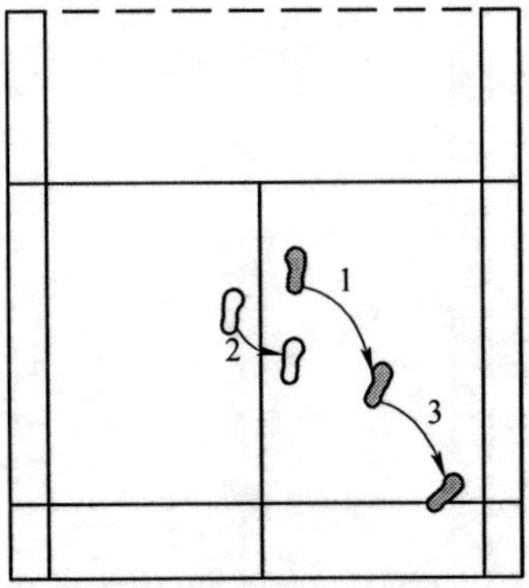

图 6-13　侧身对网击球

（二）头顶后退步法

头顶后退步法是来球至左后场区，用头顶击球技术还击来球时采用的后退步法。有头顶并步后退步法、头顶交叉步后退步法及头顶侧身步加跳步后退步法三种。

1. 头顶并步后退步法

判断来球落点，右脚向右后方大角度蹬转后退一步，接着左脚并步靠近右脚，右脚再向后移动到位，身体稍后仰，侧身对网准备击球，如图 6-14 所示。击球后迅速回位至球场中心位置。

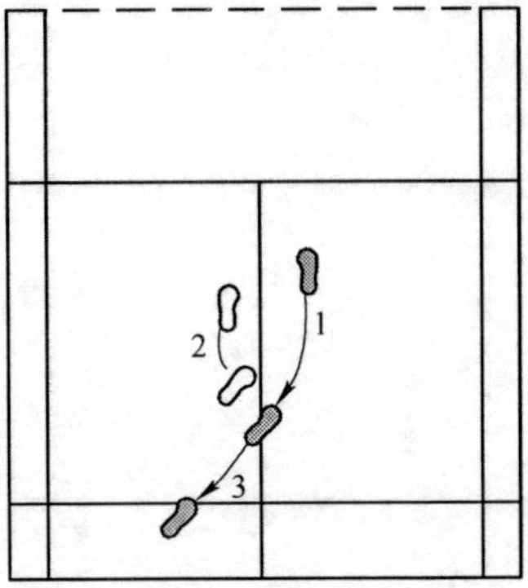

图 6-14　侧身对网准备击球

2. 头顶交叉步后退步法

判断来球落点，右脚向右后方大角度蹬转后退一步，接着左脚从右脚后交叉向后退一步，右脚再向后移动到位，身体稍后仰，侧身对网准备击球，如图 6-15 所示。击球后迅速回位至球场中心位置。

3. 头顶侧身步加跳步后退步法

判断来球落点，右脚向右后方大角度蹬转后退一步，紧接着右脚向后方蹬地跳起，上体后仰，凌空中完成击球动作，如图 6-16 所示。左脚在空中向右脚后交叉先落地，右脚落地后蹬地快速回位至场地中心位置。此步法常用在快速突击抢攻打法中。

（三）反手后退步法

当来球落点位于身体左后反手位，用反手击球技术还击来球时采用的后退步法。有两步反手后退步法及三步或五步反手后退步法。

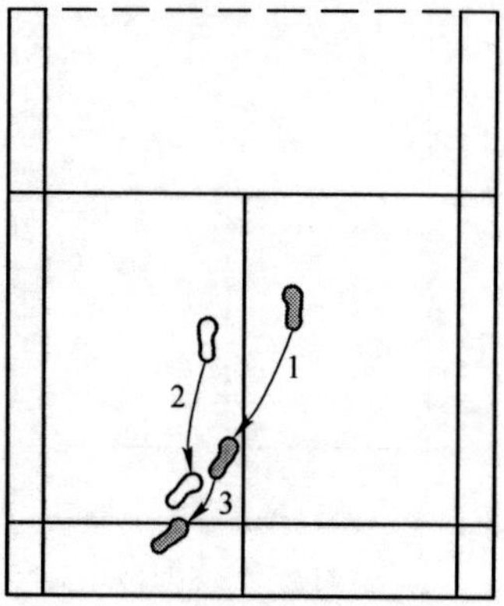

图 6-15　侧身对网准备击球

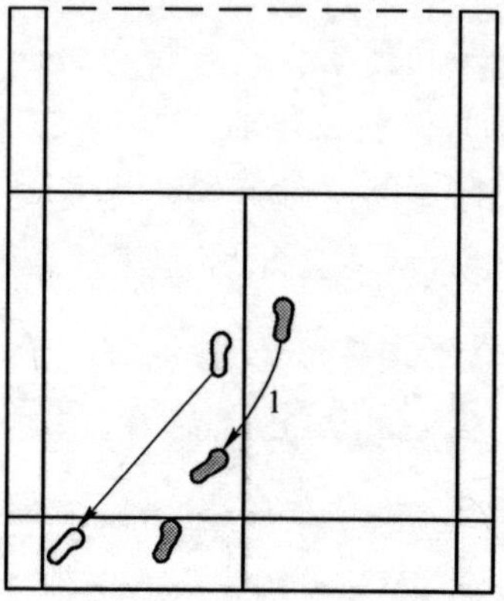

图 6-16　凌空中完成击球动作

1. 两步反手后退步法

左脚向左后方退一步，同时上体左转，右脚向左后方跨一步，背对球网到位准备击球，如图 6-17 所示。或右脚先向后撤一步，左脚向左后方退一步到位，侧身右肩对网准备击球，如图 6-18 所示。击球后迅速回位至球场中心位置。离来球较近时采用此步法。

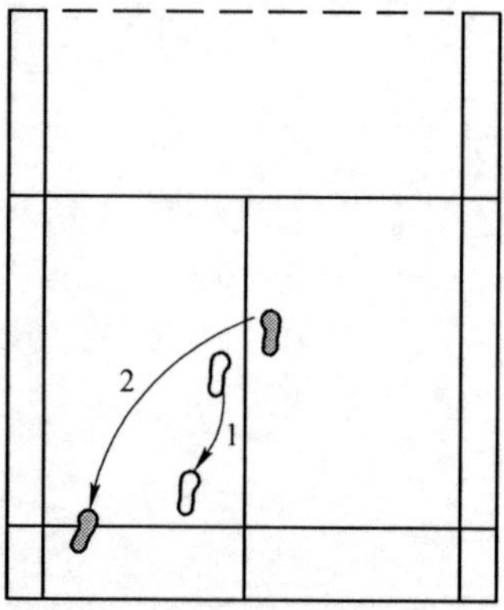

图 6-17　背对球网到位准备击球

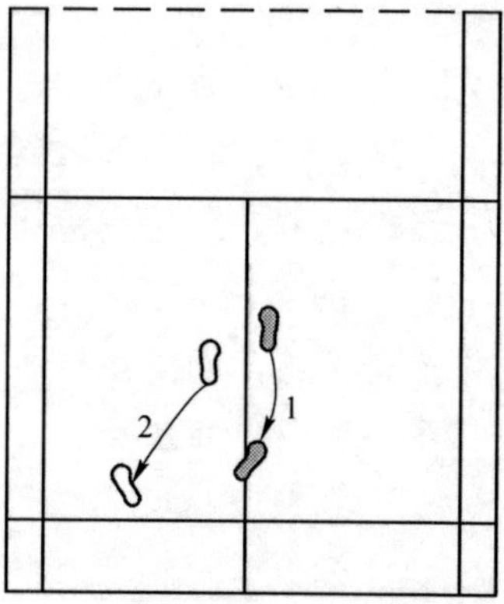

图 6-18　侧身右肩对网准备击球

2. 三步或五步反手后退步法

右脚先向左脚并一步，接着左脚向左后方退一步，同时上体左转，右脚再向左后方跨一步到位，背对球网准备击球，如图 6-19 所示。如果三步不能到位，则左右脚再向后各移动一步，即成五步反手后退步法。击球后迅速回位至球场中心位置。离来球较远时采用此步法。

三、两侧移动步法

两侧移动步法是从球场中心位置向左右两侧移动到击球点上击球的步法。是接对方杀球、接对方平射球时采用的步法。两侧移动步法包括左侧移动步法、右侧移动步法、左侧蹬跳步法、右侧蹬跳步法。站位及准备姿势基本同上网步法。

（一）左侧移动步法

1. 一步蹬跨步法

判断来球落点离身体较近时，迅速将身体重心移至右脚，右脚掌内侧用力蹬地，同时左脚向左侧跨一大步到位正对球网击球（见图 6-20）。击球后左脚掌内侧蹬地回收回位。或判断来球左脚向左侧跨一步不能到位时，将重心落在左脚，以左脚前掌为轴向左转髋，同时右脚内侧用力蹬地，从左脚前向左侧跨一大步到位，背对球网击球（见图 6-21），击球后右脚掌回蹬回位。

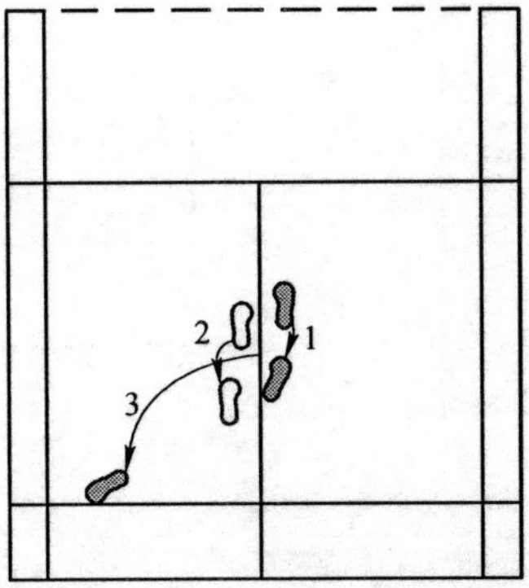

图 6-19　背对球网准备击球

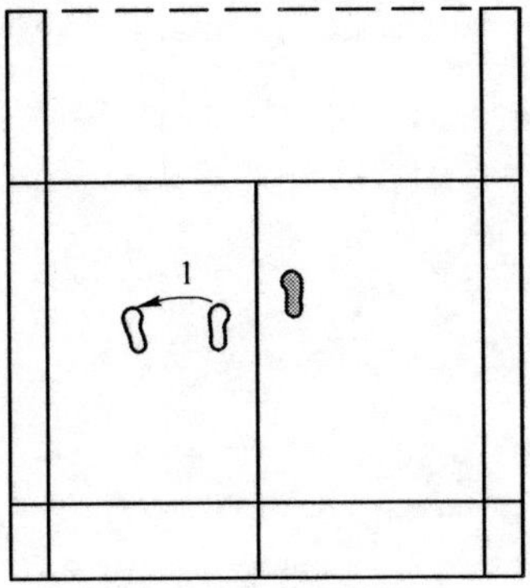

图 6-20　正对球网击球

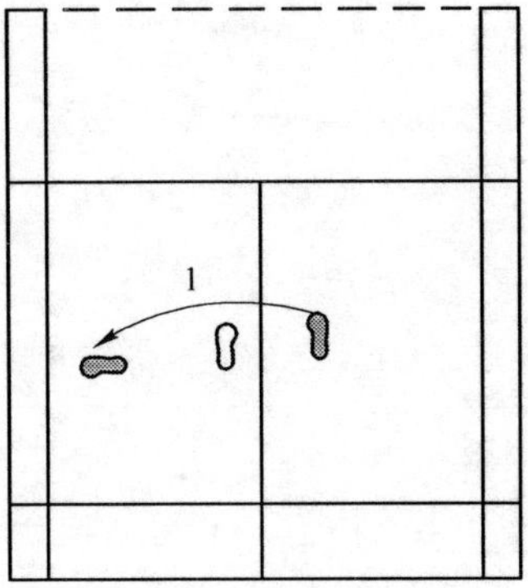

图 6-21　背对球网击球

2. 两步蹬跨步法

判断来球落点离身体较远时，左脚先向左侧移一小步，紧接着右脚向左侧蹬跨出一大步，背对球网到位击球，如图 6-22 所示。击球后迅速回位至球场中心位置。

（二）右侧移动步法

1. 一步蹬跨步法

来球离身体较近时，迅速将身体重心移至左脚，左脚内侧蹬地，接着右脚向右侧跨一大步到位击球，如图 6-23 所示。击球后右脚掌内侧蹬地回收回位。

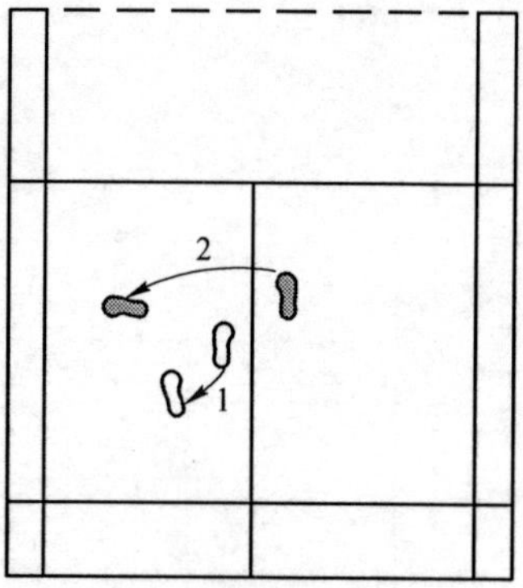

图 6-22　背对球网到位击球

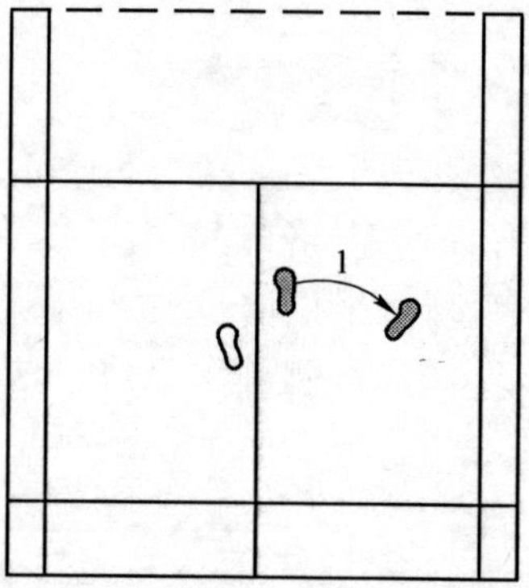

图 6-23　右侧跨一大步到位击球

2. 两步蹬跨步法

来球离身体较远时，左脚先向右后侧移一步，然后左脚内侧蹬地，右脚向右侧跨出一大步到位击球，如图 6-24 所示。击球后右脚掌内侧蹬地回位。

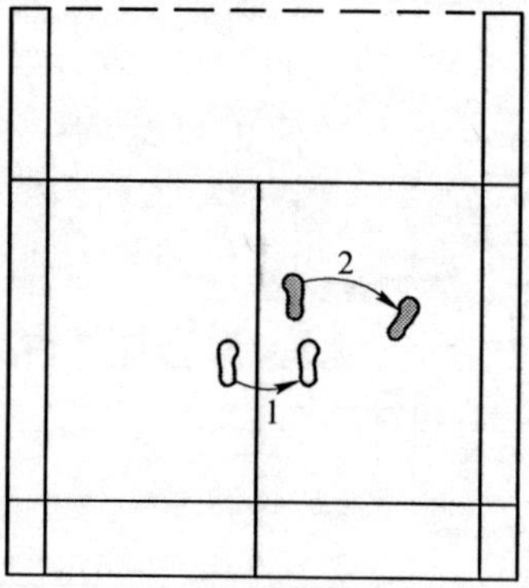

图 6-24　右侧跨出一大步到位击球

（三）左侧蹬跳步法

对方来球弧度较平时，可采用左脚向左侧移一步后跳起击球，如图 6-25 所示。击球后迅速回位至球场中心位置。

（四）右侧蹬跳步法

对方来球弧度较平时，可采用右脚向右侧移一步后跳起击球，如图 6-26 所示。击球后迅速回位至球场中心位置。

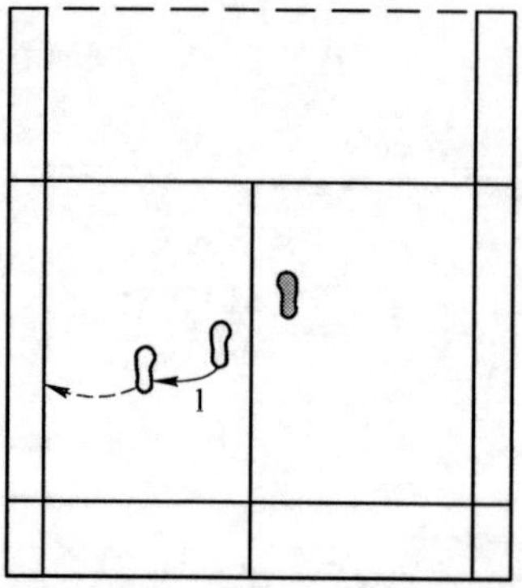

图 6-25　左脚向左侧移一步后跳起击球

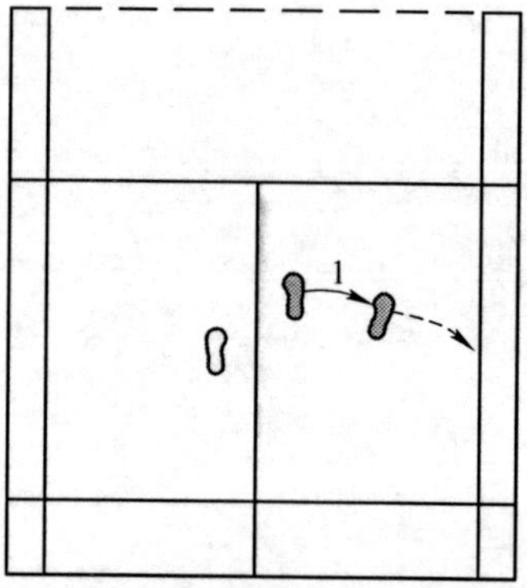

图 6-26　右脚向右侧移一步后跳起击球

第七章　羽毛球运动科学
——战术与竞技规则研究

羽毛球在中国有着极其广泛的群众基础，普及范围广泛，参与人数众多。对于希望在羽毛球赛场上获得胜利的人来说，无论是运动员还是普通人，除了具备娴熟的技术、良好的身体素质，还有很重要的一点就是要具有一定的羽毛球战术意识。本章重点探讨羽毛球运动战术意识及运用和羽毛球运动中的竞技规则与欣赏。

第一节　羽毛球运动战术意识及运用

一、羽毛球运动战术意识

（一）战术意识的内涵

战术意识是指运动员在千变万化的比赛过程中，准确地判断比赛场上的情况，并根据实际情况随机应变地、准确地决定自己应如何行动的能力。

从心理学的角度看，战术意识是运动员头脑中的“战术思维”如何适应千变万化情况的能力的表现。

为了更好地完成羽毛球单打、双打、混双的各种战术，在平时训练和比赛中培养每名运动员的战术意识有着极其重大的意义。

（二）战术意识的内容

根据羽毛球运动的特点与规律，战术意识包括以下几个方面的内容。

1. 运用技术的目的性

在进行技术切磋时，要明确技术的用途和目的，不可以单一地采取某种技术，要有技术组合，打出配合球，这样才可以占据主动权。在获取主动权之后应打平高球，而不能打高远球。平高球才可以进攻到敌人的范围之内，而防守则是要注重高远球。当对方失去了中心位置时，应采用加速的爆发式使对方来不及接球。如果对方的区域已经被封锁住。应采用勾对角的技术对敌方的封锁区进行破解。应提高战术意识，各方面体现战术性。

2. 行动的预见性

在接球和发球之前要有行动的预判，在敌人发球之前要预测出球的方向和速度，从而更加准确地接住球，先设想一切可能发生的情况，并且想好对应策略，这也是提高战术意识的基本内容。例如，如果我方从正后方发出进攻性的平高球，就要以速度为落点和位移情况进行评判，从而预判对方的回击球情况。如果这个球的速度和位移都较为高标准，我方不一定能够接到。如果在此时能够预判到对方的运球情况，就可能打成平手，甚至使他丢失这一分。如果对方想要拉对或者是拉到我后方，更需要提前预见，这是非常重要的意识。如果在行动的预见性上有一定的水平，那么就比较容易掌控羽毛球的主动性，可以使整个场子处于控制范围之内。

3. 判断的准确性

对于对手的提前预判非常重要，准确性是发挥基础战术的必要前提。如果在赛场上可以准确预判对手的发球和接球情况，无疑可以掌控对手的运球。在此基础上，就会有较大的把握获得胜利。预见和判断之间，两者既有联系，又有一定的区别性。预见是在发球之前进行提前的判断，而判断是在发球之后根据情况的变化采取不同的措施。两者相辅相成，而判断的准确性，在整个赛场上占有非常重要的地位。如果我方在赛区采用直线平高球攻击对方羽毛球的发球，从而使对方接球范围控制在头上方，就会获取较大的主动权。与此同时，也可预见对方可能采取的措施。并且如果对方成功地接到了球，我方可以采取拦吊战术，此时战况就陷入非常紧张的情况，我方可以根据球的运动速度和位移情况来判断要采取的措施，如果对方的速度更快，使我方的直线平高球无法进行拦截，需要正确判断球的方向，在中界线上进行反击。战术的意识具有普遍性。而以上所提到的是整个战术意识的基础。只有打好基础，才可以在此基础上提高自己的水平。

在男女混双的比赛中，女方队员先行发球，在发球之前要观察对方的男女方站位情况，然后采取一定的针对性技术，尽量从他们的站位中判断出采取的技术策略和漏洞。这就是预见的战术策略，球员要根据发球的速度和线落点等来预判对方会进行什么样的回击。如果对方的击球点落在我方的右场区，我方要立刻准备进行防守，并且根据对方的站位情况，找到明显漏洞，把球发到对方的漏洞上。这样可以使对方丢失一分。战术的明确性是保证胜利的基础。

在整个比赛场上对于运动员的力量和水平、技术或是策略都有较高的要求。无论是在哪一种情况下都要保持镇定，不可以因为战术的失策而慌张，使对方抓住漏点，如果在比赛场上能够得到主动权，无疑取胜的机会更大。

有些运动员在场上表现得十分吃力，乱跑乱打，一直在抢救，这样的战术明显会过度消耗体力，最后的结果也会不尽如人意。战术的重要性是运动员在进行比赛之前应该有的一种意识，根据对手的出手判断出球的方向和落点，争先获得主动权是整个比赛的关键点。

4. 出手动作的隐蔽性

做到了以上几点可以不受骗，能及时赶到球的落点。可是，为了取得比赛的主动与胜利，还必须在出手动作上做文章。出手一瞬间要有变化，力求动作更隐蔽些，打法更多变些，虚虚实实、真真假假，干扰对方的判断，造成对方的判断错误，使其防不胜防。如在网前获得主动之后可做一个搓球动作，等对方要起动或已起动之后突然改为推球或勾对角球。这一招可造成对方判断错误，甚至起动停止，致对方于死地。

5. 进攻的主动性

在进行比赛的过程中我方为了掌控主动机会，需要更多地去进攻，主动出击，带有强烈的突击性和攻击性，使对方感受到一定的压力。这样可以出其不备，挫败对方，掌握进攻的主动性，在很大程度上也就掌握了一半的胜利。

6. 防守的积极性

在羽毛球运动中，攻与守是经常转换的，防守是进攻的开始，当处于被动防守时，提倡积极的防守意识，而不是消极防守。二者之间的区别在于是否贯穿了积极取胜的思想。一切防守技术、战术都必须带有强烈的反攻意识和防守的目的性。如当对方从正手后场杀我反手区时，我方可迅速反勾一对角球。这一勾就具有强烈的反攻意识，也可能直接得分。

双打中对方在后场进攻，我方防守时是采用一般向后挑球的消极防守，还是有意识地挑一正手后场让对方杀后反拉平高球到对方头顶区，后者虽是防守技术，但它是积极的，甚至是进攻性的。所有一切打漏洞的防守技术均是积极的防守行动。

7. 战术运用的灵活性

比赛过程中，任何战术的运用都不应该一成不变，而应根据当时的实际情况灵活运用。这也是战术意识强的表现。

例如，双打比赛中我方制定了边攻边、中攻中的进攻战术，在执行过程中开始很成功，可是经过几个回合的失利后，对方发现了我方的战术。当对方把球打到我方正手边线时，我方如果按原定战术是杀直线边线球，由于对方发现了我方前几个回合的杀球落点，就会位置移向边线把边线球守好。在这种情况下，我方应从对方的站位有所改变发现其意图，从而改变战术方案不杀边线而改杀中路球或大对角球，这就是战术灵活性的表现。

8. 配合的默契性

在比赛中默契的配合，往往具有决胜的关键作用。在男子双打、女子双打、混合双打中，默契程度是决定性因素。在混双比赛时，我方如果已经掌控了主动权，而对方男女并列在防守线上。我方就可以采用专攻对方女队员的策略，从而使对方女队员的位置转移到一定的封锁区，我方女队员可以对敌方女队员的球进行评估或是吊球，但是也需要男队员的配合。在这种双打比赛中，我方的主动权是非常重要的。前场与后场队员之间的默契可以在很大程度上造成决定性影响。积极的配合，使我方队员一同察觉对方的漏洞和缺陷，可将对方打个措手不及。以上提到的几点要素非常重要，他们之间既有联系也有差异，各项技术之间的配合和熟悉运用是取得胜利的决定性要素。一名高水平的羽毛球运动员要投入极大的精力在这 8 个要素的训练上。只有较高的运动水平才可在一定程度上取得较大的主动权，从而取得比赛的胜利。

（三）培养与提高运动员的战术意识

（1）要意识到战术意识的重要性。培养运动员的战术意识在当今的羽毛球时代中具有一定的重要性。要将以上提到的 8 种要素，积极地融合到意识的训练中，从而提高战术性，能够在关键的时刻想出相应的策略，提高运动员的专业水准和技能。

（2）了解自己和对手。应对自身的优点和缺点有充分的了解，并且对其他国家的对手也有一定的了解。只有了解到了对方的长处和短处，在比赛中才会有一定的用处，比赛前让队员进一步了解对方，比赛后及时总结，以提高战术意识。

（3）培养敏锐的判断能力。要培养运动员对比赛场上的客观情况具有敏锐的观察分析判断能力，如是顺风还是逆风、侧风，哪一点有反光现象，场地是滑些还是不滑，球是重了还是轻了。对方在比赛中的表情也是我方观察分析的内容，对方眉头一皱、头一摇、双手撑着腰等都能说明哪些问题，如果这些问题都能在比赛中清醒地去观察并分析判断准确，可以提高战术意识。

（4）善于思考。善于开动脑筋多思考可以出战术，这样产生的战术再付诸实践和总结，经过几次反复就会获得一种适合自己的新战术。在训练中要提倡手脑并用，想练结合。

（5）战术意识要贯穿到平时训练中。要在平时训练基本技术中贯穿战术意识，把技术训练与培养战术意识有机地结合起来。如在安排高吊练习中就要提出平高直线吊对角这一战术思想，在练双打防守中练挑球就要强调攻直线挑对角、攻对角挑直线。这样，既练了挑的基本技术又练了拉开战术。

（6）让运动员多参加各种形式的国内外比赛，以丰富比赛经验。如不能参赛，也可多参观比赛，或看录像，通过分析比赛情况，总结成功和失败的经验教训，以便提高战术意识。

（7）智力训练。可通过多方面的智力训练，提高运动员的分析判断能力、逻辑推理能力，从而提高战术意识。

（8）提高教练员的战术水平。一切安排和训练都取决于教练员对战术意识的重视程度和业务水平，他在训练比赛中应具有敏锐的观察能力，并能及时地给运动员以明确的临场指导，这是一个很关键的环节。打铁必须自身硬，教练员一定要注意自身的学习与提高。

（四）培养教练员的临场指导的能力

要使一位教练员能在比赛中把平时训练的成果高度发挥出来，运筹帷幄、驾驭整个比赛的进程并最后获得胜利，就必须在临场指导能力上加强研究和进行培养。

1. 提高教练员的爱国心与事业心

羽毛球运动员的水平与教练员的关系密切。教练员的事业心和爱国心在很大程度上影响着运动员的水平。只有提高了教练员的事业心，才会将他所具有的指导能力进一步稳定下来。

2. 提高教练员的知识结构与能力结构

只有提高教练员的知识结构和能力结构才能提高教练员临场指导的应变能力。

（1）教练员的知识结构。

教练员在比赛场上的指导作用非常重要，在比赛期间的应变要更加灵活，这还需要从运动员自身的知识结构上加大训练。应该设立以教练员知识结构为基础的核心部门，将基础知识作为主体，熟练地运用指导知识，从而在赛场上发挥至关重要的决定作用。

（2）教练员的能力结构。

教练员的能力结构只有与知识结构有机地联系在一起，才能更好地发挥作用。苏联学者依·纳·加拉克季奥诺夫的研究成果比较完整地概括了教练员的能力结构，他认为教练员应具备如下5种基本能力：

①认识能力：正确感知信息的能力、观察能力、逻辑思维能力。

②计划能力：预见性、想象力，合理安排教学训练内容的能力。

③交际能力：控制自己情绪与感情的能力，取得他人信任的能力，交际的主动性，协调人际关系的能力。

④组织能力：提出任务并保证完成的能力，协调各方面关系并调动各方面积极因素的能力。

⑤教学能力：语言表达能力，控制身体表情和面部表情的能力，控制运动员注意力的能力，技术示范、纠正错误、保护运动员的能力。

以上各条对羽毛球教练员来说都是非常适用的。

3. 积极参加羽毛球教练员岗位培训班的学习

在我国的羽毛球管理运动中心设有专门的教练员培训班。这是为培训更加优秀的教练员做准备。教练员可以在这种培训班里接受新时代的知识观、价值观，从而为以后的比赛夯实基础，迎接挑战。

4. 把培养对象推到比赛的第一线

通过资历丰富的教练员培训新一代教练员，为羽毛球运动注入新鲜血液。要把培养对象的水平训练到一定的高度，从而在比赛场上发挥至关重要的作用。

5. 熟练掌握比赛指导原则与要求

教练员要熟练掌握比赛的指导原则，要能牢牢抓住临场指导的两个中心环节——战术部署和心理调节，并掌握战术指导的三大步骤。

（1）赛前收集信息。收集信息的方法。对于信息的准确掌握在很大程度上是制胜的关键点，教练员应在比赛之前通过各种渠道来搜集与比赛相关的重要信息。以下几种传统方式，都是经常采用的。首先，可以通过手机录像以及其他现代化媒体录像等进行信息收集，教练员可以通过录像反复对比我国与其他国家运动员水平的差距，并且进一步对对手的控球能力进行了解，以采取更加有针对性的策略，在赛场上发挥更大的作用。其次，可以向知情人员收集信息，这种方式有时甚至会收集到更加机密的信息。但是对于知情者所讲述的事实情况，我们却无从得知。他们口中对手的能力以及情报，我们无法进行真实的判断。而真正信息的价值，我们也无法得知，只可作为参考作用。再次，可以通过查阅平时建立的档案。在比赛中让运动员将选手档案的信息进行熟悉。在比赛场上通过一定的回忆，从而采取更有针对性的技术手段。最后，在无意中可以与运动员相互交流，无意识性地获取对手的信息，这样的价值情报是非常有作用的。收集信息的方式多种多样，其目的是知己知彼，百战不殆。只有充分了解了对方运动员和对方球队的基本情况，捕捉到他们的缺点和长处，才有取得胜利的可能。

（2）收集信息的内容。收集信息的内容包括比赛内容，由于条件有限，以上所提到的几种方式，并不是都可以随时进行。而且收集方式的差异性很大，可从以下几方面入手：

1）首先要“知己”。教练员应对每一名队员的身体状况、技术、战术和心理素质、个性特点有一定程度的了解。赛前，比赛的紧张程度和重要性、每名队员对比赛的动机与期望、领导对比赛的要求等因素，会使运动员在心理上有所改变，从而影响比赛时技战术的正常发挥。故教练员在赛前应认真仔细地了解和掌握自己队员的身体、技术、战术和心理状态，特别是身体和心理状况更为重要。

在了解身体状况时，一定要特别重视了解队员赛前有无伤病或体能不佳的反应，包括女队员的例假情况。在赛前要抓紧伤病的治疗，以及例假的调整和体能调整，使运动员有一个很好的状态参赛。如果带着伤病去参加比赛不仅会直接影响技战术的运用和发挥，而且也会增加心理负担。

2）还要“知彼”。在了解对手信息的内容方面，除了解其身体状况及心理状况外，还要详细了解其技战术的习惯。

在单打比赛中需要了解的信息有很多，如对手主要打法、习惯的球路、绝招技术、最大弱点、在什么情况下会改变打法、领先和落后时有何表现、身体素质和耐力情况、左右转体能力、突击能力、意志品质、是否较易紧张和激动等。

3）要了解周围环境的信息。要了解周围环境的信息，包括裁判员误判和错判、赛区气候、现场观众噪声的干扰和灯光、风向、场地等情况。

总之，一切与比赛有关的环境信息都属于应了解的内容，只要教练员对以上情况了解得较详细，并能及早地告知运动员，使运动员做到心里有数，就能发挥最佳水平。

(3）赛前信息决策。

决策过程是一个复杂的思维过程，要求把收集到的各方面的信息加以处理，即去粗取精、去伪存真、由表及里地加以思索，从而作出正确的决策方案。

第一，指挥者的决策程序。决策过程被分为以下几步：

1）对于信息的采纳和决策方案。这种决策细节对于教练员的要求是十分严格的，这要求教练员有很高的责任心，严格的工作态度，而且对于各个来源的信息要有一定的整合分类能力，可以增加信息决策的准确性。

2）拟订方案。教练员可以根据自身的学识、经验以及指导标准制定特定的训练方案。提高运动员的训练水平。

3）分析评估方案。教练员利用自己的才能通过几种方案的对比，选取出更加高效的训练方案，掌控训练状况，提高整体水平。

4）决定方案。在进行比赛之前，决定方案是非常重要的。团体赛出场的顺序，很大程度上就是导致失败的直接原因，在很多比赛时会宣布交换团体赛的名单，教练看到运动员的出场顺序，教练员就会感到胜券在握，或者是有些失策等，这很大程度上都是由于决定方案的正确与否，在排兵布阵上决定性方案起到了很大的作用。出场名单的交换，存在着对方出手顺序的先后，而我方所要准备的，不仅仅是要局限于顺序上，还要有更多的战术准备，能灵活应对对方所采取的策略才是最重要的。

第二，对指挥者决策时的要求。

主教练的作用就是使整个团体更加和谐，结合为一股力量，大家一起向同一个方向努力。

1）虽然各有各的意见，但是主教练在这个过程中要起到决定性作用。他应采纳最有效果的意见，在决策过程中起到统一、排除危害的作用，只保留优秀的方案。这对于主教练的水平和能力有很高的要求。整个队伍的协力程度在很大程度上取决于主教练的领导。

2）在比赛之前，进行心理上的辅导和战术策略上的制定，但是，这也并不是泛泛空谈，需要更多有针对性的训练才可以运用得更加灵活。队员与队员之间的差异性还是很大的，个性的差异、文化程度上的差异、思想水平上的认知等都存在着很大的不同，故不能采用相同的方式来应对。主教练在此过程中所起到的作用就是要有针对性地提出方案。由不同的作战策略，归纳出我方运动员的优点和缺点，熟练掌握对手的优缺点以及应对办法。对有些运动员需要讲述得更加详细，因为认知上的缺陷会导致失败。对各个细节都要进行详细的指导，这样才可以真正踏实地去比赛。有些运动员在高压下反而会激发他的作战激情，所以教练员在此时只要稍稍做点拨，他就可以理解教练员的良苦用心。不同的人在不同的心理和战略上都要有一定的特殊化和针对性，只有采取因人而异的方式，才会收获意想不到的成果。

3）在进行战术决策时，要将自己的优点发挥到极致，制约对方的缺点，以高速度、高射程、高水准为基本方针，以自己的长处克制对方，使对方感受到一定的压力。同时也要注意隐藏自己的缺点，扬长避短才是核心思想。

4）比赛策略要注意灵活运用，随机应变。不可以强行按照教练员所提方案执行，如果场上的情况与之前预见的情况不同，运动员应有一定的应对能力，灵活处理，将自己的优点发挥到极致，从而去应对对手的战术。就在平常的训练中也要积极注重灵活性的培训，只有提高运动员的随机应变水平，在比赛中才会收获喜人的成果。

（4）赛前实施指导。经过前三个阶段后，教练员就要把决策后的意见贯彻到运动员训练中去实施指导。

第一，赛前指导的形式。

1）召开集体准备会。全体都必须参加，主教练做动员工作，目的在动员、鼓舞运动员的斗志。全体准备会之后，召开各组赛前准备会，主要讨论出场顺序。另外，还要考虑兼项问题，并且对兼项作出安排。主教练要把经过决策的意见告知运动员。

2）分组准备会。因为单打和双打特点不同，分组召开准备会不仅有利于谈得更切合实战要求，而且可以节约时间。

3）个别谈话。这一形式大多用于个人项目的比赛战术部署及心理调节。

第二，赛前指导的内容。

1）详细介绍了解到的对手习惯球路、基本打法、绝招技术、薄弱环节等信息。

2）针对对手的情况，提出我方采取的打法、抓对方薄弱环节和防住或限制对方的绝招技术的对策。

3）在不同的形势下应变的思想准备和采取的战术打法。

4）对环境如场地、风向、反光、噪音、裁判等的适应措施。

5）对心理状态的调控。如可做“前睡眠状态下的暗示法”帮助运动员解除心理的紧张情绪。暗示应该特别注意克服的自身问题。

总之，赛前指导不论形式或内容如何，都必须使运动员对战术任务、具体打法，以及对方习惯打法、球路、绝招、弱点有较充分的了解，做到心中有数，这样，在贯彻执行中才能随机应变，灵活自如。在心理调控方面应使运动员达到渴望参赛，并有竞争意识，有必胜和发挥水平的信心。对于有心理障碍的运动员要帮助他们最大限度地排除。

二、羽毛球运动的基本战术运用

（一）羽毛球单打的基本战术

羽毛球战术是指，比赛中球员根据场上对手的技术、体力和思想意志等具体情况，而采取的争取比赛胜利的一种对策。下面介绍一些常用单打战术。

1. 单打发球战术

发球是比赛过程中组织进攻的开始，在比赛中占有重要的地位。发球者在规则允许的情况下，可以采用任何一种发球技术。好的发球能够控制场上的主动权，迫使对方只能做防守型的回击，限制对手的发挥。发球抢攻战术中有发高远球、平高球、平快球、网前球等多种方式，具体采用何种发球方式，要根据场上的具体情况而定。发球抢攻战术应注意争取前三拍的主动进攻。发球抢攻战术对付应变能力较差的对手，或实施于比赛的关键时刻，往往会取得较好的效果。基本的单打发球战术及其运用方法包括以下几个方面。

（1）视对方接发球站位决定发球路线。如对方接发球站位偏后，注意力在后场，网前出现空当，这时我方就应发网前小球；如对方接发球站位靠前，接发球注意力在前场，后场出现空当，此时就可以发后场球，如图 7-1 所示。

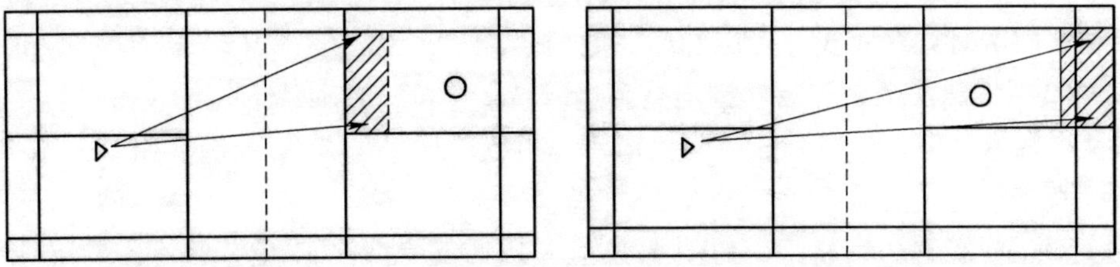

(a)　　(b)

图 7-1　发球战术

（2）避开对方技术特长发球。对方运动员在比赛时可能会采取更为刁钻的手段，打出攻击性更强的球，此时我方就要抑制住对方这种强力的攻势。如果对方的动作较大，危险性更多，我方就要避开对方的这种优势，占据后方球场，从而制约住对方的攻击性手段。

（3）利用对方接发球的规律特点发球。对手发球往往具有一定的规律。要注重分析这种规律在发出高球和平高球时，有意识性地向后场发球，出其不备，或者堵住对方发球的直线，从而进行拦截。

（4）利用发球动作迷惑对手。对手在进行发球时可能会显现出犹豫不决或是不认真的态度。这不可以作为攻击性的依据，他有可能是在迷惑我方，从而使我方放松警惕，再给一个措手不及，这时如果对手在球场的边缘，他有可能会采取攻击性很强的平射球攻击我方三号位置，如图 7-2 所示，如果造成失误，则可以慢慢等待机会，观察对方的表情，捕捉到细微的漏洞，从而在对方有些耐不住时，再爆发攻击力，向前场进攻以瞬间速度极高的球速攻击对方取得胜利。

2. 发球区域划分

通常情况下，可将发球区域分为 1、2、3、4 号位置。1、2 号位置为对手接发球区域的网前左右两角，3、4 号位置为对手接发球区域的后场左右两角，也可以将靠近中线的前后两点称为 1、3 号位置，靠近边线的前后两点称为 2、4 号位置，如图 7-3 所示。

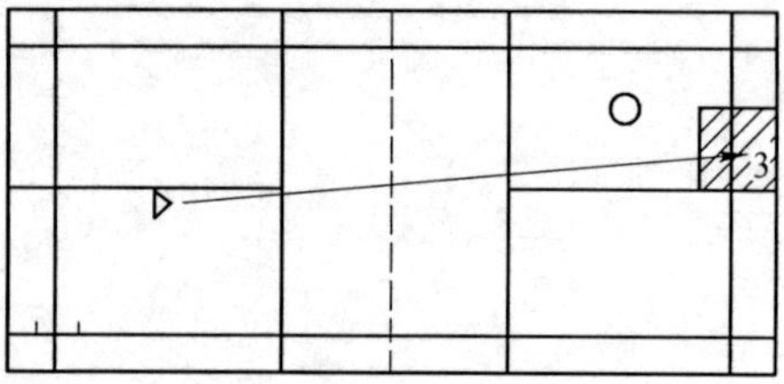

图 7-2　平射球攻击

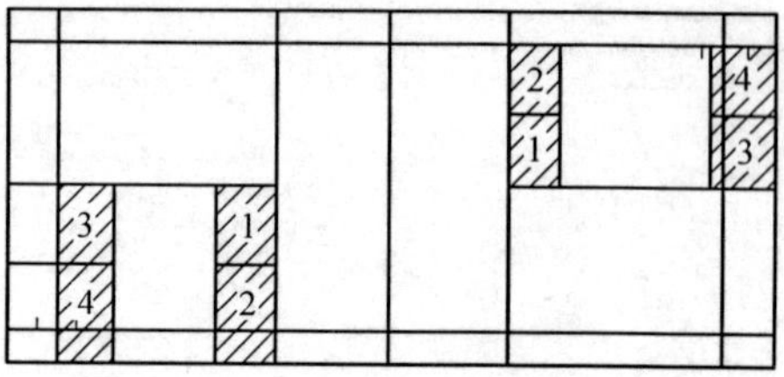

图 7-3　发球区域

将各发球位置的基本战术特点介绍如下：

（1）将球发至 1 号位。此时对方出球角度小，便于判断对方的出球，特别是有利于回击对方推至我方后场的球，如图 7-4 所示。

（2）将球发至 2 号位。特别是右场区域 2 号位，有利于下一拍攻击对方左后场反手区域，但是也必须注意防范对方以直线球攻击我方左后场反手区域，如图 7-5 所示。

（3）将球发至 3 号位。可以避免对方快速的直线平高球攻击自己的边线两角。因为中线的出球角度要较两边线小一些，一般需经过我方的中心位置才能到达两边线，如图 7-6 所示。

（4）将球发至 4 号位。便于拉开对方位置，下一拍可调动对方到对角线网前，但发此位置的球要注意对方用直线平高球进攻我方后场。特别是发左场区 4

号位时，要注意防止对方使用平高球进攻自己的左后场，即我方的左后场反手区域，如图 7-7 所示。

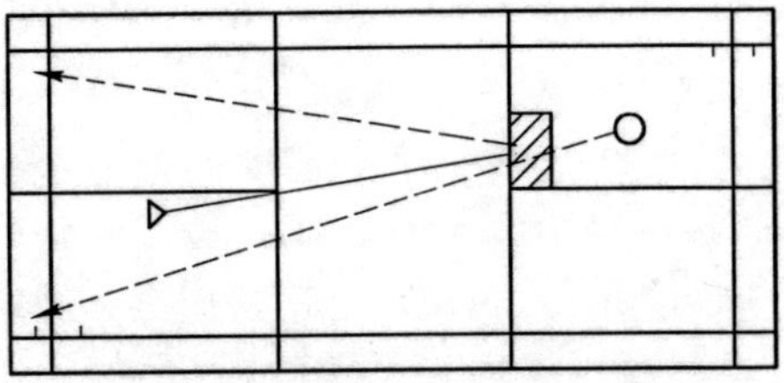

图 7-4 发 1 号位置球

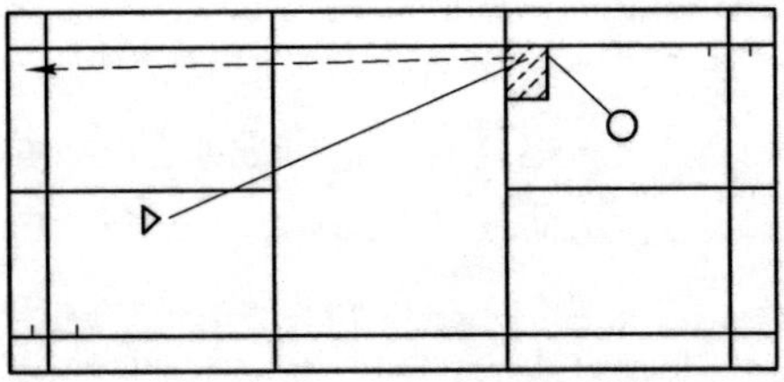

图 7-5 发 2 号位置球

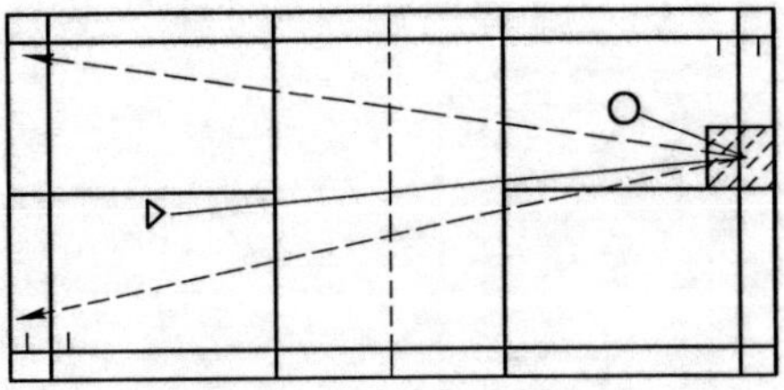

图 7-6 发 3 号位置球

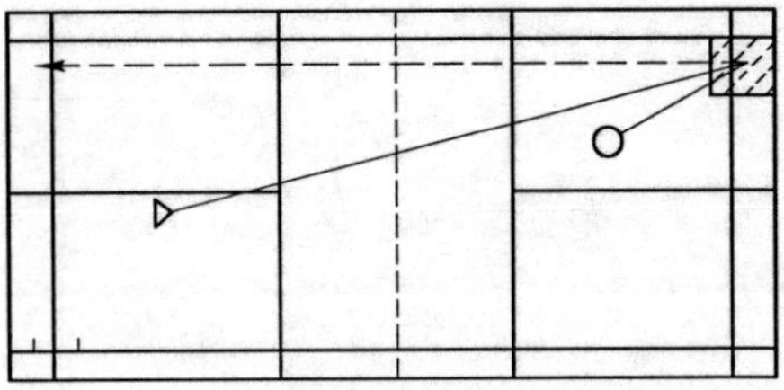

图 7-7 发 4 号位置球

（5）发网前小球可以采用发 1、2 号位置之间的中路球或追身球。发中路球比较稳妥，不会出边线，失误率低。追身球是用发网前小球的动作，但击球力量稍大一些，直冲对方身上去的一种球。其战术特点有两方面：一方面是突然性，即在对方没有防备的情况下，这种网前小球由于速度较一般网前小球要快，通常会使对方措手不及，造成对方被动；另一方面是稳定性强，即由于球冲对方身上去，能减少我方发球出界的概率，如图 7-8 所示。

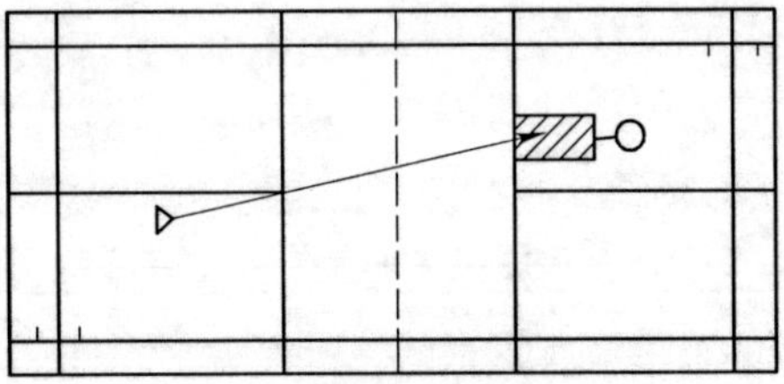

图 7-8 发中路球

（6）发高远球。高远球是在比赛场上较为常见的一种技术，它的飞行距离更长，时间也很持久，可以有效制约住对手，不容易发起攻击性更强的球。这种又高又远的高远球会造成较多失误，这也是一种技术手段。

（7）发球的时间。发球时应注意观察对手的注意力。当对方注意力高度集中时，可稍微缓发球，待对方注意力的“最佳点”下降后再将球发出。而一旦发现对方注意力不是太集中时，可迅速发球，以打乱对方接发球的起动时间，陷对手于被动。

3. 单打战术

（1）攻后场战术。这种战术要求把球发到对方场地的端线或两底角处，给对方后退进攻击球制造难度。高远球弧线高、飞行时间长、球从高处落下来，可制约运动员的接球速度，进攻性有缺陷的对手在此时难以接触球。这种策略是通过将球击高，从而拉高对手的范围，将对手制约在球的后场。这种手段是针对水平较低、进击能力较差，且在步伐上速度也有缺陷性的运动员。对于很大程度上的技术控制也是有一定的要求的。比如在多次的平高球压力下，可以将对方制约在后场，从而使步法错乱。在此时便可以发起进攻吊球或是扣杀，得分。第一拍，发左场区 4 号位高远球；第二拍，对方回直线高远球；第三拍，用直、斜线平高球重复压后端线一角；第四拍，对方被动回直线高远球；第五拍，可视情况而定，如对方回球质量还不错，就继续再压后场，如果对方回球质量不佳，即可以快速杀球或吊对角线球等方法展开进攻，如图 7-9 所示。

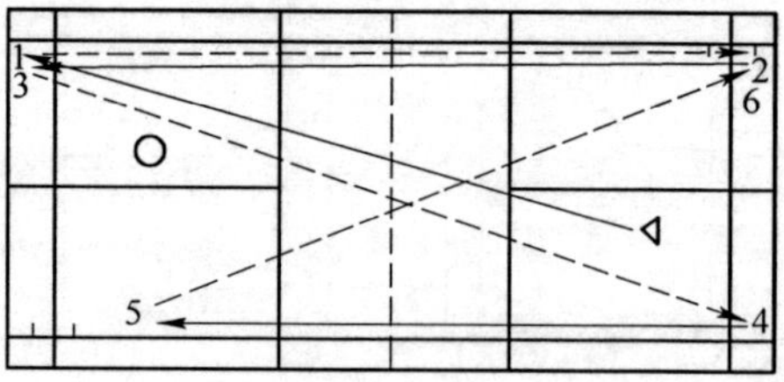

图 7-9　攻后场战术

（2）攻前场战术。在比赛场上攻击性更强的战术是在速度上、心理上和力量上控制住对方，从而在短时间内给对方造成压力，速度不一样的球技，包括吊球、点杀球、轻杀球和重杀球等。利用球速度，造成球的方向的不同，从而吸引对方的关注点，再配合平高球，使对方无法前后顾及，步伐出现错乱，趁此机会再进行追击，从而导致对手丧失接球机会，取得胜利。

球路一：以直线长杀、对角点杀和劈杀上网搓、推、勾控制网前，如图 7-10 所示。球路二：半场全力重杀，后场轻杀上网控制网前。当来球在后半场时，我方应采用重杀；当对方来球偏后场位置，我方可采用轻杀，以保持身体重心，准备下一步控制网前，如图 7-11 所示。

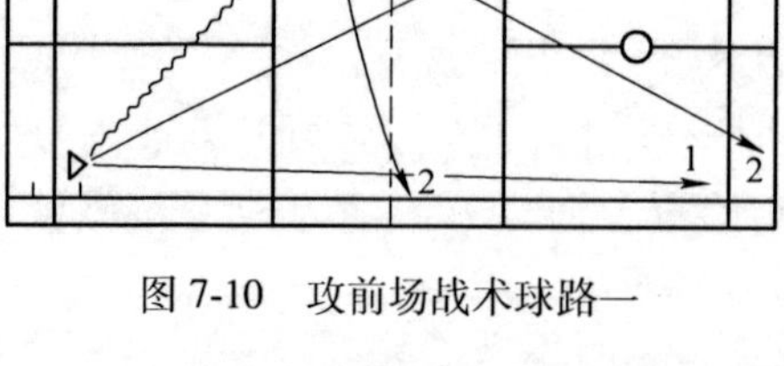

图 7-10　攻前场战术球路一

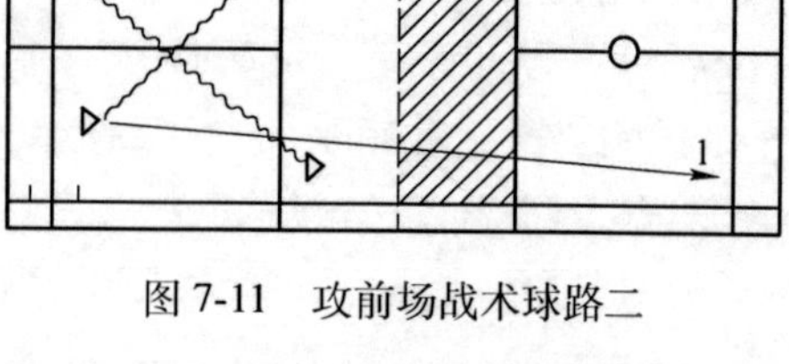

图 7-11　攻前场战术球路二

（3）杀吊上网战术。另一种在赛场上比较常见的战术是杀吊上网战术，就是一种利用球的速度和转弯方向，从而准确击杀到对方球场的四个角落上。这种战术速度快、节奏快、规律性较弱，可以拉大对方的控制范围，使主动权掌握在我方手中，对方力量的消耗也会增大。如果对方来不及击球，速度较慢，我方就可以利用这种漏洞进行反击，回击距离更大的球，拉开对方的距离会很大程度上掌控攻击的主动权。

针对选手的击球特点可以采用更加具有针对性的击球路线。如果对方身体较为灵活，但是移动速度缓慢，可以运用击球落在对角的方法，加大接球难度，使对方的重心不稳定。如图 7-12 所示，对手在进行角落的击球时，其他空地会出现漏洞，我方可以趁此机会将球击落到与运动员距离较大的球场，增加对方转体动作的难度和位移程度。在此之上进行球的掌控，使主动权转移到我方手中，如图 7-12 所示。

如果对手步法好、移动快，在对方击球之后，我方进行回击，可以打出重复的路线球，或者运用一定的技术技巧破坏对方的规律，用假动作迷惑对方，重新夺回主动权。如果对方的速度较慢，可以增大击球距离，可以在前场、后场四个角落之间不停地调动对方，加大体力消耗，只要出现漏洞，就可以迅速击球，如图 7-13 所示。

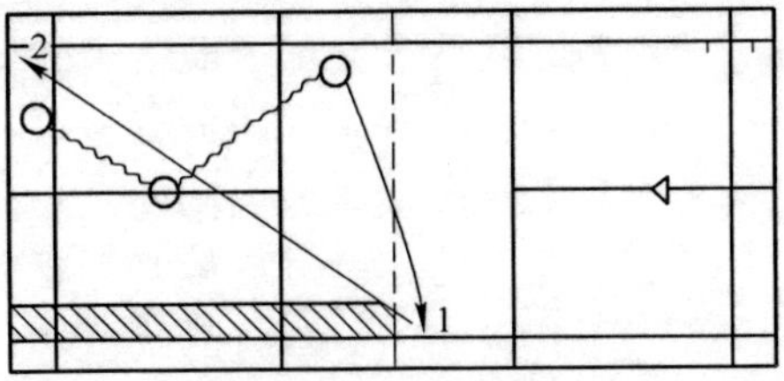

图 7-12　小对角线球路

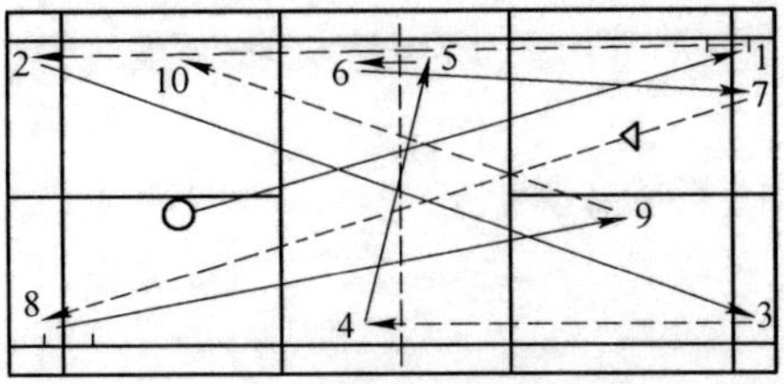

图 7-13　拉吊突击进攻战术

如果球落在后场，应先将球压下，使球落在场的边线附近，如果对方将球击回，需要在对方回球之前迅速将网上的勾对角和平勾进行球速的输出，使对方在运球中出现漏洞，从而进行扣杀。通过控制球的落点和速度，预判回球的方向，从而主动攻击对方。

（4）防守反攻战术。在进行防守时，如果对方的进攻性较弱，而且规律性较差，体力消耗也大，可以采用防守战术。通过击球将球落在各个角落，使对方在进攻时有气无力，在防守时又疏忽大意，这时我方便可以采取高速球发起扣杀。在进行各种球路的变化时，应给对方造成一定的错觉，使对方在压力之中，从而有气无力的接球运球，这样我方可以抓住机会进行反攻。掌握这种主动权很大程度上取决于防守反攻战术。这种战术在球场上的运用是十分常见的，如图 7-14 所示。

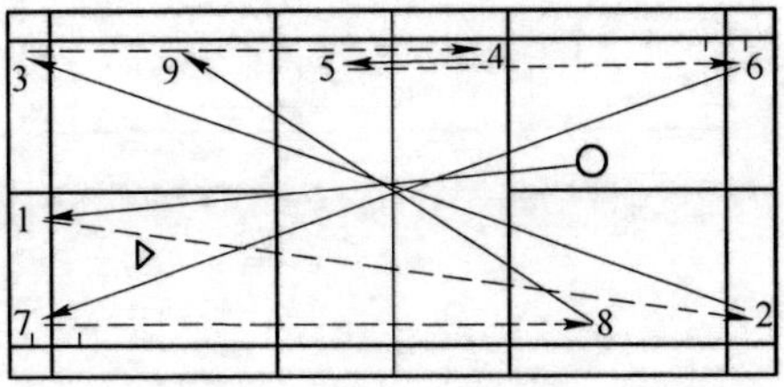

图 7-14　防守反攻战术

防守反攻战术是印尼优秀选手王莲香最常用的基本战术之一。通常无论对方打来的前场、中场或是后场位置的球，她都先耐心地守住，将它们一一回击到对方的后场。一旦对手回球质量不高，即抓住战机发起反攻；或者是在控制与反控制中，靠对手失去耐心而导致失误，从而自己得分。这就是典型的防守反攻战术。

（二）羽毛球双打的基本战术

1. 双打的基本站位

羽毛球运动对于站位有特殊的规定。规定内容包括，除了双打的发球和接球之外，双方选手不受次数和方位的控制。双打时在整个场地边缘增加了 92cm，所以整个球场的发球区和接球区边界的范围减小 76cm。在此情况之下，选手需要的控制范围要比单打小。这导致双打在比赛中速度快、距离近、节奏快，在这种高强度的比赛下，对于两个人的默契程度也会有更高的要求，从而双方的协调性、配合性成为获胜的关键因素。在学习双打的运动员中，最大的问题就是站位的分布和个人的分工以及配合问题，经常会出现重复接球、碰撞和退让等失误。例如，对方击球落在右方前半场，两个人都想要去接球，同时跑到场地处，就给对方造成了很大的空间。如果被对方抓住了这个漏洞，对我方会造成非常大的伤害。再如，球落在两个人之间，两个人也许会同时接球，也许会同时放弃，这些都是配合不默契造成的。双打对于两个人的配合程度和默契度有较高的要求。对于站位分工等也需要更加明确。在比赛中，无论是防守战略还是进攻策略都要合理分工、合理站位，顾及到全场的所有范围，不可以出现空当。双打的站位可分为以下两种：第一种，前后站位，两个人分布我方前场和后场，形成一个竖列，这种站位在发起进攻时十分有利。当我方进攻，一人在前场支撑，另一人在后场进行反击，从而实现配合，这样攻打对方会十分顺利。第二种，平行站位，两个人采取一人一边的场地控制进行防守，这种站位方式是在进行连续攻击时采取的策略，两个人分布站位，控制好自己的一边，不容易造成分心，但还要更加积极主动进行防守，才会有一定的效果，如图 7-15、图 7-16 所示。

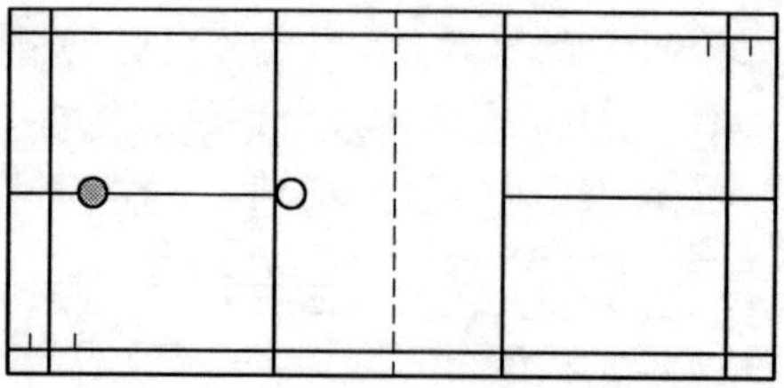

图 7-15　双打前后站位

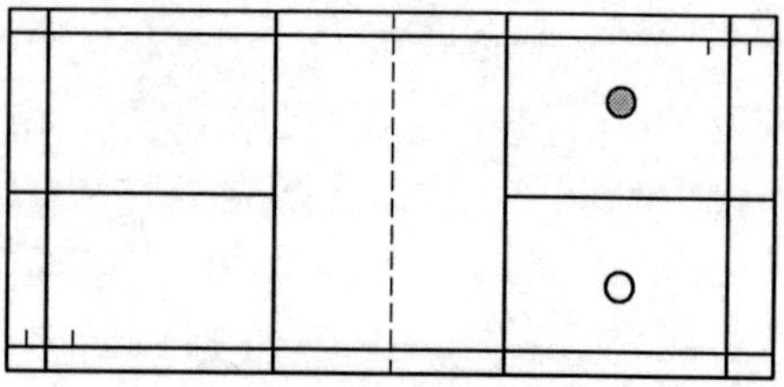

图 7-16　双打平行分边站位

（1）轮转站位。在每一个比赛的回合中，运动员会灵活调控自己的站位。防守与进攻之间灵活转换。所以无论是哪一种模式，都应使运动员在场上灵活轮流占位，这就是羽毛球双打的轮转方法。

当我方采取竖列战队时需针对敌方的发球情况迅速变成平行站位。首先，当我方接到的球是高球或者是从后场接高球时，应该直线后退，与队友平行对立，积极转换成防守模式。其次，如果后方选手击的球是直线向前移动，那么球就会持续性的向前进攻，前场选手应当及时保护空位，形成分边站位保护我方的疏漏，如图 7-17 所示。

我方处于平行站位防守时，遇到下列情形应迅速轮转为前后站位：

1）我方任何一名选手在接吊球或接杀球放网前小球后，应随球移动至前场准备封网，另一名选手则退至后场。

2）当对方回高球时，我方接高球选手后退击球，另一名选手应相应轮转上网，形成前后进攻队形。

3）当某一选手接杀球反抽进行反攻时，该选手应随攻球步步压向网前，另一选手应随之轮转，退至相应的另一侧，保护场地的空当部位。

（2）分工站位。前后站位时，前场选手应负责前发球线以前的前半场区域的来球。后场选手负责中场、后场大部分区域的来球。通常情况下，过前场选手头后的半场位置的球归后场选手负责，如图 7-18 所示。

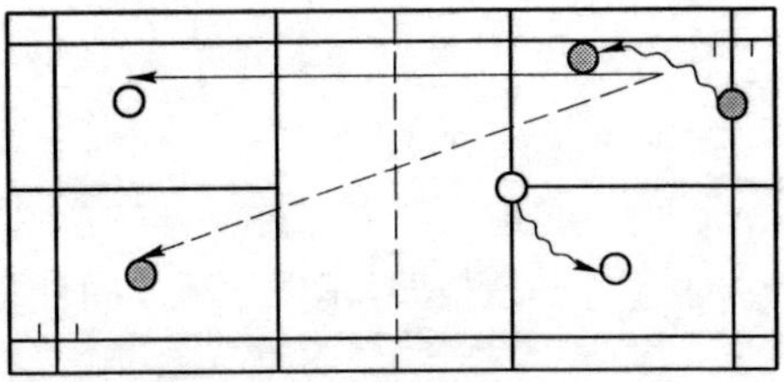

图 7-17　前后站位轮转平行分边站位

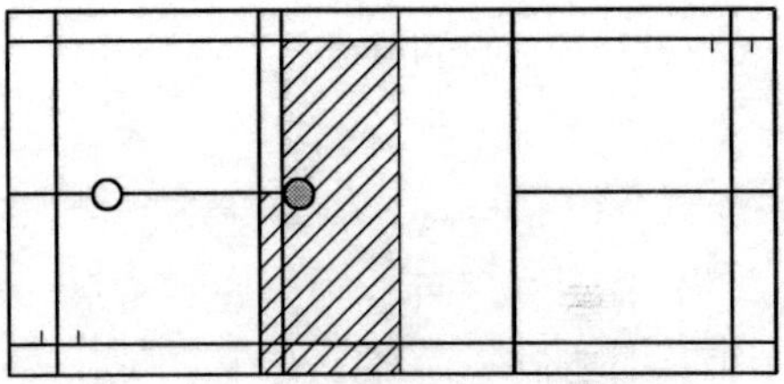

图 7-18　前后站位分工区域

一般情况下，运动员在左右分别占位会有更加明确的分工，自己顾好自己的这一边就可以，但是当球落在两个人中间的球场时，应该规定是由正手击球的选手来负责回击。这样速度较快而且准确性较高，如 7-19 所示。

双打是有一定分工要求的，在此基础之上，可以根据对方的出球方向来灵活转换站位方案，从而将进攻向防守模式转换。

2. 双打战术

（1）攻中路战术。当对方两人站在后场两边时，要将两人的中间位置作为发球目标方向。目的是让两人争相接球发生碰撞或者两人都将球让给对方造成球直接落地，这种方式尤其适合双方配合度低的选手。攻中路战术的另一种形式是攻半场战术，对方两人沿着中间线一个站在前面另一个站在后面，此时应选择两人中间且接近球场边线的半场位置作为落球目标地，目的也是达到上述效果。如图 7-20 所示。

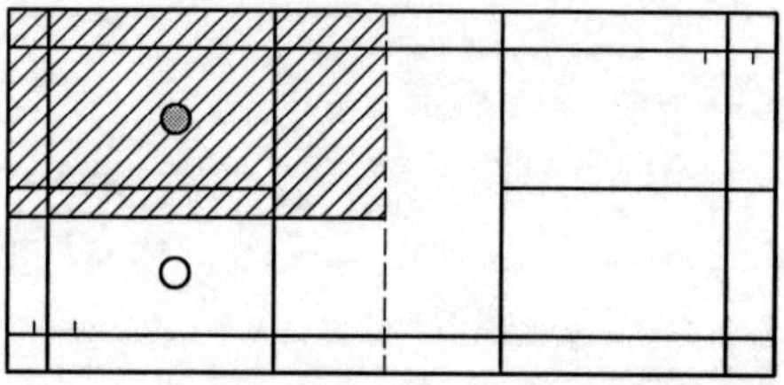

图 7-19　平行分边站位分工区域

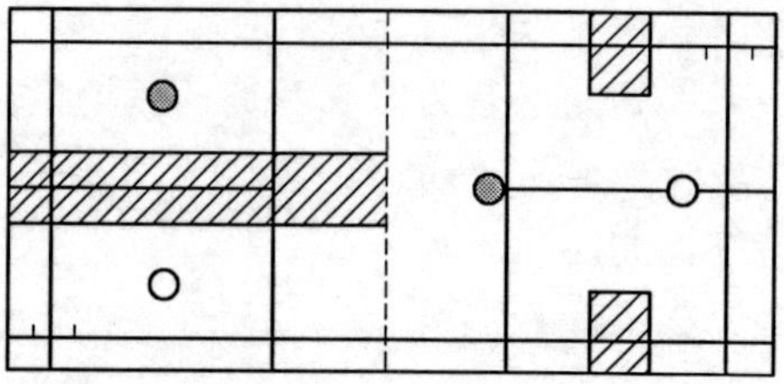

图 7-20　攻中路战术

（2）攻人战术。攻人战术就是根据对方两人的特点，先将其中一人作为重点目标集中攻击，然后再选择其他时机有针对性攻击。在实际应用这种方法时可以采取多种方法进行有效攻击。

先将对方两人中一个技术较差的作为连续攻击目标，使其疲于应付。一旦对方看出我方目的，就要采取声东击西的方式对技术较好的进行突然攻击。这样可以让其无所适从，找不到头绪。也可以将技术较好的一方作为集中攻击目标，让其来回奔波消耗体力，然后再选择时机突然攻击技术较差的一方。

综上所述，要分析对方找出其弱点然后集中优势连续出击。当然在应用过程中要结合实际情况灵活运用才能收到良好效果。

（3）后杀前封战术。当在赛场上进展顺利取得优势地位时，两个人分工合作，其中一个在球网前回击，有针对性进行封网，另一个人镇守后场随时大力杀球。这就是后杀前封战术。这种战术是经常使用的进攻战术，在具体应用时后场选手要注意回击的位置和力度。前面封网的选手积极主动出击配合同伴思路切断对方出球线路。一定注意要积极攻击不要被动消极等待，如图 7-21 所示。

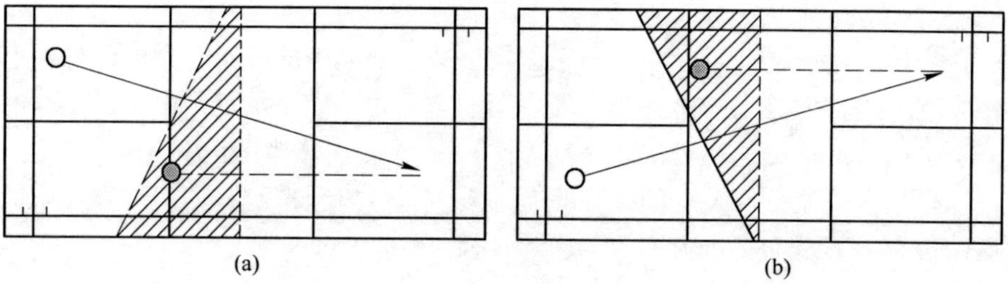

图 7-21　后杀前封战术

（4）守中反攻战术。守中反攻战术是建立在自身具有一定的防守能力的前提下，然后针对对方攻击能力比较差的选手使用的战术，这种战术也适应于消耗对方体力。它的特点是将球的落点选择在对方后场底线两侧使其在之间来回穿梭并找准时机猛然发起进攻。

（三）羽毛球的战术练习及运用

1. 羽毛球战术练习原则

“以我为主、以快为主、以攻为主”是羽毛球比赛战术的基本原则。比赛中无论运用何种战术，都不能脱离这个原则。

（1）以我为主。根据自己的技术特长、身体、心理素质特点选择战术，不受对方某一战术影响而放弃自己的特长优势。积极主动地调动对方，以把握全局。

（2）以快为主。以快为主，一方面指在比赛中战术运用变化要“快”，即根据对方的特点，及时调整并改变相应的战术，善于抓住有利战机，如快速进行进攻转防守、防守转进攻、进攻转过渡和过渡转进攻的转换；另一方面指技术动作完成要“快”，即上肢出手击球动作快，下肢步法起动、移动和回动动作要迅速。

（3）以攻为主。主动快速的进攻是羽毛球运动发展的基本方向。在此赛中，虽然要强调进攻的主导思想，但是双方的攻守是依据一定的条件相互转变的。因此，以攻为主是指在防守时要积极地防守，要有防守转进攻的思想。

2. 羽毛球战术运用

（1）战术意识要强。战术意识是指选手在比赛过程中能通过一定的观察、判断，并根据当时的情形，合理地、有预见性地、灵活准确地选择自己行动的一种能力。赛场上要沉着冷静、仔细观察、及时分析判断，切忌头脑过热、简单急躁。场上形势错综复杂，随时都会有新变化，要与同伴协调一致，做到防守与进攻以及过渡相互结合，根据情况准确、毫不犹豫地大胆使用。要了解对手战略战术，知己知彼灵活应对。如发现对方体力出现问题应采取拉吊四方球等措施，以消耗对手体力；如发现对手自信心下降则应适时寻找战机，主动攻击，集中优势击溃对方。赛场情况瞬息万变，要根据对方变化调整应对策略，从而达到取胜的目的。

（2）以稳取胜。随着比赛的紧张进行往往会出现急躁冒进的思想，总想一个大力扣杀将对方置于死地。经常为了不让对方接住球而打向边界，这样可能因为对自己要求过高而将球打到界外，产生明显失误。这种赛场上自己主动失误的现象要比被对方造成的要多得多，比赛的胜负并不完全由球技的高低决定而是取决于谁的主动失误多少。所以比赛要有良好的心理素质，要有毅力和耐力，那种藐视对手，仅靠一个自以为是的妙招就能结束战斗的想法是不可能实现的，因为对手不是任由摆布的，他们也是经过严格训练的。要以稳字当头，稳打稳扎，积极思考尽量减少失误更不要犯低级错误，不要给对方白白送分。

（3）相持不手软。思想指导行动。在羽毛球比赛中除了自身要具备较强的独立作战能力，拥有良好的战术和技术外，还要有正确的指导思想。

1）对待技术水平比自己差的对手。这种情况必须首先从思想上重视，不能有轻敌思想。一开始就有计划地压着对方打，自己不能出现失误，要让对方没有主动还击的机会。同时要防止赛程过半思想放松而频频出错的情况。

2）对待技术水平比自己强的对手。思想高度重视，一开始就力争以气势占上风，要从心理上树立不畏强、不畏难，打一场硬仗的概念。然后在行动中全力以赴，抓住对方漏洞适时进攻。

3）对待技术水平与自己相当的对手。与自己差不多的对手作战是一场考验智慧、战术与耐力的持久战。首先思想不能懈怠，要充分了解对手战略战术，树立必胜信念；并认真分析可能出现的三种情况。第一，比赛被对方控制，比分落后。这种情况一定不能急躁，要沉着冷静捉住时机进行反击，适时调整战术以应对对方挑战，力争挽回局面。第二，赛场由自己掌控，比分领先。这种情况要胜不骄，继续发挥自己优势，有计划、有步骤、有力度地将比赛结果保持下去。第三，赛场双方力量均衡，战斗处于胶着状态。这是考验耐力和心理素质的时候，也是拼意志、毅力的阶段，要有啃下这块硬骨头的思想，一分一分争取坚持到最后击败对方。

(4) 以己之长，攻彼之短。赛场上战略战术的选择要根据对方反映的情况做出相应改变，并且要以己之长攻人所短。但是一旦被对方发现就要及时调整策略，要做到虚实相间、变化多端，让对方疲于应付才能取得较好效果。如果自己的策略被对方识破也要及时改变打法，适当迂回麻痹对方，争取好的结局。

(5) 随机应变。赛场瞬息万变，战术也要随着改变。要对选定的战术不断检验效果，如果比赛打得顺利，发挥越来越好，就要继续坚持自己的战术；如果双方处于胶着状态，就要及时分析改变策略，重新制定战术，如自己一方原定以打杀、扣杀和上网为主，但是由于对方防守有明显优势，可以采取四方球战术，以球的落点迫使对方改变站位，从而使其被动再主动攻击；此外，当自己的战术被对方识破并被压制时，要调整战略使用辅助打法改变被动局面。综上所述，赛场的变化有些是在自己的判断范围之内的，但是有些也是意料之外的，所以要随机应变，打破被动占据主动。

（四）羽毛球的打法及其选择

羽毛球的打法，是指根据球员个人的技术情况、身体素质、思想意志等条件培养形成的具有个人特点和风格的打羽毛球方法。打法与战术虽不等同，但相互间有着密切的联系。打法和战术的基础是技术，而技术的不断发展，又能促进打法和战术的更新和提高。

1. 单打打法

(1) 压后场底线。这种打法对初学者来说是必须掌握的基本打法。它是将球以高位置打到对方后场，对方被迫向后移动，从而瞅准时机大力扣杀得分的方法。使用这种打法要以高球稳、准、狠的形式打到对方后场底线，否则易受反击导致被动。

（2）打四方球。这种打法是以对方场地面积四个场角为目标方向，以高球或吊球的形式打到这四个位置，以迫使对方在其场地来回不断穿梭跑动，在对方来不及反应时将球打到中间空当位置。它要求快速灵活反应并具有较强的控球能力和攻击能力。这种方法适应于体力较差、移动速度慢的对手。

（3）快拉快吊。快拉快吊是以对方场地后端两个底角为目标方向，以平高球的形式打到该位置，同时通过快吊吸引对方将球打到网前两角。这种方式可以使对方来回奔跑，以消耗体力，从而瞅准时机进行大力扣杀。这种方法要求选手具有成熟的攻防能力且步法快而灵活。

（4）后场下压。在接对方的高远球时迫使对方被动挡网并趁机上网推球展开进攻。这是一种速度快、准、狠的全攻式重杀打法。它对选手的要求也比较高，必须体力好、扣杀能力强、步法快而积极。

（5）守中反攻。这种打法是以四方球的打法形式以及根据对方来球路线的变化，找准机会进行攻击。这种方法要求防守能力强，能够快速灵敏反应。

2. 双打打法

（1）快攻压网。这种方法就是在场地左右两边站位，从一开始就进行攻击，并以平球快打方式扣球，在前面进攻。它要求具有较好的封网能力和平抽打能力。

（2）前场打点。这种方法就是以网前搓、推半场球等方式，迫使对方站位错乱，以创造进攻良机进行抽杀。它对选手网前技术要求较高。

（3）后攻前封。这种打法是球员一前一后站在场地中间，后面选手将来球下压，在球再次回到网前时猛力扣杀。它要求后面的选手能够进行连续扣杀，后面的要有很强的封网能力。

（4）抽压底线。这种打法是以平高球快速打压对方后场两个底角，即使对方反击也能打到这两个位置并寻找机会进行攻击。它要求选手的防守能力和平抽能力较强。

3. 打法的选择

选择羽毛球的打法需要注意自身的以下几个因素。

（1）身体条件。球员选择哪种打法要根据其身高、体力以及反应灵敏度进行全面评估。一般个子较高力量较大的可以在后场以主动攻击者出现，而个子不高但体力好、耐力好的可以在网前进行扣杀。

（2）技术掌握情况。快拉快吊打法要求基本技术全面且攻守能力突出；后场下压打法要求扣杀技术较高，能较好地控制球落下的位置；四方球打法要求控球能力强并有耐心；守中反攻打法要求防守能力强且其步法速度快而灵活。

（3）性格和气质特点。全功型打法技术全面，场上表现活跃，适合外向型性格；而守中反击打法适合内敛型性格的选手。不论采取何种打法都要注意扬长避短，以自己优势打击对方弱点。各种因素对打法的影响并不是孤立的、绝对的，而是相互影响具有内在联系的。具体方法还要具体分析并在实践中探索它们之间的关联度。打法类型选择应使选手可以充分发挥自己的潜力，并在练习过程中产生对羽毛球的浓厚兴趣。

第二节　羽毛球运动中的竞技规则与欣赏

一、羽毛球的竞赛项目

羽毛球竞赛项目可分为单项赛和团体赛两大类，在一次比赛中还可以以年龄分项目组，以专业和业余分项目组。

（一）单项比赛

羽毛球单项由男子单打、女子单打、男子双打、女子双打和混合双打 5 个项目组成。

（二）团体赛

团体赛由男子团体、女子团体、男女混合团体 3 个项目组成。它由数场比赛组成。一般赛制包括以下形式。

1. 三场制

（1）每队 2~4 人参加比赛：两名单打、一对双打（可由单打运动员兼），共进行 3 场比赛。

（2）比赛场序为单、双、单（或单、单、双）。

（3）决胜方式：采用三场两胜制，亦可赛完 3 场后以获胜场数多者为胜队。

三场制比赛一般是在每队的人数较少时采用，容易吸引较多的人参加。

2. 五场制

五场制是羽毛球团体赛中最常使用的比赛类型。

（1）每队 4~9 人参加比赛：3 名单打、两对双打（可由单打运动员兼）；混合团体赛为两名单打、3 对双打（可由单打运动员兼），共进行 5 场比赛。

（2）比赛场序为单、单、双、双、单（或单、单、单、双、双）。

（3）混合团体比赛场序为男单、女单、男双、女双、混双。

（4）决胜方式：采用五场三胜制，亦可赛完 5 场后以获胜场数多者为胜队。

二、羽毛球的比赛规则

一般采用单循环赛和单淘汰赛两种。有时也可以综合这两种比赛方法的优点，采用阶段赛方法，即第一阶段分组循环赛，第二阶段淘汰赛。

（一）单循环赛

参加比赛的运动员（队）之间轮流比赛一次，为单循环赛。循环赛由于参加运动员（队）之间比赛的机会多，有利于相互学习，共同提高，能比较正确地赛出名次；但循环赛场数多，比赛时间长，使用场地数量也多，因此，循环赛的人数（队）不宜过多。在人数（队）过多时，可采用分组循环赛的办法。采用分组循环赛时，一般以 4~6 人（队）分为一组比较适宜。

1. 轮数和场数

在循环赛中，每一运动员（队）出场比赛一次，称为“一轮”。

当人数（队）为偶数时，轮数=人数（队）−1

当人数（队）为奇数时，轮数=人数（队）

场数=人数（或队）×［人数（或队）−1］÷2

2. 顺序的确定

采用“1 号位固定逆时针轮转法”。这种方法是 1 号位置固定不动，其他位置每轮按逆时针方向轮转一个位置，排出下一轮的比赛顺序。

6 人（队）参加比赛的排法见表 7-1。

表 7-1 6 人（队）参加比赛的排法

第一轮	第二轮	第三轮	第四轮	第五轮
1—6	1—5	1—4	1—3	1—2
2—5	6—4	5—3	4—2	3—6
3—4	2—3	6—2	5—6	4—5

当人数（队）为单数时，用“0”补成双数，然后按逆时针轮转排出各轮比赛顺序，遇到“0”者为轮空。

3. 决定名次的方法

（1）按获胜场数定名次。

（2）两名（队）运动员获胜场数相等，则两者间比赛的胜者名次列前。

（3）3 名（队）或 3 名（队）以上运动员获胜场数相等，则按在该组比赛的净胜局数定名次。

（4）计算净胜局数后，如还剩两名（队）运动员净胜局数相等，则两者间比赛的胜者名次列前。

（5）计算净胜局数后，还剩3名（队）或3名（队）以上运动员净胜局数相等，则按在该组比赛的净胜分数定名次。

（6）计算净胜分数后，如还剩两名（队）运动员净胜分数相等，则两者间比赛的胜者名次列前。

（7）如还有三名（队）或三名（队）以上运动员净胜分数相等，则以抽签定名次。

（8）团体赛按以上规定，依盘、场、局、分顺序计算成绩。

4. 分组循环赛与种子的分布

在参加人数（队）较多的情况下，为了不过多增加比赛的场数和延长比赛的日期，又能排定各队的名次，常采用分组循环赛的办法。组数确定后，可用抽签的方法进行分组，也可采用“蛇形排列方法”进行分组。以团体赛16个队分成4组为例，分组如下：

第一组1，8，9，16。

第二组2，7，10，15。

第三组3，6，11，14。

第四组4，5，12，13。

各组中的数字是各队的顺序号，这个顺序号就是各队的实力排列名次，数字小表示实力强。

以抽签的形式划分小组，要先确定种子队顺序，然后以蛇形排列方法等形式划分组别，剩下的以抽签形式进入相应组别。

（二）单淘汰赛

单淘汰赛程序简单，按照规则两名运动员先进行比赛，淘汰失败的一方，胜利一方进入下一轮比赛，依次循环进行直至产生冠军。淘汰赛的优点是一次比赛可以减少一半的球员，在时间紧张和场地紧张的情况下可以允许更多的球员参赛，由于竞争激烈赛场高潮不断可增加很多看点。从体育竞赛的角度看这种赛制是较好的比赛方法。它的缺点是由于失掉一局就被淘汰所以个别较有实力的球员感觉不公平，相应的名次也不尽合理。

1. 轮数和场数

单淘汰赛的轮数等于或大于最接近运动员人（队）数的2的乘方指数，是2的几次方即为几轮。

$$场数=人（队）数-1$$

2. 轮空位置的分布

当参赛人数以较大的2的乘方指数时，按照顺序成双相遇的进行比赛。当不是这种指数时则第一轮轮空。轮空数为单数和双数都有相应的安排规则，可以参照执行。

例如：9 个单位参加比赛，轮空数为 16−9=7；4 个轮空在上半区，3 个轮空在下半区。这样，第一轮只有一场比赛。如下所示：

5 人（队）比赛，2 个轮空在上半区，1 个轮空在下半区；

6 人（队）比赛，1 个轮空在上半区，1 个轮空在下半区；

7 人（队）比赛，1 个轮空在上半区；

8 人（队）比赛，没有轮空；

9 人（队）比赛，4 个轮空在上半区，3 个轮空在下半区；

10 人（队）比赛，3 个轮空在上半区，3 个轮空在下半区；

11 人（队）比赛，3 个轮空在上半区，2 个轮空在下半区；

12 人（队）比赛，2 个轮空在上半区，2 个轮空在下半区；

13 人（队）比赛，2 个轮空在上半区，1 个轮空在下半区；

14 人（队）比赛，1 个轮空在上半区，1 个轮空在下半区；

15 人（队）比赛，1 个轮空在上半区，下半区没有轮空；

更多的人（对）数参加比赛，依此类推。

64 人（队）以下时，应把轮空位置平均分配到 8 个不同的 1/8 区。65 人（队）以上时，应把轮空位置平均分配到 16 个不同的 1/16 区。

3. 抽签办法

（1）种子数。72 个以上运动员参加的比赛最多设 16 个种子区；32 个以上运动员参加的比赛最多设 8 个种子区；相应的 16 个以上运动员参加的比赛最多设 4 个种子区；16 个以下的运动员比赛，最多设 2 个种子区。以抽签形式决定种子进位。

（2）“种子”的抽签。任何公开比赛都要执行“种子”均匀分布的原则。

1）只有 2 个“种子”时，第一号在 1 号位，第二号在最后的号位。

2）有 4 个“种子”时，第一号和第二号按上述办法定位，第三号和第四号用抽签办法分别进入第二个 1/4 区的顶部和第三个 1/4 区的底部。

3）有 8 个“种子”时，第一、二、三和四号按上述办法定位，其他“种子”抽签分别进入还没有抽进“种子”的各个 1/8 区内。抽进上半区的，应在第二、第四个 1/8 区的顶部；抽进下半区的，应在第五、第七个 1/8 区的底部。

4）同一队的两名“种子”选手，应抽进不同的 1/2 区；同一队的三名或四名“种子”，应抽进不同的 1/4 区；同一队的五至八名“种子”，应抽进不同的 1/8 区。

（3）一般运动员的抽签同属一个队的运动员，应按以下办法抽签进位。

1）第一、二号选手，分别进入不同的 1/2 区。

2）第三、四号选手，分别进入不同的1/2区中没有同队选手的1/4区。

3）第五至八号选手，分别进入不同的1/2区中没有同队选手的1/8区。任何级别的比赛都要遵照这些规定执行。以17人（队）参加比赛为例。比赛表中第一轮，上半区轮空位置应为1号至8号，下半区轮空位置应为11号至17号。第一、二号种子分别定位在1、17号位，第三、四号种子用抽签分别进入5号和13号位。

以33人（队）参加比赛为例。第一、二号种子分别定位在1号和33号位。第三、四号种子用抽签分别进入9号和25号位。第五、六、七、八号种子用抽签分别进入5号、13号、21号和29号位。

4. 附加赛

单淘汰赛只能产生第一、二名，如果比赛需要排出第一、二名以后的若干名次，则需要另外再增加几场比赛，增加的这几场比赛称为附加赛。

5. 预选赛

遇参加比赛的运动员超过64人（队）时，建议竞赛组织者在竞赛委员会或裁判长监督下进行争夺参加正式比赛资格的预选赛。

（1）未被直接安排参加正式比赛的运动员，将参加竞赛组织者安排的，旨在进入正式比赛规定位置的预选赛。

（2）建议在正式比赛的抽签位置中，每8个位置最多只能安排一个获得进入正式比赛资格的运动员。

（三）羽毛球比赛的计分方法

2006年5月，国际羽联在日本东京年度代表大会上推出羽毛球最新赛制，即21分赛制。这一赛制在当年5月东京的汤姆斯杯和尤伯杯赛上采用3局21分赛场制度进行试点。自此以后，一直遵循这一赛制规则，第29届奥运会也采用这一赛制。这种赛制存在一定的优势，那就是对运动员的积极性有很好的提高，另外可以降低运动员的受伤率，并且便于电视进行转播。这种赛制的具体规则是总分21分，每球均可得分，并且所有单项的每局获胜分均为21分，30分封顶。这种比赛采用三局两胜制，21分抢先得到即可在当局比赛中获胜。此外，双方均达到20分时，只要一方领先对手2分即可宣布获胜；如果比赛两方均得29分，有一方得到30分即为获胜方。在第一局中获胜的一方拥有下一轮率先发球的机会。

（四）发球

1. 发球权

发球权在一场比赛中，有着比较严格的规定，比如开始一场比赛前，通过

“抛硬币”的形式进行选边，以此确立发球方以及场区。如果存在发球方连续得分的情况，那这一方便获得“持续发球权”。而失去发球权基本上因为违规，行业术语叫“死球”。

(1) 单打比赛。单打比赛基本上发球方占有一定主动权，如果发球方赢得该回合，即可得一分，这样就可从左边的发球区接着发球，这样就得到两个发球区的主动权，直到输一次发球，就交由对方发球。

(2) 双打比赛。双打规则基本上每个球员都有一次发球机会，也就是每一局的发球方均可获得一次发球权，也就是从右边发球区开始发球，赢了得1分并和对方交换位置，继续掌握发球主动权，直到输了球，对方从右发球区开始发球。

2. 合法发球

这种发球规则对发球员、接球员有着严格的要求，也即双方需要站在斜对角进行各自的发球和接球。羽毛球的竞赛规则严格限制了发球员，也就是发球区的前发球线距网仅仅1.98m，这也是避免发球员从近距离进攻发球。如下为一些违例的发球事件：

(1) 脚的违例。这种违例一般是发球员发球的时候，站在了发球区外，或者是在发球区界或者是发球过程中移动了脚以及离开了地面。

(2) 没先击中球托。这种违例是发球员开始击球时，羽毛被球拍击中或者球托和羽毛同时被击中。之所以制定这样的规则，是为了避免羽毛球的羽毛部分被球拍的切面击中，导致球发生旋转以及翻转，即也是常说的“旋转飘球”。

(3) 过腰的发球。这种发球方式需要发球员掌握发球的高度，将其控制在低于发球员的腰部，以此来避免过高的击球点将球平击而过。

(4) 过手的发球。这要求发球员压低整个球拍的拍头高度，尽量低于握拍手部，这样使得球拍击中球的一瞬间，球拍的拍杆向下，使发出的球是以向上的角度越过网顶。

(5) 发球延误。这种违例是发球和接球双方队员各自站好，当发球接球的指令发出后，发球一方并未将球发出，抑或出现不连贯或者停顿的挥拍，致使出现假性的发球现象，以此影响接发球员的判断。

(6) 发球失误。这种情况属于发球员已经完成挥拍，然而并未将球击中，球发生落地现象，这也归为违例。

(五) 发球裁判员的职责

当发球裁判员认定发球员在发球时出现了以上的违例情况时，应立即大声报“违例”，并以相应的规范手势表明是何种发球违例。

（六）违例

这种违例情况，从发球方角度看，产生一次违例，就无法继续发球；如果接发球方产生违例情况，发球方就可得1分，以下为不同的违例：

（1）违规的发球。

（2）球未在界线内。

（3）屋顶或者场地外的障碍物限制了球。

（4）球未越网或者未从网上进入对方场区。

（5）击中运动员的身体或者衣服。

（6）球击对方球拍未停止继而飞向运动员后场。

（7）网或者网柱被球拍或者运动员的身体或者衣服碰到。

（8）一方场区被另一方的身体或者球拍进入，进而影响了另一方正常击球。

（9）一方在另一方靠近网前击球时进行了网前举拍。

（10）击球发生过网的现象。

（11）一种情况发生在一方两次挥拍两次击球的现象；另一种情况发生在双打赛制中，双方均发生击一次球的现象。

（12）当击球员击球时，发生带球或者停留在球拍的现象。

（13）行为不端的运动员，经过警告，裁判员可以判运动员违例。

（七）重发球

出现重发球时，取消原来的回合，转而交给原发球员再次开始发球，如下几种情况可判定为重发球：

（1）球越过网，附着于网上，或者在网顶进行停留，当然发球除外。

（2）发球时，接发球员双双被判定违例。

（3）接发球员未做好充分准备时，发球员便将球发出。

（4）空中运行中球的其他部分和球托相互分离。

（5）对于结果，裁判员无法做出判定。

（6）发生了意料外的情况。

（八）交换场区

为使双方进行机会均等的比赛，对如下几种情况，双方可自由交换场地：

（1）双方经过一局的比拼，可以相互交换场地。

（2）双方经过三局可进行场地交换，前提是双方局数比例是1∶1。

（3）如果一方经过三局比赛，已经达到11分，领先的一方可跟对方交换场地。

(4) 因为交换场区被运动员或者裁判员疏忽，应该在有效的分数内立即进行场地交换。

(九) 比赛连续性，行为不端与处罚

为使比赛公正合理地在良好的体育道德精神氛围中进行，羽毛球竞赛规则对犯有破坏比赛连续性和行为不端的运动员做以下的处罚：

(1) 裁判员对第一次违犯者，给以警告。裁判员出示“黄牌”。

(2) 裁判员对警告过又再犯的一方或严重违犯的一方判“违例”。裁判员出示“红牌”。

(3) 裁判员对已判“违例”又再犯的一方，报告裁判长，裁判长把“黑牌”交裁判员，由裁判员出示。

三、羽毛球运动欣赏

(一) 羽毛球运动欣赏的意义

1. 享受生活乐趣

羽毛球运动的欣赏，从美学角度看，实际上是一种审美活动，人类的审美活动是源远流长的。人类懂得创造美、欣赏美。考古学家们在发掘太古人类生活过的洞穴时，发现了可以表明石器时代的人类就已经知道和爱好美的装饰物。也就是说，原始社会人类就开始了美的活动。因为一切美的事物，都能使人产生一种美的感受，这就是人们常说的美感。所谓美感，是人们对审美对象进行审美后得到的一种愉悦的心里感觉。美感人皆有之，但是因为时代环境、风俗习惯、文化教养的不同，审美现象也十分复杂。羽毛球运动展现人的形体美、健康美、节奏美、动作美、心灵美……能使人们产生一种愉悦的心理感受。通过羽毛球运动的观赏，能使人得到一种愉悦的精神享受，为生活增添无穷乐趣。

2. 品尝体育文化

通过对各种羽毛球比赛的观赏，甚至参与，可以帮助人们加深对羽毛球运动的了解，充实对羽毛球运动的认识。特别是在当今科学技术发展日新月异的时代，人们把体育视为“科技之窗”，也有人将体育说成是“世界文化”，是一种特殊的“国际语言”。这需要去细细品味，这是体育文化的内在表现。

体育的外显文化存在于一系列的羽毛球相关的体育竞赛文艺活动中，包括竞赛中的文艺演出、绘画展览、火炬接力等。羽毛球也因这些多样的文化而闻名世界。人们观赏羽毛球的比赛，不仅可以对不同的人文景观有所了解，还能对体育艺术进行欣赏。

3. 陶冶道德情操

通常来讲，形成一种良好的道德情操，离不开一些因素的影响，比如体育竞

赛中体现的文化环境，基本上包括了特有的价值观、道德情操，对健康、意志等多方面产生影响，为人类创造了更多协调人际关系、消解社会矛盾的有利因素。

4. 领悟人生真谛

从自然的层面来说，竞争造就了人类的生存与发展。在各类竞争中，体育竞争的实质就是人类与自身体力，智力与意志力的搏斗。竞争对于人们的生活有着深刻的启示，为人们提供了信念、勇气和力量，同时也为人们树立了正确的价值观。正是因为这些独特的精神内涵在竞争中具象化地表现出来，所以在观看羽毛球竞赛时，能够带给我们美感。同时，我们如果能够进一步对运动员的激烈竞争有着更深刻的理解，为运动员的内在品质欢呼喝彩，我们自身的情感也会为之改变。由此产生的激励作用，无疑会令人奋进、勇往直前，领略人生真谛，不断实现人生价值。

5. 振奋民族精神

在重大的国际比赛中，参赛者都是以国家为单位进行比赛。为了彰显对优胜者的尊重，会为优胜者颁奖或者进行不同形式的奖励仪式。在国际赛场上，不乏以个人名义参赛的运动员，虽然运动员是以个人身份参赛的，但是其仍然代表着自身的国家。虽然世界各国有着不同的政治观念、不同风俗习惯，但是一旦进入世界性的比赛，都与国家荣誉与利益有着深刻的关系；同时，观众的心理情感也会产生巨大的变化。在本国运动员获得胜利时，观众的民族自豪感会增长，爱国之情溢于言表。体育赛场上的胜负，应遵循友谊第一、比赛第二的原则，不能等同于国家间的竞争。如果过度弘扬民族主义精神，必会物极必反，观众的心理也会深受影响，更会导致观众出现恶劣的行为。因此，对振奋民族精神的认识，是要从体育竞赛的精神内涵中寻求动力，而绝不是单纯以胜负论英雄。羽毛球运动以其鲜明的技术风格和富有激情的拼杀，引起人们的广泛关注，吸引着更多羽毛球爱好者的参与，并伴随着每一场的胜负，而雀跃欢呼或捶首顿足，抒发着民族的感情和爱国的热情。

（二）羽毛球运动欣赏的内容

随着国际羽毛球竞赛的频繁举行和竞赛水平的日趋提高，越来越多的人喜欢亲临赛场或通过电视直播来观看羽毛球比赛。为了在日常生活中更好地观赏羽毛球比赛，下面对一些羽毛球竞赛的观赏内容做简要介绍。

1. 身体美的观赏

人们在观看羽毛球赛时，运动员的身材是观众最先注意的。身体形态好的运动员，会给观众赏心悦目的感受，并会带来活力与热情。在古希腊中，维纳斯和掷铁饼的人都是举世瞩目的雕塑作品，其自身独特的艺术价值，以及雕塑的身体形态，都给人美的享受。身体美的内容无论古今都是非常丰富的，强壮美、体态美、体型美都是外形美的体现，同时也包含素质美和风度美等内在美。

（1）体型美是人体结构的类型，主要取决于遗传、环境和营养等因素的影响，但是它可以通过体育锻炼和运动训练加以改造。由于运动项目的特点不同，对运动员的体型也有不同的要求。

（2）体态美是指人的形体和姿势，表现在比例、匀称、和谐、线条等方面的综合效果上，集中体现在人体的姿态上。

（3）健壮美表现为肌肉发达、身体魁伟，给人以壮实、充满生命的活力和能量的感觉。

（4）素质美是通常所说的力量、速度、耐力、柔韧、灵敏等身体素质，它以一种特殊形式存在于身体美之中，运动员在体育竞赛中能将这种美表达得淋漓尽致。

（5）风度美是指有高尚气质，并且有美的价值的举止。一些运动员不仅运动技术高超，而且仪表端正、风度翩翩，往往给人以高尚、典雅的感觉。由观赏某一运动员的运动技能而扩展到其他方面，他（她）们的性格、爱好、外貌、风度、衣着打扮等都能引起人们的兴趣以至着迷。这种把某个运动员当作自己心中的偶像来欣赏、崇拜的现象很普遍，也是当代大学生茶余饭后谈论的焦点话题之一。

此外，运动员的皮肤色泽、发型和服装都是构成身体美的因素。白里透红或黑里透红的皮肤，美丽相称的运动发型，漂亮、适体、新潮的运动服装，都会为身体美锦上添花。

2. 动作美的观赏

在运动过程中，人的形体或部位的造型所展现的美，称为动作美。在羽毛球比赛中，运动员的动作都是在“动”中进行的，所以在观赏时，应把动作美放在首要地位。但是，任何运动都是动与静的对立统一，这就要求在观赏羽毛球时，对具体的动作要做动与静的考察。在羽毛球比赛中，动作的动、静是相互交替、相互转化的，构成了生动、鲜明、跌宕起伏、引人入胜的场面。

3. 技术美的观赏

羽毛球运动员的技术动作是经过长期艰苦训练和多次不断总结创新形成的，已达到超人预料或接近于完美的程度。高、难、美、新的精湛技术使人赏心悦目，精神上得到极大的愉悦，给人以美的享受。

对技术美的观赏往往是和动作美的观赏联系在一起的，即不仅观赏羽毛球技术的高、难、美、新等方面，还应结合羽毛球技术动作的速度、力量和节奏感等方面来观赏。速度能吸引观众的注意力，力量能给观众以震撼和雄心。

4. 战术美的观赏

战术美在体育竞赛中也发挥着重要的作用，恰当的战术能够体现出羽毛球运动员良好的身体素质和娴熟的比赛技巧，这是在竞争中体现出来的美。战术是竞赛中制敌取胜的法宝，也是反映运动员技术、自身素质、智力等因素的标志。观众在观看羽毛球赛时，会关注运动员如何调整自身力量，达到扬长避短、克敌制胜的目的。协调一致的羽毛球双打战术配合是运动员经过一定时间的共同训练和比赛逐渐形成的。在高水平的比赛中，有些战术配合已经达到了珠联璧合、天衣无缝的娴熟程度，观后令人拍案叫绝、赞叹不已。

5. 风格美的观赏

思想风格美是指羽毛球运动员在羽毛球比赛中所体现的思想品质、道德修养、行为作风等综合的社会意识美。人们在观看比赛时，运动员所表现出来的内在品格对观众来说也是美的享受。羽毛球从本质上来说，是社交活动的一种，羽毛球比赛的各种思想、行为等都是现实中存在，也是社会行为的真正表现。

运动员在比赛中所表现出来的技术，以及自身的战术特点都属于技术风格美，这也是羽毛球运动的独特的美感。不同的羽毛球运动员依据自身状况，形成了各自不同的技术风格，并将其不断完善，创造了自身的技术之美。

6. 意志品质美的观赏

羽毛球赛场上选手每一分的获得都不仅仅是几个漂亮的扣杀动作就能够得来的，这要靠耐心、毅力和勇气等意志品质的搏杀才能够换来。羽毛球运动是一项充满挑战的运动，不仅是向对手的挑战，更是对自己的挑战。运动员的这种坚忍不拔的毅力、团结协作的团队精神，每分必争、每分必夺、坚持到底的意志品质也是欣赏的内容之一。

（三）羽毛球运动欣赏能力的培养途径

羽毛球的文化博大精深，人们对于羽毛球运动的欣赏也是触动人心的。这种运动的欣赏可从教育方面、美学方面、形体方面使人的情感得到一定的升华，不仅有动人的真实感情，而且还能得到教育水平的提升。在进行羽毛球运动欣赏教育时，可以使人们的生活环境达到轻松愉悦的境界，从而使家庭和学校两个方面的学习环境得到有效的发展。

1. 实施羽毛球运动欣赏教育

（1）家庭羽毛球运动欣赏教育。家庭对于每一个人来说都是心灵的港湾、栖息的家园，人的成长、经历都离不开家庭。家庭更是一个人身心健康发展的重要基地，对于人的思想意识和行为举止有直接性的影响，在家庭注重羽毛球运动的欣赏教育，可从根基上对孩子产生一定的影响。从小培养孩子的欣赏能力，会使其更加稳定快速成长，促进欣赏羽毛球运动的教育水平。羽毛球运动的欣赏教育主要集中在小龄儿童，或者是学龄前儿童，这需要以更加可视化的效果和详细的解析，对他们进行分析。此时孩子的心理、学习能力都比较弱，要充分利用各种形象的事物来形容羽毛球，从而将羽毛球运动的丰富性多彩多样化，更加直观地呈现给儿童，激发他们的学习兴趣和欣赏能力，感受羽毛球运动带来的美感。在这种自由轻松的氛围中，促进孩子对羽毛球运动欣赏教育的兴趣，自由自在地学习，而不是强制的方式。在这种无拘无束的学习环境下，可以让他们自愿的接受这种教育，为今后的羽毛球运动欣赏教育打下坚实的基础，对于促进羽毛球运动欣赏也有一定的影响作用。在孩子以后的成长中，也会利用到这些知识，为他们的成长树立欣赏运动的标杆。

（2）学校羽毛球运动欣赏教育。很多学生都是通过学校进行知识的储备，学校是学习羽毛球运动欣赏的聚集地。

1）在羽毛球教学中实施欣赏教育。羽毛球教育欣赏的主要目的在于提升对羽毛球的欣赏能力和价值观，羽毛球欣赏包括以下几种方式：

首先，注重羽毛球教学氛围的环境，使其更加轻松和优美。在教学过程中，教学环境无疑是十分重要的，其在一定程度上影响学生的学习成果，如果整个场地清新舒适，而且运动器材简洁美观，会使学生从心理上和视觉上产生一定的欣赏意愿，可以让孩子更加轻松愉悦地进行学习。教师在教学过程中也要更加积极主动去了解学生的水平，平等和谐进行交流，逐渐使学生感受到羽毛球运动的美丽和内在价值。对于学生欣赏羽毛球教育的方向上，要给予及时的纠正和引导，使孩子能够主动学习，接受这种欣赏教育。

其次，丰富教学手段。传统的羽毛球教学，比较平淡、乏味，很多学生无法专注于学习羽毛球技术，更无法深刻理解羽毛球运动的魅力之处。所以教师要积极修正教学方案，采取更加丰富的多样性、趣味性强的教学手段，美化教学方式。教师可以有针对性地排练一些有关羽毛球运动的体操，增强孩子的节奏感和身体素质；也可以开发一些跟羽毛球有关系的游戏，促进孩子之间的合作协调能力，激发孩子的学习兴趣，使协调性、节奏感等得到一定的提升。

最后，要注重教师的仪表仪态和用词用句。教师在整个教学过程中占据主体地位，教师的一言一行对于孩子都具有至关重要的作用。孩子会有意识地模仿教师的动作和言行，教师要注重自己这方面的修养和内在素质。这些直观性的东西都容易被孩子所接受，而教师更要将羽毛球运动作为一门艺术去教学，让孩子更加积极地投入到这项运动中，培养起孩子的运动心，用快乐、轻松的态度学习羽毛球。

2）在课外活动中实施羽毛球运动欣赏教育。除了在课上有意识性地进行羽毛球欣赏教育，在课外，学校也应该积极采取各种各样的实践活动丰富羽毛球的内涵知识。教师可以利用课间时间，通过各种各样的活动，提高学生的参与程度，激发孩子的实践兴趣。比如让孩子积极自主成立羽毛球社团，俱乐部或是比赛等，促进学生之间的交流，从而激发孩子们的学习兴趣，更加积极地接触羽毛球运动，感悟羽毛球的美丽和欣赏价值，从实践出发，主动参与进来。

2. 积极参与羽毛球运动欣赏活动

除了提高羽毛球运动欣赏教育水平之外，还应进一步提升羽毛球运动能力，除了这些必要的知识点，还要将欣赏能力作为首要任务。首先要树立正确的价值观和欣赏观，培养自己的欣赏能力可从以下几个方面着手：

（1）明确羽毛球运动的宗旨。要明确学习羽毛球运动的目的，了解自己的水平，熟悉羽毛球技术。通过这项运动，达到与朋友之间的交流，提升友谊，学会如何与人建立关系，这也是羽毛球运动的迷人之处。

（2）树立正确的胜负观。接触羽毛球这项运动也会参加类似的羽毛球比赛，而这时我们就要树立正确的竞争观，在“友谊第一比赛第二”的原则上进行友好的切磋，不可以因为比赛的结果对对方大打出手，甚至产生暴力，这是一种非常冲动的表现。欣赏羽毛球运动必须要将正确的胜负观放在首位。虽然比赛有胜负，但是如果将自己的技术和能力全部施展得淋漓尽致，那么就是没有遗憾的。用拼搏向上的心态来面对比赛的结果，更加冷静地处理自己的感情，这也是参与羽毛球运动的过程中要提升的自身素质。

3. 主动参与羽毛球运动实践

对于羽毛球运动，通过自己的认知和理解，形成了欣赏观和价值观。此外，我们还要积极地参与羽毛球运动实践，积极参加比赛、观看比赛，了解场上的规则和裁判的裁决原则，从而了解各种羽毛球运动的功能和框架，从更深层次对羽毛球运动进行剖析和研究。在此基础之上打好羽毛球的根基，有效地提高自己的技术和能力；同时，逐渐强化羽毛球运动欣赏能力。

参考文献

[1] 徐大忠．功能性力量训练对羽毛球技术训练的作用［J］．中国高新区，2018（11）．
[2] 梁鹏．羽毛球初学者的步法特点及训练方法［J］．青少年体育，2018（2）．
[3] 姜婷．浅析羽毛球的比赛规则与裁判方法［J］．当代体育科技，2018（5）．
[4] 黄庆彩．全民健身背景下羽毛球运动的教学策略研究初探［J］．吉林工程技术师范学院学报，2018（2）．
[5] 张涛涛．高职院校羽毛球基本步法教学探究［J］．科技视界，2018（2）．
[6] 张瑞林．羽毛球运动［M］．北京：高等教育出版社，2016.
[7] 杨敏丽．羽毛球教学与训练［M］．北京：北京体育大学出版社，2012.
[8] 林建成．羽毛球技、战术训练与运用［M］．北京：人民体育出版社，2016.
[9] 盛文林．羽毛球：飘舞的白鸽［M］．北京：台海出版社，2014.
[10] 肖杰．羽毛球运动理论与实践［M］．北京：人民教育出版社，2005.
[11] 赵鹏．羽毛球技巧［M］．北京：中国社会出版社，2006.
[12] 于勇．21 分每球得分新赛制对羽毛球运动员影响及其对策分析［J］．广西体育科技，2007（3）．
[13] 周野．校园体育文化探析［J］．科技信息，2007（32）．
[14] 马万凤，徐金华，夏小平，等．试论高校校园体育文化的特征及其功能［J］．北京体育大学学报，2003（4）．
[15] 蔡云．高校校园体育文化的特点与建设初探［J］．山东体育科技，2004（3）．
[16] 邹继豪，孙麒麟．体育与健康教程［M］．沈阳：辽宁大学出版社，2004.
[17] 张瑞林．体育与健康［M］．济南：山东大学出版社，2002.
[18] 张力为，任未多．体育运动心理学研究进展［M］．北京：高等教育出版社，2000.
[19] 张勇．羽毛球［M］．北京：北京体育大学出版社，2003.
[20] 丁洪福．中国羽毛球职业化的持续发展研究［J］．军事体育进修学院学报，2012（1）．
[21] 马丁．建立我国羽毛球竞赛市场化运作模式的构想［J］．运动，2010（10）．
[22] 苏光颖．我国羽毛球超级联赛发展研究［J］．体育文化导刊，2012（1）．
[23] 李永波．论中国羽毛球队可持续发展策略［J］．广州体育学院学报，2007（3）．
[24] 陈静．新奥运周期我国羽毛球运动可持续发展研究［J］．科技信息，2011（20）．
[25] 刘建斌．植物生态学［M］．北京：气象出版社，2009.
[26] 张林．职业俱乐部运行机制［M］．北京：人民体育出版社 2001.
[27] 张路．我国国际体育组织任职人才队伍状况及对策［J］．沈阳体育学院学报，2008（4）．
[28] 田野．运动生理学高级教程［M］．北京：高等教育出版社，2003.
[29] 邢登江，刘国庆．大学体育［M］．北京：北京航空航天大学出版社，2004.
[30] 俞继英．奥林匹克羽毛球［M］．北京：人民体育出版社，2001.
[31] 秦艺源．影响羽毛球运动员训练积极性的因素分析［J］．武汉体育学院学报，2006（4）．

[32] 张林．职业体育俱乐部的运行机制 [M]．北京：人民体育出版社，2001.
[33] 刘青．我国网球女双系统分析与策略 [M]. 成都：电子科技大学出版社，2006.
[34] 鲍明晓．体育产业——新的经济增长点 [M]. 北京：人民体育出版社，2000.
[35] 戴金彪．“21 分制”对羽毛球男单技战术发展的影响 [J]. 上海体育学院学报，2008 (2) .
[36] 郝勤．论中国体育“举国体制”的概念、特点与功能 [J]. 成都体育学院学报，2004 (1) .
[37] 刘子建．中国经济社会发展特点与国家体育政策的转折：基于科学发展观的理论探索 [J]. 首都体育学院学报，2012 (3) .
[38] 何强．我国竞技体育奥运战略的历史审视：兼论奥运战略的可持续发展 [J]. 首都体育学院学报，2012 (3) .
[39] 马丁．建立我国羽毛球竞赛市场化运作模式的构想 [J]. 运动，2010 (10) .
[40] 丁玉兰．走进国际体育组织才能做出更大贡献 [J]. 体育文化导刊，2003 (2) .
[41] 任莲香．体育文化论纲 [J]. 体育文化导刊，2003 (30) .
[42] 彭兆荣．文化传承与传承文化 [J]. 中外文化与文论，2013 (23) .
[43] 李月明．对外文化传播与我国文化软实力的构建 [J]. 攀登，2009 (164) .
[44] 李博．生态学 [M]. 北京：高等教育出版社，2000.
[45] 孙儒泳．基础生态学 [M]. 北京：高等教育出版社，2002.
[46] 刘建斌．植物生态学 [M]. 北京：气象出版社，2009.
[47] 张剑利．竞赛平衡与美国职业体育联盟管理研究 [J]. 山东体育大学学报，2008 (3) .
[48] 杨树安．世界竞技体育发展的五大趋势 [J]. 体育文化导刊，2003 (5) .
[49] 谢雪峰．竞技体育生态的本质体现：竞争与协同 [J]. 上海体育学院学报，2011 (4) .
[50] 张英．体育新闻报道 [M]. 杭州：浙江大学出版社，2007.
[51] 毕雪梅，贾静．体育新闻学概论 [M]. 北京：北京体育大学出版社，2007.
[52] 陈彤，曾祥雪．新浪之道门户网站新闻频道的运营 [M]. 福州：福建人民出版社，2005.
[53] 鲁威人．体育新闻报道 [M]. 北京：中国传媒大学出版社，2005.
[54] 彭兰．网络传播学概论 [M]. 北京：中国人民大学出版社，2001.
[55] 杜骏飞．网络新闻学 [M]. 北京：中国广播电视出版社，2001.
[56] 罗华．浅谈网络新闻的专题策划 [J]. 新闻爱好者，2010.
[57] 余文．传统媒体与微博的融合现状与趋势 [J]. 新闻知识，2012 (5) .
[58] 欧阳琦．“微时代”的思考 [J]. 商业文化，2011 (10) .
[59] 徐艳．微博的新闻策略与传播模式研究——基于门户网世界杯报道的内容分析 [J]. 现代传播，2011 (4) .
[60] 胡文龙．中国新闻评论发展研究 [M]. 北京：中国人民大学出版社，2002.
[61] 殷俊等．媒介新闻评论学 [M]. 成都：四川大学出版社，2005.
[62] 张咏华．网络新闻业与跨文化传播 [M]. 上海：上海三联书店，2007.

[63] 蒋晓丽．网络新闻编辑学［M］. 北京：高等教育出版社，2004.
[64] 祝越．新浪网体育新闻报道特征和问题［J］. 传媒，2009（10）.
[65] 周家群，张惠．网络新闻与传播教程．［M］. 合肥：合肥工业大学出版社，2004.
[66] 杨文轩，陈琦．体育原理［M］. 高等教育出版社，2004.
[67] 黄庆彩．全民健身背景下羽毛球运动的教学策略研究初探［J］. 吉林工程技术师范学院学报，2018（2）.
[68] 张博，詹丽来，等．羽毛球前沿教程［M］. 沈阳：辽宁科学技术出版社，2007.
[69] 郁鸿骏，戴金彪．羽毛球竞赛裁判手册［M］. 北京：人民体育出版社，2000.